천사와 씨름한 사람

창세기 강해설교 7

천사와 씨름한 사람

The Man Who wrestled with Angel

2000. 5. 26. 초판 발행
2014. 2. 10. 10쇄 발행

지은이 김서택
펴낸이 정애주
곽현우 국효숙 김기민 김의연 김준표 김진성
마명진 박상신 박세정 박혜민 송민영 송승호
염보미 오민택 오형탁 윤진숙 임승철 정한나
조주영 차길환 한미영

펴낸곳 주식회사 홍성사
등록번호 제1-449호 1977. 8. 1.
주소 (121-897) 서울시 마포구 토정로 21-1
전화 02) 333-5161
팩스 02) 333-5165
홈페이지 www.hsbooks.com
이메일 hsbooks@hsbooks.com
트위터 twitter.com/hongsungsa
페이스북 facebook.com/honsungsa
양화진책방 02) 333-5163

ISBN 978-89-365-0483-0 (04230)

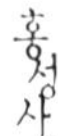

홍성사.

창세기 강해설교 ⑦ (29~32장)

천사와 씨름한 사람

김 서 택

홍성사

머리말

야곱이 파란만장한 인생을 산 이유

한때 신문에 '386 세대' 라는 말이 많이 등장했습니다. '386' 이란 원래 컴퓨터 기종에서 나온 말인데, 60년대에 태어나 80년대에 대학생활을 하면서 격동의 시절을 겪은 지금의 30대를 일컫는 표현이 되었습니다.

사실 요즘 늙어 가시는 우리 아버지나 어머니 세대를 보면 이분들의 인생이야말로 파란만장했다는 생각이 듭니다. 그분들은 어린시절에 일제 식민지 시대를 거쳤고 한국전쟁을 겪었으며 그 후에도 계속해서 격동의 시대를 살아왔기 때문입니다. 그렇다면 전후 세대인 우리는 참으로 보람되고 알찬 삶을 살아야 할 것 같은데, 실상은 그렇지도 않습니다. 우리는 우리 나름대로 파란만장한 인생을 살아가고 있습니다.

믿음의 조상 야곱의 생애는 그야말로 파란만장한 생애였다고 할 수 있습니다. 우리가 생각하기에는 야곱의 생애가 할아버지 아브라함과 아버지 이삭의 생애에 비해 훨씬 더 안정되어야 할 것 같은데, 실제로 야곱은 전쟁을 치른 아브라함이나 불안정한 시대를 산 이삭보다 더 심한 격동의 인생을 살아야만 했습니다. 그 이유가 무엇일까요?

그것은 그가 하나님이 주신 벧엘의 언약을 버리고 세상 속에서 풍성한 삶을 찾으려고 했기 때문입니다. 이와 마찬가지로 오늘 전후 시대의 젊은 이들이 전쟁을 치른 세대보다 더 거칠고 파란만장한 삶을 살 수밖에 없는 것도 그들의 마음 속에 하나님이 없기 때문입니다.

사십대 중반을 넘어서면서 저 자신의 과거를 돌이켜볼 때, 저 또한 참으로 파란만장한 인생을 살아왔습니다. 그것을 보면서 '과연 야곱이 멀리 있는 것이 아니구나' 하는 생각이 듭니다. 바로 저 자신의 인생이 야곱의 인생이었던 것입니다. 지금은 하나님 앞에서 사는 것이 그렇게 좋을 수가 없습니다. 이제는 더 이상 이 귀중한 축복을 빼앗기지 않을 것입니다.

이 부족한 설교집이 빛을 볼 수 있도록 수고하신 홍성사의 여러 식구들에게 깊은 감사를 드립니다.

새 천년 봄을 맞이하여

대구 수성교 옆에서

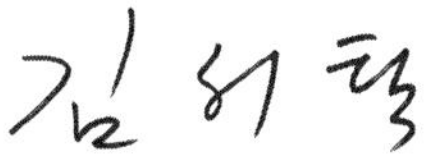

차 례

- 이 설교집은 1997년 3월부터 5월까지
  제자들교회 주일예배에서 설교한 내용을 정리한 것입니다.
- 본문에 인용된 성경 본문의 문장부호는 *New International Version*을 참고로,
  편집자가 첨부한 것입니다.

1 하란의 야곱

야곱이 발행하여 동방 사람의 땅에 이르러 본즉
들에 우물이 있고 그 곁에 양 세 떼가 누웠으니
이는 목자들이 그 우물에서 물을 양 떼에게
먹임이라. 큰 돌로 우물 아구를 덮었다가 모든
떼가 모이면 그들이 우물 아구에서 돌을 옮기고
양에게 물을 먹이고는 여전히 우물 아구
그 자리에 돌을 덮더라. 야곱이 그들에게 이르되
"나의 형제여, 어디로서뇨?"
그들이 가로되 "하란에서로라."
야곱이 그들에게 이르되
"너희가 나홀의 손자 라반을 아느냐?"
그들이 가로되 "아노라."
야곱이 그들에게 이르되 "그가 평안하냐?"
가로되 "평안하니라. 그 딸 라헬이 지금 양을
몰고 오느니라."
야곱이 가로되 "해가 아직 높은즉 짐승 모일 때가
아니니 양에게 물을 먹이고 가서 뜯기라."
그들이 가로되 "우리가 그리 하지 못하겠노라.
떼가 다 모이고 목자들이 우물 아구에서 돌을
옮겨야 우리가 양에게 물을 먹이느니라."
야곱이 그들과 말하는 중에 라헬이 그 아비의 양과
함께 오니 그가 그의 양들을 침이었더라.
야곱이 그 외삼촌 라반의 딸 라헬과 그 외삼촌의
양을 보고 나아가서 우물 아구에서 돌을 옮기고

외삼촌 라반의 양 떼에게 물을 먹이고
그가 라헬에게 입맞추고 소리내어 울며
그에게 자기가 그의 아비의 생질이요
리브가의 아들 됨을 고하였더니 라헬이 달려가서
그 아비에게 고하매 라반이 그 생질 야곱의
소식을 듣고 달려와서 그를 영접하여 안고
입맞추고 자기 집으로 인도하여 들이니
야곱이 자기의 모든 일을 라반에게 고하매 라반이
가로되 "너는 참으로 나의 골육이로다" 하였더라.

창 29:1-14상

얼마 전 저는 흔치 않은 책을 한 권 선물로 받았습니다. 그 책은 북한의 황해도 풍천읍에 있는 풍천읍교회의 백년사였습니다. 물론 황해도는 공산화된 지역으로서, 공산정권이 들어선 후 교회가 없어졌습니다. 그 책의 앞부분은 공산정권이 들어서기 전 50년 간의 교회 역사를 다루고 있었습니다. 그리고 뒷부분은 공산정권이 들어서면서 그 교회 교인들이 남한으로 피난 내려와 신앙생활 한 것을 추적한 실향민 교회의 역사를 다루고 있었습니다. 그러니까 그 교회 교인들이 남한으로 내려와서 어느 곳에 어떤 교회를 세웠으며, 여러 교회에 흩어져서 어떤 직분을 맡았고 어떻게 주님을 섬기고 있는지, 또 어떤 식으로 신앙생활을 해 왔는지를 일일이 찾아내서 책으로 만든 것이었습니다.

물론 이 백년사는 불완전한 백년사입니다. 그 교회는 아직 회복되지 못했고, 아직도 많은 교인들이 연락조차 되지 않는 상태에 있기 때문입니다. 그럼에도 불구하고 그들은 언젠가 조국이 통일되면 고향에 돌아가 풍천읍교회를 다시 재건하기 위해 이 책을 낸 것이라고 그 출판 이유를 설명했습니다.

신앙적인 박해 때문에 남한으로 온 북한 교인들은 이중 삼중의 부담을 가져야 했습니다. 우선 첫째로 이 새로운 곳에서 무언가를 해서 먹고 살아야 한다는 부담이 있었습니다. 그들은 모든 것을 다 남겨 둔 채 몸뚱아리 하나만 가지고 넘어온 사람들이었습니다. 그들은 땅도 없고 기술도 없이 새로운 환경에 적응해야만 했습니다. 그리고 그보다 더 시급한 문제는 신앙생활을 계속 하기 위해 이 남한 땅에 교회를 세우는 일이었습니다. 한국전쟁 당시만 해도 남한은 북한만큼 신앙이 뜨겁지 못했습니다. 그리고 교회도 많지 못했습니다. 그래서 지금 남한에는 북한에서 넘어온 교인들이 세운 교회가 전국적으로 많이 분포되어 있습니다. 그뿐 아니라 그들은 언젠가 조국이 통일되면 다시 고향에 가서 교회를 재건하리라는 희망과 꿈을 가지고 그것을 준비해야만 했습니다. 이것이 핍박을 피해 도망친 신앙인들의 과제였습니다.

하란에서 해야 할 일

오늘 본문을 보면 야곱이 드디어 하란 땅에 도착한 것을 볼 수 있습니다. 그는 신앙 때문에 받는 박해를 피해 도망친 사람입니다. 그는 할아버지 아브라함이 하란에서 부름을 받아 이 곳을 떠난 지 3대 만에 처음으로 하란 땅을 밟고 있습니다. 그렇다면 에서의 박해를 피해 도망쳐 온 그가 이 곳에서 해야 할 일은 무엇입니까? 그것은 실향민 교회가 가지고 있는 과제와 같은 것입니다.

그는 무엇보다도 이 새로운 곳에서 먹고 살 길을 찾아야만 했습니다. 그가 먹고 살 수 있는 길은 빨리 외삼촌 라반을 찾는 것이었습니다. 그리고 또 다른 하나는 이 곳에 얼마 동안 있게 될지는 모르겠지만, 어쨌든 여기에 하나님께 예배드릴 수 있는 제단을 쌓는 것이었습니다. 그는 이미 벧엘에서 하나님을 만났고, 하나님은 야곱이 어디로 가든지 함께하겠다고 약속하셨습니다. 그리고 그는 다시 아버지 집으로 돌아가서 무너진 교회를 재건할 꿈을 가져야만 했습니다. 물론 아직 아버지가 살아 있기는 합니다. 하지만 이삭은 연로한데다가 믿음 없는 에서가 모든 것을 다 주장하고 있는 이상, 아버지 집에 있는 교회는 정상적인 교회가 될 수 없었습니다. 마치 어용 교회처럼 제 기능을 발휘하지 못하는 병든 교회, 죽은 교회일 수밖에 없었습니다.

하란에서 실제로 한 일

그런데 야곱은 실제로 하란 땅에서 어떻게 했습니까? 신앙을 완전히 잊고 말았습니다. 교회나 하나님에 대한 생각은 그의 머리에서 완전히 사라져 버렸습니다. 그는 줄기차게 자식을 키우고 재산을 모으는데 시간을 다 보냈습니다. 하란 땅에 있는 동안 야곱이 한 일이라고는 오직 그것밖에 없었습니다.

야곱은 타락한 생활을 했습니다. 그렇다고 매일 술이나 마시면서 음란한 생활을 했다는 뜻이 아닙니다. 오히려 그는 대단히 성실하고 가정적인 사람이었습니다. 그는 하란에서 결혼하고 자식을 낳아 키우고 재산을 증식시켰습니다. 빈손으로 와서 거부가 되었으니 어떤 의미에서 입지전적인 인물이라고 할 수도 있었습니다. 그러나 신앙적으로는 철저하게 실패한 생활을 했으며, 벧엘의 언약을 잊어버린 채 하나님을 떠난 생활을 했습니다. 하나님은 야곱을 사랑하셨지만 야곱은 자기 아내와 돈을 사랑했습니다. 그는 철저하게 하나님을 이용했고 하나님을 자기 욕심에 끌어들였습니다.

1. 하란에 도착하다

야곱은 벧엘에서 놀라운 하나님을 체험한 지 얼마 되지 않아서, 드디어 하란에서 온 목자들을 만납니다.

야곱이 발행하여 동방 사람의 땅에 이르러 본즉
들에 우물이 있고 그 곁에 양 세 떼가 누웠으니
이는 목자들이 그 우물에서 물을 양 떼에게 먹임이라.
큰 돌로 우물 아구를 덮었다가 모든 떼가 모이면 그들이
우물 아구에서 돌을 옮기고 양에게 물을 먹이고는
여전히 우물 아구 그 자리에 돌을 덮더라.
야곱이 그들에게 이르되 "나의 형제여, 어디로서뇨?"
그들이 가로되 "하란에서로라"(29:1-4).

"동방 사람의 땅"이란 메소포타미아를 의미합니다. 그렇다고 야곱이 실제로 메소포타미아까지 갔다는 것이 아니라, 아마 그 당시 메소포타미아 사람들이 거기까지 관할을 했기 때문에 "동방 사람의 땅"이라고 불렀던 것 같습니다. 야곱은 아직 하란까지는 가지 못하고 그 근방에 이르렀을 때 하란에서 온 목자들을 만난 것으로 보입니다. 그러나 이 곳은 하란에 도착했다고 말해도 될 정도로 아주 가까운 곳이었습니다.

3대 만에 돌아오다

하란은 어떤 곳입니까? 믿음의 조상 아브라함이 하나님의 부르심을 받기 전에 살던 곳입니다. 아브라함이 이 곳을 떠난 지 무려 3대 만에

그의 손자가 이 땅을 다시 밟고 있습니다. 물론 이삭 때 아브라함의 종이 이 곳을 방문한 적은 있습니다. 그러나 아브라함의 직계 후손이 하란 땅을 밟은 것은 아브라함이 떠난 지 100년이 훨씬 지나서였습니다. 이것은 무엇을 의미합니까?

우리는 먼저 야곱이 하란에 온 이유를 생각해야 합니다. 사실은 이 부분이 분명치 않습니다. 우리가 보기에는 형인 에서가 자기를 죽이려고 하니까 잠시 피하러 온 것 같습니다. 그리고 또 한편으로 아버지 이삭과 어머니 리브가는 이번 기회에 야곱이 하란에서 신부감을 데려오기를 원했습니다. 그러나 정작 신부를 데려오는 데 가장 중요한 신부 대금은 주지 않았습니다. 즉 야곱은 도피하기 위해 이 곳에 왔고, 또 여기에서 결혼할 마음도 있었지만 수중에 가진 것은 하나도 없었다는 것입니다. 이 사실들이 의미하는 바가 무엇입니까? 야곱은 하란에 눌러앉을 수밖에 없다는 것입니다.

아브라함은 떠났는데

이것이 참 놀라운 점입니다. 그의 할아버지 아브라함은 100년 전에 하나님의 말씀 하나만 붙들고 바로 이 곳을 떠났습니다. 여기에 있는 모든 것, 땅이나 사람이나 그 밖에 모든 것들을 다 버리고 오직 말씀 하나 붙들고 하란 땅을 떠났습니다. 그런데 100년 만에 그의 손자가 다시 눌러앉기 위하여 이 땅으로 돌아온 것입니다. 이런 것을 '회귀본능'이라고 합니다. 인간은 원래의 위치로 돌아가고자 하는 유혹을 끊임없이 받습니다. 인간이라는 존재는 가만히 내버려 두면 원래 있던 곳으로 다시 흘러 들어가게 되어 있습니다.

어떤 사람이 냇물을 열심히 거슬러서 헤엄쳐 올라갑니다. 도중에 너무 힘이 들어서 좀 쉬었더니, 자기도 모르는 사이에 떠내려와서 처음에 출발했던 그 곳에 다시 돌아와 있습니다. 사람은 내버려 두면 다 그렇고 그런 길로 가게 되어 있습니다. 살기 편하고 어려움 없고 갈등 없이 먹고 사는 길로 몰리게 되어 있습니다.

거슬러 싸우지 않으면

우리가 하나님의 말씀을 붙들고 산다는 것은 정상적인 일이 아닙니다. 신앙생활이란 마치 냇물을 거슬러 올라가는 것과 같습니다. 새로운 힘을 계속 공급받아 여러 장애물을 거슬러 가며 힘을 내서 물을 차고 올라가는 것이 신앙생활입니다. 그런데 그렇게 하지 않고 가만히 있으면 저절로 제3한강교 밑으로 흘러가게 되어 있고, 인천 앞바다에 모이게 되어 있습니다.

우리가 아브라함의 삶에서 발견했던 것이 무엇입니까? 끝없는 몸부림과 자기부인입니다. 물론 아브라함도 완벽한 삶을 산 것은 아니었지만, 적어도 가만히 있었던 적은 거의 없었습니다. 그는 신앙 안에 있기 위해서 끝없이 몸부림쳤고 끝없이 헤엄을 쳤습니다. 그는 하란에서 자기가 얻은 모든 땅을 포기했습니다. 소돔에서 얻을 수 있는 재물을 포기했고 첩의 자식 이스마엘을 내보냈습니다. 또 이삭의 아내를 구해야 했을 때에도 이삭을 하란으로 보내지 않았고, 아내 사라가 죽었을 때 헷 사람들이 묘지를 거저 주겠다고 하는데도 굳이 은을 주고 묘지를 샀습니다. 아브라함의 삶은 끝없이 헤엄치면서 물을 거슬러 올라가는 삶, 하나님을 향해 나아가는 삶이었습니다.

그러나 이삭과 야곱에게서는 그런 거부하는 몸짓을 찾아 보기 어렵습니다. 이삭이나 야곱의 신앙은 아브라함처럼 투쟁적인 신앙이 아니었습니다. 큰 무리 없이 그냥 편안하게 사는 것, '오늘도 무사히' 사는 것이 이삭과 야곱이 가진 신앙의 모토였습니다.

그런데 그렇게 흘러가다 보니 결국 귀착된 곳이 어디입니까? 하란입니다. 할아버지는 기껏 모든 것을 버리고 떠났는데, 손자는 100년 만에 다시 이 곳으로 돌아와 할아버지가 버린 쓰레기를 줍고 있습니다. 이것이 인간의 본능입니다. 사람은 그냥 내버려 두면 다 이렇게 원래 있던 자리로 흘러 들어가게 되어 있습니다.

돌아가게 되어 있다

저는 선교사들에 대하여 뭐라고 말할 입장이 못 됩니다. 그런데 어떤 보고에 의하면 선교사들이 오지에는 절대로 가지 않으려 든다고 합니다. 생활도 불편하고 환경도 열악하지만 특히 자녀 교육이 문제 되기 때문입니다. 우리 나라 사람들이 자녀 교육을 얼마나 중요하게 여깁니까? 그래서 나중에 보면 이 곳 저 곳에 선교사로 떠났던 사람들이 로스앤젤레스에서 다 만난다는 것입니다. 왜 그렇게 됩니까? 강물이 흐르고 흐르면 결국은 편한 곳, 무리나 긴장이 없는 곳으로 모이게 되어 있기 때문입니다.

물론 모든 선교사들을 이런 식으로 싸잡아 평가할 수는 없습니다. 지금도 엄청난 대가를 지불하면서 오지에서 수고하고 계시는 선교사들이 많습니다. 그러나 사람은 할 수 있는 한 편하게 살려고 하는 존재입니다. 할 수 있는 한 부담 없이 살고 싶어해요. 그렇게 하다 보면 일부러 찾아가지 않아도 자기도 모르는 사이에 결국 다 모이게 되는 곳이 있습니다. 하란이 바로 그런 곳입니다. 이쪽에서 떠나든 저쪽에서 떠나든 결국은 하란에 다 모이게 되어 있습니다.

그러나 매순간 신앙 아닌 것을 거부하고 뛰어오르는 사람은 그 한계를 극복하고 새로운 세계에서 살 수 있습니다. 마치 댐을 차고 오르는 물고기 같습니다. 물고기가 댐을 뛰어넘는다는 것은 쉽지 않은 일입니다. 그래도 수없이 뛰어오르다 보면 결국은 넘을 수 있습니다. 반면에 뛰어넘지 못한 물고기들은 다 그 밑에 모여서 우글거리게 됩니다.

하란은 위험하다

오늘 우리의 신앙생활이 그와 비슷합니다. 도시 교회의 특징은 대가를 지불할 필요가 없다는 것입니다. 그냥 놀면서, 취미생활 해 가면서 다닐 수 있는 곳, 예배 한두 번 드리고 나서 그 후에는 얼마든지 내 마음대로 살 수 있는 곳이 도시 교회입니다. 하란은 이렇게 전혀 대가를 지불하지 않고도 살 수 있는 곳이요 하나님과 세상을 동시에 취할 수 있는 곳이었습니다. 오늘날 도시 교회는 하란 교회입니다. 하란 교회는 좋은 교회가 아닙니다. 가나안 교회가 좋은 교회지요. 긴장과 갈등 가운데서 차고 오르는 교회가 좋은 교회입니다.

가나안으로 다시 돌아가지 않는 한 야곱은 제대로 된 신앙생활을 할 수 없습니다.

2. 하나님의 인도

하란의 목자들을 만난 야곱을 통해 볼 수 있는 것이 무엇입니까? 그것은 하나님께서 참으로 신실하게 그의 길을 인도해 오셨다는 것입니다.

야곱이 그들에게 이르되 "나의 형제여, 어디로서뇨?"
그들이 가로되 "하란에서로라."
야곱이 그들에게 이르되

"너희가 나홀의 손자 라반을 아느냐?"
그들이 가로되 "아노라."
야곱이 그들에게 이르되 "그가 평안하냐?"
가로되 "평안하니라. 그 딸 라헬이 지금 양을
몰고 오느니라"(29:4-6).

얼마나 놀라운 소식입니까? 사실 야곱이 지금 하란 사람 라반을 찾는다는 것은 서울에서 이 아무개나 김 아무개를 찾는 것처럼 막막한 일입니다. 특히 목축하는 사람들은 매일 자리를 옮기기 때문에 주소가 없습니다. 그런데 우물가에서 우연히 목자들을 만나서 물어 보니 마침 하란에서 왔다는 것입니다. 그래서 혹시 라반을 아느냐고 하니까 잘 안다는 것입니다. 그뿐 아니라 바로 그 라반의 딸이 지금 오고 있다는 것입니다. 이것이 무슨 뜻입니까?

"나는 너를 책임지고 있다"

야곱은 자기가 방황하고 있다고 생각했지만 사실은 하나님께서 그의 걸음을 정확하게 인도하고 계셨습니다. 야곱은 지금까지 대충 감으로 걸음을 옮기고 있었습니다. 지도가 있었던 게 아니에요. 하란이 북쪽에 있다니까 대충 감으로 길을 걸어온 것입니다. 그런데 중간에서 목자들을 만나서 한번 확인해 보니 너무나도 정확하게 목적지를 향해 달려왔다는 사실이 드러났습니다. 하나님께서 한 치의 오차도 없이 그의 걸음을 인도해 오신 것입니다.

비록 눈에는 보이지 않았지만 하나님은 야곱의 삶을 인도하고 계셨으며 그의 삶을 책임지고 계셨습니다. 그는 이 놀라운 체험 앞에서 '나는 잘 몰랐지만 하나님은 나와 함께하시며 나의 삶을 책임지고 계셨다. 하나님께서 나의 걸음을 인도하고 계시다는 것이 확인된 이 순간, 인간적인 염려나 인간적인 생각들은 다 버리기로 하자. 내가 지금 생각해야 할 것은 여기에서 하나님을 기쁘시게 하는 삶이 무엇인가 하는 것이다. 작전 짜지 말자. 머리 굴리지 말자. 오직 하나님께서 무엇을 원하시느냐만 생각하자' 라고 했어야 합니다. 야곱이 이렇게 수월하게 라반의 가족을 만나게 된 것은 자기가 염려를 많이 했기 때문이 아니지 않습니까? 자기가 여기저기 쫓아다니면서 수소문했기 때문이 아니지 않습니까? 자기도 모르는 사이에 하나님께서 걸음을 인도해 주셨기 때문에 정확하게 원했던 곳에 오게 된 것이 아닙니까? 그렇다면 더 이상 인간적인 생각을 하지 말아야지요.

하나님의 기대

우리가 하나님이라면 지금 야곱에게 무엇을 원하겠습니까? 쓸데없는 생각 하지 말고 믿음으로 살기를 원할 것입니다. 그렇다면 믿음으로 산다는 것은 무엇입니까? 하나님을 모르는 이 하란 사람들에게 하나님의 백성의 모습이 어떤 것인지 보여 주는 것입니다. 그는 이 곳에 상당히 오래 머물게 될지도 모릅니다. 그렇다면 가장 먼저 벧엘의 그 하나님을 섬기는 일부터 생각했어야 합니다.

특히 야곱은 이 땅에서 올무에 걸리지 않도록 주의해야 했습니다. 즉 결혼하려고 덤벼들지 말아야 한다는 것입니다. 야곱은 지금 빈손으로 왔습니다. 이삭과 리브가가 그를 빈손으로 보낸 것은 이번에는 그냥 형편만 알아 보고 오라는 뜻입니다. 그런데도 여기에서 결혼을 해버릴 경우, 야곱은 이 곳에 아예 붙잡힐 가능성이 아주 커집니다. 그 당시는 신부대금 없이는 결혼이 안 되는 때입니다. 그런데도 결혼하겠다고 덤벼들 경우, 자연히 옵션에 걸리게 되어 있습니다.

하나님께서 야곱에게 원하신 것은 집에서는 비록 쫓겨왔을지라도 여기에서 선지자의 역할을 하는 것입니다. 라반의 식구들에게 하나님의 말씀을 전하고, 하나님 섬기는 법을 가르치며, 하나님의 축복을 받을 수 있는 길을 설명해 주는 것입니다. 설사 여기에서 어떤 여자와 사랑에 빠지는 일이 생긴다 하더라도 옵션에는 걸려들면 안 됩니다. 미래를 기약하고 다시 와서 결혼할 생각을 해야지, 여기에서 덜컥 결혼 계약을 맺어 버리면 결국 자유를 잃고 말 것입니다.

하나님께서 야곱의 걸음을 인도하신 것은 믿음의 반응을 기대하셨기 때문입니다. '내가 너의 삶을 책임지고 있다. 너는 모르고 걸어왔지만 나는 정확하게 너의 길을 인도했다. 그러니까 너는 이 곳에서 믿음으로 행동해야 한다. 네 멋대로 계약을 맺거나 의무를 뒤집어써서는 안 된다' 는 것을 보여 주신 것입니다.

야곱의 욕심

그러나 야곱은 자신이 정확한 길을 걸어왔다는 것을 당연시하면서, 그 후부터 완전히 고삐 풀린 망아지처럼 제멋대로 행동했습니다. 그 이유가 무엇입니까? 좀 살 만해지니까 다시 욕심이 고개를 쳐들었기 때문입니다. 지금까지는 '나는 죽었다' 고 생각했기 때문에 하나님만 붙들었습니다. 그런데 재기의 가능성이 조금 보이니까, 약간만 노력하면 모든 것을 움켜쥘 수 있을 것 같은 마음이 들면서 욕심이 다시 고개를 쳐든 것입니다. 여자도 움켜쥐고 재물도 움켜쥘 수 있을 것만 같았습니다. 그래서 그는 믿음으로 행동하지 않았습니다.

하나님께서 순탄한 길을 보이시거나 역경의 길을 주심으로써 우리 삶에 간섭하고 계심을 보여 주실 때 우리는 어떻게 행동해야 합니까? 자신의 욕심을 내려놓고, 하나님이 원하시는 뜻을 찾아 그 뜻을 이루어 드리는 데 모든 힘과 열정을 기울여야 합니다. 그런데 우리는 길이 좀 뚫리는 것 같으면 물 만난 물고기처럼 자기 계획을 엄청나게 세우면서 마구 달려갑니다. 그러다가 일이 뜻대로 되지 않으면 완전히 침체되어서 "하나님은 제가 이렇게 망하는 게 좋다 이거지요? 좋습니다! 저도 다 생각이 있습니다" 하면서 화를 내고 데모를 합니다.

사람이란 참 이렇게 다루기 힘든 존재입니다. 길을 조금만 열어 주면 기분이 좋아서 뒤도 안 돌아보고 마구 달려가고, 조금만 막으면 그대로 침체되어서 죽네 사네 해 가며 밥도 안 먹고 화를 냅니다. 야곱이 그랬습니다. 그는 모든 것을 다 잃고 빈들에 누웠다가 하나님을 만났습니다. 그런데 약간 길이 열릴 여지가 보이고 재기의 가능성이 보이니까 머리가 다시 돌아가기 시작하면서 하나님의 모든 말씀과 축복을 다 잃어버리고 맙니다.

"간섭하지 마세요!"

주님이 우리에게 말씀하신 것이 무엇입니까? 먼저 그의 나라와 의를 구하면 모든 것을 더하신다는 것입니다. 물론 하나님이 나의 걸음을 인도하신다는 것이 곧 아무 어려움도 없으리라는 뜻은 아닙니다. 하나님께서 원하시는 것은 그럼에도 불구하고 하나님의 뜻을 물으며 모든 일을 바른 관계에서 하려고 노력하는 것입니다. 그러나 야곱은 움켜쥐는 사람이 임자라고 생각했습니다. 아직도 자기는 능력이 있고 똑똑하다고 생각하고 있었기 때문에 하나님께 묻는 대신 오히려 그분의 간섭을 배제했습니다.

이제 그를 기다리고 있는 것이 무엇입니까? 고된 종살이입니다. 신앙이란 자기 스스로 멍에를 메는 것입니다. 자기 스스로 욕심을 절제하고 통제하는 것입니다. 이 하나님의 멍에를 메기 싫어할 때, 하나님이 주시는 은혜로 자신의 삶을 통제하기 싫어할 때, 그는 결국 사람의 멍에를 메게 됩니다. 사도 바울이 갈라디아서에서 말씀한 것이 무엇입니까?

> 형제들아, 너희가 자유를 위하여 부르심을 입었으나
> 그러나 그 자유로 육체의 기회를 삼지 말고
> 오직 사랑으로 서로 종 노릇 하라(갈 5:13).

스스로 멍에를 메는 신앙

신앙은 하나님의 은혜가 너무 감사해서 스스로 자기 목에 멍에를 메고 코에 고삐를 꿰는 것입니다. 무슨 뜻입니까? 자기 스스로 영적인 부담을 진다는 뜻입니다. 그는 자기 마음대로 모든 것을 하지 않습니다. 쓰고 싶은 대로 다 쓰지 않습니다. 마치 빚진 사람처럼 남을 돕지 않으면 안 된다는 부담을 느낍니다. 시간도 내 마음대로 쓰지 않고 남을 위해 씁니다. 그런데 다른 사람들을 보면서 "저 사람이 나를 위해 애써 준 게 뭐가 있어? 그런데 내가 왜 저 사람을 위해 희생되어야 하냐구?" 하면서 자기 권리를 마음대로 사용하고 어느 누구의 통제도 받지 않으려 하는 사람은 성령의 고삐가 풀린 망아지가 됩니다.

자기 혼자 잘 믿는 신앙은 신앙이 아닙니다. 그것은 기질이고 종교성입니다. 진짜 신앙은 누가 시키지 않아도 스스로 멍에를 메는 것입니다. 자기 삶을 통제하고 자기 욕망을 절제하고 하나님의 뜻을 이루어 드리는 것입니다. "이건 하나님과 나와의 관계니까 당신은 상관하지 마시오" 하는 것은 신앙이 아니에요.

야곱은 주어진 기회를 자기를 위해 다 썼습니다. '내 인생' 이라고 생각했기 때문입니다. 그래서 자기 시간을 결혼하는 데 다 써 버렸습니다. 그렇게 결혼하면 뭐가 생깁니까? 아이가 생기지요. 야곱에게는 아이가 열두 명이나 생겼습니다. 그래서 그 아이들 키우는 데 또 시간을 다 써 버렸습니다. 야곱은 벧엘의 하나님은 잊어버린 채 결혼하고 애 키우고 돈 모으는 데 하란에서의 시간을 전부 탕진하고 말았습니다.

그런데 야곱이 그렇게 고생해 가면서 긁어모았던 것들이 결국은 무엇입니까? 원래 하나님이 주시려고 했던 것들입니다. 그런데 그걸 자기 힘으로 얻으려고 그토록 사서 고생을 한 것입니다. 만약 야곱이 자기 욕심에 빠지지 않고 믿음으로 일어섰더라면 하란에서 최고로 아름다운 삶을 살 수 있었을 것입니다.

야곱과
요셉의 차이

바로 이 점이 야곱과 요셉의 차이입니다. 야곱은 자기 머리 굴리고 자기 욕심 채우느라 하란의 생활 전체를 결혼하고 애 키우고 재산 모으는 데 다 날려 버린 반면, 요셉은 애굽에서 믿음으로 일어서서 너무나도 아름다운 삶을 살았습니다. 야곱은 먼 곳에 도망쳐 와서 하나님의 함께하심을 확인하고서도 믿음으로 서지 못하고 자기 머리를 쓰고 자기 꾀를 썼습니다. 그 결과 그의 생애에서는 무언가 가치 있는 것을 하나도 찾을 수가 없습니다. 애들은 왜 그리 많이 낳았는지, 이 여자가 낳고 저 여자가 낳고 네 명이 번갈아가며 낳는 통에 여자와 아이들한테 치이느라 밤에도 못 자고 재물 모으느라 낮에도 못 쉬면서 무려 20년을 휙 날려 버렸습니다.

그런데 요셉은 어떠했습니까? 종으로 팔려간 곳에서 머리를 굴리지 않았습니다. 주인 보디발의 아내가 유혹한 것은 어떻게 보면 출세의 기회가 될 수도 있었는데, 그것을 거절하고 감옥에 가서 죽도록 두들겨 맞고 고생했습니다. 그러나 그는 거기에서도 하나님의 동행하심을 믿었습니다. 그 결과 그는 애굽의 총리가 되어서 흉년이 왔을 때 자기 집과 모든 이들을 살릴 수 있었습니다. 환상적이지 않습니까? 요셉은 낯선 땅 애굽에서 마치 태양이 빛나듯이 아름다운 믿음의 삶을 살았고, 결국 야곱의 가족을 다 애굽으로 데려옴으로써 교회를 다시 살렸습니다.

하나님이 우리와 함께하셔서 형통한 길을 열어 주실 때, 그 작은 성공을 마치 자기 욕망을 마음대로 채워도 되는 기회처럼 생각해서 평생토록 열심히 쫓아다니는 사람은, 어느 날 문득 자기 인생에서 건질 만한 것이 하나도 없다는 사실을 깨닫게 될 것입니다. 그저 돈이나 좀 벌고 집 하나 장만하고 자식 낳아서 유치원 보내고 과외시켜서 겨우 대학이나 집어넣은 일밖에는 남은 것이 없습니다.

허무한 인생

신앙생활이라고 해서 다 똑같은 것이 아닙니다. 어떤 사람은 태양처럼 빛나는 고귀한 삶을 삽니다. 그러나 어떤 사람은 '우리 애' 키운 것 말고는 한 일이 없습니다. 자기 욕심을 포기하지 않고 하나님이 주시는 은혜를 남용하는 사람은 그냥 밥 세 끼 먹고 애 키운 것밖에는 남는 게 없어요. 막 쫓아다니면서 뭔가 한 것 같은데 나중에 결산해 보면 자기 생애에서 건질 것이 없습니다. 워크맨 꽂고 다니고 토플책 끼고 다니고 이 학원 저 학원 쫓아다녔는데 나중에 보면 남은 게 없습니다. 밥 먹고 산 게 전부예요.

신앙생활은 누가 하라고 해서 하는 것이 아닙니다. 하나님의 말씀을 듣고 믿음으로 살려고 일어서면 그 때부터 하나님의 역사가 시작되는 것입니다. 이런 사람도 애 안 키우는 게 아닙니다. 믿음 있는 사람의 애라고 해서 에티오피아 애들처럼 배가 볼록 나오고 유치원도 못 다녀서 글자도 모르고 크는 게 아니에요. 비싼 유치원 못 다녀도 하나님의 유치원이 있지 않습니까? 자연 속에서 풀 뽑고 흙장난 하면서 잘 큽니다.

하나님께 자기 인생을 빌려 드리는 사람은 태양과 같습니다. 그러나 하나님이 함께하신다고 믿으면서도 자기 욕심을 포기하지 않고 자기 식구와 자기 재산만 생각하고 살면 남는 것이 오직 그것밖에 없습니다. 그런 사람이 죽으면 무덤에 뭐라고 적히는지 아십니까? '죽도록 일한 결과 세 끼 밥 먹고 자식 키우다가 죽었다.' 그 사람 생애에서는 이것밖에 건질 것이 없습니다.

여러분, 우리에게 주어진 시간이 그리 많지 않습니다. 그래서 사도 바울은 고린도 교인들에게 시간이 너무나도 없으니 혹시 독신으로 있는 자는 할 수 있으면 그대로 혼자 사는 편이 더 낫다고 편지했습니다. 이것은 독신주의를 예찬하는 말이 아닙니다. 결혼하면 애 키워야 하고 집 장만해야 하고, 그러다가 어느 날 거울을 보면 머리가 희어져 있으리라는 걸 알기에 하는 말입니다. 결혼하지 말라는 소리가 아니에요. 애 키우지 말라는 소리가 아닙니다. 어영부영하다 보면 어느새 인생이 끝나 버린다는 것입니다.

주님이 부르시기 전에

우리에게 제일 중요한 것이 시간입니다. 어느 한순간 주님이 오라고 부르시면 머리 위에 도너츠 하나 얹고 그냥 가야 합니다. 그런데 그 때 내놓을 게 하나도 없는 거예요. 요란하게 쫓아다닌 것 같은데 밥 먹고 애 키운 것밖에 없습니다. 돈도 꽤 번 것 같은데 다 어디로 갔는지 모르겠어요. 여러분, 잘 생각하십시오. 결혼하고 유학 갔다 오고 애 키우다 보면 인생이 다 지나가 버립니다. 내 볼일 다 보고 이제 주님의 일을 좀 해 볼까 하면 "시간 다 끝났다"고 부르실 것입니다.

야곱은 하란에서 아무것도 보여 준 것이 없습니다. 하란에서 사는 야곱의 모습을 보면 무슨 생각이 듭니까? 애는 왜 이렇게 많이 낳았을까, 부인들은 왜 저렇게 싸워 댈까, 집구석이 뭐가 이렇게 복잡할까 하는 생각이 들지 않습니까? 애굽에서 살았던 요셉의 모습과는 완전히 딴판입니다. 하란에서 살았던 야곱의 생활을 요약하면 '뭔가 복잡했다. 그리고 시끄러웠다. 결국에는 도망쳤다' 입니다. 이게 전부예요. 거기에서 믿음으로 산 일도 없고 하나님의 능력을 보여 준 일도 없습니다. 그냥 요란하고 복잡하게 살다가 도망치는 것으로 끝났습니다.

"제 인생을 드립니다"

왜 이렇게 되었습니까? 하나님의 함께하심을 보고서도 자기 욕심을 포기하지 않았기 때문입니다. 하나님께 우리 인생을 빌려 드려야 합니다. "하나님, 제 인생을 빌려 드릴게요. 여러 가지 부족한 점이 많지만 제 인생을 좀 써 주십시오" 하고 말씀드리면, 그 때부터 불이 붙기 시작합니다. 태양처럼 확 타오르기 시작합니다. 요셉이 특별한 사람이 아니에요. 하나님께 자기 인생을 빌려 드리는 사람은 누구라도 요셉처럼 살 수 있습니다. 그런 사람이라고 해서 결혼 안 하는 것이 아닙니다. 애 안 낳는 것도 아닙니다. 집이 없는 것도 아니고 한 끼만 먹고 사는 것도 아닙니다. 다른 사람들과 똑같이 살면서도 얼마든지 존귀하게 살 수 있습니다.

3. 양치기의 전문성을 보여 준 야곱

야곱은 목자들이 양을 데리고 왔으면서도 물도 먹이지 않고 풀도 뜯기지 않은 채 방치하고 있는 것을 보았습니다. 자기 생각에 이럴 때 풀이라도 좀더 먹이면 틀림없이 양들이 살이 찌고 건강해질 것 같은데 목자들은 아무 일도 하지 않고 있는 것입니다. 7절과 8절을 보십시오.

> 야곱이 가로되 "해가 아직 높은즉 짐승 모일 때가 아니니 양에게 물을 먹이고 가서 뜯기라." 그들이 가로되 "우리가 그리 하지 못하겠노라. 떼가 다 모이고 목자들이 우물 아구에서 돌을 옮겨야 우리가 양에게 물을 먹이느니라."

야곱의 자질

야곱이 보니까 우물이 있기는 한데 그 입구를 돌로 덮어 놓았습니다. 아마도 우물을 사용하지 않는 동안 흙먼지 같은 것이 불어서 우물을 막지 못하게 하려고 그렇게 한 것 같습니다. 그런데 거기 있는 목자들은 다른 목자들이 다 모일 때까지 돌을 옮기지 않고 가만히 있었습니다.

언뜻 생각하면 자기 양들만 먼저 물을 마시우지 않고 다른 양들도 다 모일 때까지 의리 있게 기다린 것 같지만, 사실은 그것이 아닙니다. 그들은 게을렀습니다. 우물을 덮은 돌이 크기야 했겠지만, 나중에 야곱이 혼자 치운 것을 보면 여러 사람이 덤벼들어야 할 정도로 크지는 않았던 것 같습니다. 그들이 양들을 잘 먹이지 않은 것은 게으름 때문이었습니다. 자기 양이 아니니까 답답할 게 없는 것입니다. 그래서 물

먹일 시간도 되지 않았는데 먼저 양을 몰고 와서 다른 사람들이 와서 돌을 치울 때까지 놀고 있었습니다. 다 올 때까지 기다릴 것이 아니라 도착하는 대로 물을 먹이고 그 다음에 풀을 먹이면 양들이 튼튼해질 텐데, 자기 양이 아니니까 애써 그렇게 하려 들지 않은 것입니다.

하란의 목자와 야곱의 차이점이 여기에 있습니다. 하란의 목자들은 자기 일이 아니기 때문에 적극적으로 나서지 않았습니다. 이렇게 하든 저렇게 하든 시간만 때우면 되니까요. 그러나 야곱은 천성 자체가 부지런하고 책임감이 있었습니다. 그는 그 곳 사람들이 왜 그런 식으로 일하는지 이해할 수가 없었습니다. 아직 해가 높이 떠 있는데도 왜 양들에게 풀 먹일 생각을 하지 않고 남이 와서 돌을 치워 주기만 하염없이 기다리는지 이해할 수가 없었어요.

야곱에게는 일종의 주인의식이 있었습니다. 어떤 문제를 볼 때 항상 자기가 주인이라는 생각을 가지고 보았습니다. 이것은 야곱이 사업가로 성공하는 데 기초가 되는 자질이었습니다. 그는 아주 작은 문제라도 그냥 넘어가는 법 없이 철저하게 그 원인을 파고들었습니다. 그래서 멘델의 유전 법칙을 뛰어넘는 양들의 우생의 법칙을 발견해 냅니다. 어떻게 하면 색깔 있는 새끼가 나오는가, 어떻게 하면 점박이가 나오는가를 세밀한 관찰 끝에 알아 냅니다. 바로 야곱의 이 세밀함과 부지런함이 라반의 집에 취직되는 중요한 밑천이 되었습니다. 그리고 결국 그 재주 때문에 십수 년 간 종 노릇 하고 이용당했습니다.

그의 부르심은 따로 있다

야곱이 모든 문제를 주인의 입장에서, 혹은 책임지는 입장에서 본 것은 칭찬할 만한 일입니다. 그러나 그런 쪽으로 계속 자신을 발전시켜 나간 것은 잘못입니다. 그는 하나님께 선지자로 부름을 받았습니다. 선지자에게는 하나님의 말씀이 있어야지요. 선지자의 입에서 들을 수 있는 말이 고작 양 치는 법이나 우생의 법칙이라면 곤란합니다. 양을 잘 치지 못한다 하더라도 하나님의 말씀을 더 깨닫게 해주는 말씀이 야곱에게 있었더라면 적어도 라반의 종이 되지는 않았을 것입니다. 우리 속담에 "열두 가지 재주 가진 놈이 저녁거리가 없다"는 말이 있습니다. 너무 꾀가 많고 재주가 많다 보니 이 일 조금 저 일 조금 하다가 결국은 식구들을 굶길 지경이 된다는 뜻입니다.

야곱은 양을 치는 데 전문가였습니다. 그러나 하나님께서 그에게 원하신 것은 말씀의 전문가요 예언의 전문가가 되는 것이었습니다. 그는 전공을 바꾸어야만 했습니다. 그러나 그는 전공을 바꾸는 대신, 오히려 그쪽을 더 발전시킴으로써 마침내 양에 관련된 놀라운 문제를 터득할 정도의 전문가가 되었습니다. 그는 그 전문지식을 가지고 라반의 종 노릇을 했습니다.

말씀이 없을 때

믿는 사람에게 가장 중요한 것은 지혜의 말씀입니다. 사람들과 만나서 이야기할 때 그들을 깨끗케 만드는 말씀이 있어야 합니다. 모여서 자기 애 자랑이나 하고 남편 자랑이나 늘어놓으면 듣는 사람이 머리만 아픕니다. 하나님의 사람은 그렇게 하면 안 돼요. 아주 지혜롭게 상대방에게 꼭 필요한 말을 해서 힘을 주어야지, 하수구에서 시커먼 물 올라오듯이 입만 벌리면 TV 얘기, 신문 얘기, 옆집 아줌마한테 들은 얘기까지 다 토해 놓으면 듣는 사람 머리가 깨집니다. 요즘 사람들은 전부 전문가입니다. 어디에서 그렇게 많은 정보를 주워들었는지 모르는 게 없습니다. 주식투자에서 시작해서 어린이 재능 교육에 이르기까지 얘기가 줄줄 나와요. 그런데 그런 얘기를 듣고 있다 보면 머리가 깨질

듯이 아파 옵니다.

하나님의 백성들은 무슨 이야기를 할 것인지 전체적인 그림을 그리고 나서 이야기해야 합니다. 아는 것 전부 토해 내고 모르는 것까지 거짓말로 다 쏟아 놓으면 듣는 사람들을 죽이게 되어 있습니다. 그리스도인들은 지혜로워야 합니다. 자기 속에 있는 생각을 다 토해 내는 사람보다 더 어리석은 사람이 없어요. 그런 사람과 만나서 하루 종일 이야기하는 것은 재앙입니다. 그리스도인들은 어떻게 하든 남을 격려하고 소생시켜 주고 새롭게 해 주어야 합니다. 그렇게 하는 데 꼭 많은 말이 필요한 것이 아닙니다. 지혜로운 말 한두 마디면 됩니다.

선지자에서 종으로 전락하다

야곱은 계속 양 전문가로 나갔습니다. 그리고 그 때문에 계속 종 노릇 했습니다. 그가 정말 말씀을 가졌더라면 종이 되지 않았을 것입니다. 믿는 사람들이 이 세상의 상식에 정통하다고 해서 칭찬받는 것이 아닙니다. 믿는 자들에게는 하나님의 지혜의 말씀이 있어야 합니다. 선악을 분별할 수 있는 분명한 기준이 있어야 합니다. 사람들의 가치를 되찾아 주는 지혜의 말씀이 있어야 합니다. 그렇다고 해서 전공이나 이 세상 지식이 불필요하다는 것이 아닙니다. 어차피 우리는 이 세상에서 내가 가진 기술이나 직업을 가지고 다른 사람들을 도울 수밖에 없습니다. 그러나 그것만이 전부라면 그 좋은 머리로 할 수 있는 일이라고는 실컷 남에게 이용당하는 것뿐입니다.

4. 라반을 만나다

드디어 야곱은 라반의 식구들을 만났습니다. 9절부터 14절 상반절까지 보십시오.

야곱이 그들과 말하는 중에 라헬이 그 아비의 양과
함께 오니 그가 그의 양들을 침이었더라.
야곱이 그 외삼촌 라반의 딸 라헬과
그 외삼촌의 양을 보고 나아가서
우물 아구에서 돌을 옮기고 외삼촌 라반의 양 떼에게
물을 먹이고 그가 라헬에게 입맞추고
소리내어 울며 그에게 자기가 그의 아비의 생질이요
리브가의 아들 됨을 고하였더니 라헬이 달려가서
그 아비에게 고하매 라반이 그 생질 야곱의 소식을
듣고 달려와서 그를 영접하여 안고 입맞추고
자기 집으로 인도하여 들이니 야곱이 자기의
모든 일을 라반에게 고하매 라반이 가로되
"너는 참으로 나의 골육이로다" 하였더라.

복음(福音)

야곱이 등장함으로써 라반의 식구들은 리브가가 시집간 후 처음으로 아브라함 집의 소식을 듣게 되었습니다. 그 소식이란 것이 무엇입니까? 하나님께서 어떻게 그들과 함께하셨으며 지켜 주셨고 복을 주셨는가, 어떻게 그들의 삶을 인도하셨는가 하는 것입니다. 이것이 아브라함 집의 소식이고 복음입니다. 하나님에 대하여 가장 잘 알 수 있는 방법은 아브라함 집의 이야기를 듣는 것입니다. 왜냐하면 하나님께서 그 집을 통하여 자신을 나타내고 표현하셨기 때문입니다.

오늘도 하나님에 대하여 알 수 있는 가장 좋은 길은 교회 안에서 하나님의 일하심에 대해 듣는 것입니다. 그보다 더 하나님을 잘 알 수 있는 길이 없습니다. 아주 성실하지 않게 살던 사람이 말씀을 듣고 어떻게 새로운 생활을 시작하게 되었는지, 또 병든 사람이 어떻게 믿음으로 그 병을 극복했는지, 결혼을 못 하고 있던 사람이 어떻게 믿음으로 결혼해서 아름다운 삶을 만들어 나가고 있는지를 듣는 것이 곧 하나님을 아는 길입니다. 이런 이야기는 단순한 '남의 이야기' 가 아닙니다. 하나님께서 그들 가운데 살아 역사하시는 증거들입니다.

야곱이 라반의 식구들에게 들려 준 이야기들은 리브가가 시집간 이후의 이야기였을 것입니다. 그 전의 이야기는 아브라함의 종에게서 이미 들은 바가 있습니다. 이삭이 블레셋 사람들에게 우물을 빼앗기면서도 계속 우물을 팠던 일은 아마 이 이야기의 절정을 이루었을 것입니다. 야곱은 자기가 아버지의 축복을 속여서 취한 것이나 그 때문에 형의 미움을 받아 도망치게 된 것도 이야기했을 것입니다. 그렇지 않으면 돈 한 푼 없이 이 먼 곳까지 온 이유를 설명할 수 없었을 테니까요.

하나님의 사람을 구분하는 법

이 모든 말을 다 듣고 난 라반이 뭐라고 이야기합니까? "너는 참으로 나의 골육이로다"라고 합니다. 무슨 뜻입니까? 처음에도 야곱을 입맞추며 환영하기는 했지만 그럼에도 불구하고 마음 한구석에는 '그동안 한 번도 보지 못했던 이 사람이 정말 내 조카인가' 하는 의구심이 있었을 것입니다. 그런데 이야기를 듣는 가운데 그는 야곱이 정말 자기 동생 리브가의 아들이라는 확신을 얻습니다. 그렇게 생각하게 만든 이야기가 구체적으로 무엇인지는 알 수 없습니다. 그러나 분명히 리브가의 아들이 아니면 알 수 없는 어떤 경험을 이야기했을 것입니다.

어떤 일을 꾸며서 이야기하는 사람과 진실을 말하는 사람은 구별할 수 있습니다. 꾸며서 이야기하는 사람은 자꾸 말을 걸어 보면 시간이 갈수록 앞뒤가 안 맞습니다. 없었던 일을 실제로 있었던 양 꾸미는 것이 얼마나 어려운 일인지 몰라요. 그러나 야곱의 말 속에는 진실이 있었습니다. 꾸며서 말하는 사람들에게서는 도저히 찾아볼 수 없는 진리가 있었습니다. 오늘도 하나님께서는 사람을 보내서 그분의 이야기를 듣게 하십니다. 그 때 가장 중요한 것이 무엇입니까? 과연 그가 정말 하나님으로부터 나에게 온 사람인가를 알아 보는 것입니다.

라반은 조카라고 해서 얼른 영접하기는 했지만 그 모습을 자세히 보니 영락없는 거지였습니다. 남루한 옷을 입었을 뿐만 아니라 가진 것도 하나 없었고, 결혼에 관심은 있는 것 같은데 신부대금은 없었습니다. 결국 그의 신분을 확인하려면 그의 말을 자세히 듣는 수밖에 없었고, 자세히 들어 보니 그 말은 전부 사실이었습니다.

진실의 힘이 있는가?

주님은 오늘도 이런 식으로 복음 전하는 자를 보내십니다. 아무것도 없이 오직 지팡이 하나만 들려서 보내십니다. 그 때 무엇을 보고 하나님이 보낸 사람인 것을 알 수 있습니까? 진실입니다. 하나님이 보낸 사람의 입에는 진실이 있고 그 진실에는 힘이 있습니다. 그는 한 입으로 두 말을 하지 않습니다. 또한 죄가 있을 때 타협하지 않고 가차없이 책망합니다. 하나님이 보내신 사람의 겉모습은 남루합니다. 그러나 그의 말에는 열정이 있고, 그가 전하는 말씀의 빛 앞에서 숨은 비밀이 다 드러납니다. 그 때 그 말을 듣고 자기 욕심을 버리면 하나님의 나라가 임하는 것입니다.

라반은 야곱을 영접했습니다. 그러나 야곱은 그 후 자신의 위치를 지키지 못합니다. 결혼에 대한 욕심이 생겼기 때문입니다. 결혼 자체가 나쁘다는 것이 아닙니다. 야곱은 지금 결혼할 처지가 아닙니다. 그런데도 무리하게 결혼하려고 하다가 선지자에서 일개 종으로 전락하고 말았습니다. 그리고 그의 노예생활은 무려 14년이나 계속되었습니다.

오늘 말씀이 우리에게 이야기하는 것이 무엇입니까? 하나님은 장소에 매이는 분이 아니라는 것입니다. 그리스도인들에게는 신앙적인 박해나 그 밖의 이유에서 지금까지 누리던 모든 영적인 교제나 축복을 포기하고 다른 곳으로 가야 할 때가 있습니다. 그 때 위험한 것이 무엇입니까? 새로운 가능성이 조금 보일 때 그 가능성을 더 발전시키려 드는 것입니다. 그런 사람의 인생에는 아무것도 남지 않을 것입니다.

가장 중요한 것은 그 다른 곳에서도 어떻게 하면 하나님과 교제하며 그분의 뜻을 이루어 드리고 그분을 나타낼 것인가를 생각하는 것입니다. 그러면 살 길이 열리고 하나님의 교회를 회복시킬 힘이 생깁니다. 그러나 야곱은 하나님이 자신과 함께하심을 보았으면서도 그 나라를 먼저 구하지 않고 그 곳에 동화되어 결혼하고 자식 키우는 일에 열중함으로써, 선지자의 자격을 상실하고 종이 되어 고생하며 살게 되었습니다.

오늘 무엇을 먼저 구해야 할지 생각하십시오. 실컷 고생했는데 '밥이나 먹고 자식이나 키우다가 죽었다' 는 소리를 듣는다면 정말 허망하지 않습니까? 그런 사람은 정말 불쌍한 사람이고 실패한 사람입니다. 여러분의 인생을 주님께 빌려 드리십시오. 요셉처럼 '하나님이 나와 함께하신다! 하나님이 내 삶을 쓰실 것이다! 이 감옥 안에서도 나는 유혹을 거부하고 죄를 물리치면서 그 나라와 그 의를 위하여 살 것이다!' 라고 결심하십시오. 그 때 하나님께서 모든 것을 더하여 주실 것입니다.

2 야곱의 선택과 그 결과

야곱이 한 달을 그와 함께 거하더니
라반이 야곱에게 이르되 "네가 비록 나의
생질이나 어찌 공으로 내 일만 하겠느냐?
무엇이 네 보수겠느냐? 내게 고하라."
라반이 두 딸이 있으니 형의 이름은 레아요
아우의 이름은 라헬이라.
레아는 안력이 부족하고 라헬은 곱고 아리따우니
야곱이 라헬을 연애하므로 대답하되
"내가 외삼촌의 작은딸 라헬을 위하여
외삼촌에게 7년을 봉사하리이다."
라반이 가로되 "그를 네게 주는 것이 타인에게
주는 것보다 나으니 나와 함께 있으라."
야곱이 라헬을 위하여 7년 동안 라반을
봉사하였으나 그를 연애하는 까닭에 7년을
수일같이 여겼더라.
야곱이 라반에게 이르되
"내 기한이 찼으니 내 아내를 내게 주소서.
내가 그에게 들어가겠나이다."
라반이 그 곳 사람을 다 모아 잔치하고
저녁에 그 딸 레아를 야곱에게로 데려가매
야곱이 그에게로 들어가니라. 라반이 또 그 여종
실바를 그 딸 레아에게 시녀로 주었더라.

야곱이 아침에 보니 레아라. 라반에게 이르되
"외삼촌이 어찌하여 내게 이같이 행하셨나이까?
내가 라헬을 위하여 외삼촌께 봉사하지
아니하였나이까? 외삼촌이 나를 속이심은
어찜이니이까?"
라반이 가로되 "형보다 아우를 먼저 주는 것은
우리 지방에서 하지 아니하는 바이라. 이를
위하여 7일을 채우라. 우리가 그도 네게 주리니
네가 그를 위하여 또 7년을 내게 봉사할지니라."
야곱이 그대로 하여 그 7일을 채우매
라반이 딸 라헬도 그에게 아내로 주고
라반이 또 그 여종 빌하를 그 딸 라헬에게 주어
시녀가 되게 하매 야곱이 또한 라헬에게로
들어갔고 그가 레아보다 라헬을 더 사랑하고
다시 7년을 라반에게 봉사하였더라.

창 29:14하-30

사람은 자유로운 상태에서 약속을 하지만, 간혹 약속을 잘못하는 바람에 아주 오랜 기간 그 약속에 매여 종 노릇 할 때가 많습니다. 그럴 경우 성경은 그 사람이 '자유를 잘못 사용했다' 고 말합니다. 좋은 예는 아니지만 한 가지 예를 들어 보겠습니다. 아주 가까운 친척이나 친구 중 한 사람이 새로운 사업을 시작하면서, 은행에서 돈을 빌려야 하니 보증을 서 달라거나 집을 담보로 제공해 달라는 부탁을 해왔다고 합시다. 보증을 서거나 집을 담보로 제공하는 것은 전적으로 내 의사에 달린 것입니다. 내 자유로운 뜻에 따라 얼마든지 보증을 서 줄 수도 있고 거절할 수도 있습니다.

그러나 일단 보증을 서고 나면 그 때부터 문제가 달라집니다. 이제는 상대방의 모든 부채에 책임을 져야 합니다. 보증을 서 주기로 한 것 자체는 자유롭게 내린 결정이었지만, 일단 보증을 선 이후에는 의무가 생깁니다. 그래서 보증을 잘못 서 주는 바람에 하루 아침에 빚더미에 앉게 되는 사람들이 한둘이 아닙니다.

아주 희미하게 남아 있는 기억인데, 제가 어렸을 때 사람들이 우리 집에 쳐들어와서 모든 물건에 빨간 딱지를 붙인 적이 있었습니다. 우리는 아무것도 건지지 못한 채 빈손으로 살던 집에서 쫓겨났습니다. 그 이유가 무엇이냐고 물으니까 아버지가 다른 사람의 보증을 잘못 서 주었기 때문이라고 했습니다. 아버지는 젊었을 때 대단히 기분파여서, 다른 사람의 어려움을 보면 그냥 보고 넘기질 못했습니다. 그래서 아주 기분좋게 도장을 찍었습니다. 그러나 그렇게 한 번 도장을 찍음으로써 당신 자신은 물론이고 그 아내와 자식들이 평생 가난의 짐을 짊어져야만 했습니다. 우리 형제들은 공부해야 할 때 제대로 공부하지 못하고 이 고생 저 고생을 많이 했습니다. 자유를 잘못 사용한 대가였습니다.

자유를 잘못 사용할 때

그래서 성경은 하나님의 백성들에게 자신의 미래를 묶어 두는 약속을 함부로 못 하게 합니다. 미래를 담보로 어떤 결정을 내릴 때 그 순간은 기분이 아주 좋아요. 그러나 그 일이 뜻대로 되지 않을 경우 그 잘못된 약속이 평생 올무가 되어서 하나님의 종이 아니라 사람의 종으로 시간을 낭비하게 만듭니다.

하나님을 모르는 사람들은 재산이나 인생을 자기 것으로 생각하니까 마음대로 처분해도 좋을지 모릅니다. 그러나 하나님을 믿는 사람들의 재산이나 신체는 자기 것이 아니라 하나님의 것입니다. 특히나 시간은 더욱 더 소중한 하나님의 것입니다. 그런데 조건이 달려 있는 약속을 함부로 함으로써 미래를 저당잡히는 사람은, 그 약속에서 벗어날 때까지 하나님의 종으로 살 수 없게 됩니다.

우리는 오늘 본문에서 야곱이 하란 땅 외삼촌 집에서 생활하는 모습을 봅니다. 그는 처음에 대단히 자유로운 상태에서 하란에 왔습니다.

물론 돈을 많이 가진 것은 아니었지만, 자기가 원하면 얼마든지 머물 수도 있고 떠날 수도 있는 자유로운 상태에 있었습니다. 그러나 야곱은 거기에서 미래를 담보로 삼아 중요한 약속을 한 가지 합니다. 그것은 라헬과 결혼하는 조건으로 7년 동안 종 노릇 하겠다는 약속이었습니다.

사람의 종이 된다

이 7년이라는 기간을 채우기까지 야곱은 하나님의 사람으로 사용되지 못합니다. 그는 선지자가 아니라 라반의 종으로 그 기간을 채우게 되며, 라반의 농간에 걸려들어 그 기간은 14년으로 늘어납니다. 그리고 자식을 키우고 재산을 모으다 보니 그 14년은 다시 20년으로 늘어나고 맙니다.

오늘 본문이 우리에게 말씀하려고 하는 것은 무언가 선택할 수 있는 자유가 있고 계획을 세울 수 있는 자유가 있을 때 자기 욕심에 따라 함부로 선택하거나 계획을 세우지 말라는 것입니다. 그렇게 할 때 그는 사람의 종이 되어 하나님의 백성으로서 특권을 사용하지 못하게 되기 때문입니다.

1. 하란의 야곱

야곱은 하란의 외삼촌 집에 와서 한 달을 지냈습니다. 외삼촌 라반이 야곱과 함께 지내면서 깨달은 것이 무엇입니까? 무슨 수를 써서라도 그를 붙잡아야 한다는 것입니다.

야곱이 한 달을 그와 함께 거하더니 라반이
야곱에게 이르되 "네가 비록 나의 생질이나
어찌 공으로 내 일만 하겠느냐? 무엇이 네 보수겠느냐?
내게 고하라"(29:14하-15).

라반의 제안

이 말만 들으면 라반이 대단히 공정한 사람으로서, 설사 자기 조카라 하더라도 공짜로 일 시키는 것을 불편해하는 아주 인자하고 의로운 인물인 것 같습니다. 그러나 라반은 그렇게 공정하거나 인정 많은 사람이 아니었습니다. 그가 야곱에게 임금을 주겠다고 제안한 것은 그럴 만한 이유가 있었기 때문입니다.

우리는 이미 우물가 사건을 통해서 다른 목자들에 비해 야곱이 얼마나 책임감 있으며 머리가 잘 돌아가는 사람인지 알았습니다. 그 곳의 목자들은 양을 치면서도 그 양들을 자기 것으로 여기는 책임감이 없었습니다. 그래서 시간이 많이 남아 있는데도 양들을 우물가로 몰고 와서 방치해 둔 채 누군가 돌을 치우기만을 기다렸습니다. 그러나 야곱은 그렇게 무책임한 사람이 아니었습니다. 그는 곧바로 우물을 막고 있는 돌을 치우고 양들에게 물을 먹인 뒤에 풀을 먹여야 한다는 입장을 가지고 있었습니다. 즉 다른 사람들은 모두 마지못해 양을 치고 있는 사람들이었다면, 야곱은 양을 치는 데 헌신된 사람이었고 전문가였습니다.

라반은 야곱과 한 달을 보내면서 무슨 일이 있어도 그를 붙잡아야 한다는 것을 깨달았습니다. 야곱은 재능이 있는 사람이었고, 머리가 돌아가는 목자였습니다. 일을 한번 시켜 보면 억지로 일하는 열 사람보다 머리가 돌아가는 한 사람이 훨씬 낫다는 것을 알 수 있습니다. 어떤 사람은 억지로 시켜야 겨우 일하면서 밥은 많이 먹습니다. 그런데 머리가 돌아가는 목자는 일일이 시키지 않아도 자기가 다 알아서 합니다.

지금 야곱은 어떤 상태에 있습니까? 철저하게 자유로운 상태에 있습니다. 그는 라반을 위해 일해 줄 수도 있고, 다른 집에 가서 일할 수도 있으며, 가나안에 있는 자기 집으로 돌아갈 수도 있습니다. 야곱은 프리랜서였습니다. 그런데 라반은 무슨 수를 써서라도 그를 붙잡아야 한다고 생각했습니다. 그래서 야곱에게 정식으로 고용계약을 체결해서 자기 집의 목자로 일해 달라고 제안합니다. 지금까지 야곱은 라반 집의 손님이었습니다. 종이 아니었어요. 그는 외삼촌을 위해 봉사해 주고 있었습니다. 그런데 라반은 이런 식으로 어중간하게 있지 말고 정식으로 고용계약을 체결하자는 것입니다. 다시 말하면 지금까지는 아르바이트생이었지만 이제부터는 정식 직원이 되라는 것입니다.

어떻게 반응할 것인가?

야곱은 어떻게 대답해야 합니까? 사실 이것은 쉬운 문제가 아닙니다. 야곱이 정식으로 직장을 가져야 하느냐 말아야 하느냐는 하나님께서 야곱을 하란 땅에 얼마나 머물게 하시느냐와 관련된 문제입니다. 만일 하나님께서 두어 달 머물게 하시다가 다시 가나안 땅으로 돌아가게 하실 계획이라면 하란에서 정식 직장을 가지면 안 됩니다. 라반의 제안을 거절하고 계속 아르바이트생으로 일하다가 떠나야 합니다. 그러나 만일 하나님께서 3, 4년 정도 머무르게 하실 계획이라면 그 범위 안에서 고용계약을 맺는 것은 전혀 문제가 되지 않습니다. 중요한 것은 야곱이 여기에서 정식 직장을 갖느냐 아르바이트생으로 있느냐, 자기 노력에 합당한 보수를 받느냐 안 받느냐가 아니라, 하나님께서 얼마 동안 야곱을 여기에 머무르게 하실 것이냐입니다.

만일 야곱이 이 문제를 두고 기도를 드렸다면 어떻게 되었을까요? 분명히 하나님께서 가르쳐 주셨을 것입니다. 이런 기도보다 더 하나님이 좋아하시는 기도가 없기 때문입니다. "하나님, 저는 지금까지 아르바이트를 해 왔습니다. 말이 좋아서 아르바이트지 사실은 무료 봉사를 했습니다. 그런데 지금 정식 직원이 되라고 하는데 해야 합니까, 말아야 합니까?" 하나님은 이런 기도를 가장 좋아하십니다. 그러나 대개의 경우 하나님의 뜻을 구하기보다는 자기 뜻을 먼저 세워 놓은 후에 하나님을 설득하고 밀어붙이는 기도를 하기 때문에 응답을 잘 못 받는 것입니다.

온유한 자의 반응

만약 아브라함이었다면 이런 계약을 절대로 맺지 않았을 것입니다. 그는 온유의 미덕이 무엇인지 알고 있는 사람이었기 때문입니다. '온유'는 단순히 온순하고 얌전하다는 뜻을 가진 말이 아닙니다. '온유'는 철저하게 신학적인 용어입니다. 즉 이것은 하나님의 뜻과 하나님의 때를 기다릴 줄 안다는 것입니다. 예를 들어 내 앞에 아주 좋은 제안이 주어졌거나 아주 좋은 직장이 생겼을 때 이렇게 한번 질문해 보는 것입니다. '하나님이 정말 주려고 하신 것이 이것이었는가? 하나님이 오늘까지 나를 부르시고 인도하신 것이 이것을 주기 위해서인가? 그리고 지금이 그 때인가?' 하고 물어 보는 것입니다.

온유한 사람은 그것이 하나님께서 자신에게 주시려고 하는 것이 아닌 것 같을 때, 또는 주시려는 것이긴 하지만 때가 아닌 것 같을 때 절대로 덤벼들지 않습니다. 남들이 조건 좋은 직장을 다 차지해도 꿈쩍도 안 해요. 웃으면서 다 양보합니다. 너무나도 온순한 나머지 다른 사람들 눈에는 바보처럼 보일 정도입니다. 왜 그렇습니까? 하나님이 이 직장을 주려고 자신을 부르신 것이 아니라는 걸 알기 때문입니다.

그러나 일단 하나님이 나에게 주시는 것이며 지금이 바로 하나님의 때라는 확신이 서면 어떻게 합니까? 표범처럼 덤벼들어서 단숨에 움켜쥡니다. 어느 누구도 손댈 수가 없습니다. 이것이 참으로 온유한 것입니다. 표범은 가장 온유한 짐승입니다. 표범은 자기 먹이가 아니다 싶으면 허연 배 뒤집고 그냥 잠만 잡니다. 바보 같아요. 하지만 자기 먹이가 나타났다고 생각하면 곧바로 총알같이 덤벼듭니다.

한 번만 질문했다면

야곱이 한 번만 생각해 보았다면 라반의 이 제안이 하나님의 뜻인지 유혹인지 금방 알았을 것입니다. '지금 외삼촌은 나에게 노임을 주겠다고 제안하고 있다. 그런데 하나님께서 저 거친 광야에서 나를 인도하시고, 벧엘에서 그 영광을 체험하게 하시며, 또 오늘까지 여기까지 인도하신 궁극적인 목적이 이 하란 땅에서 노임을 받으면서 정식 목자가 되게 하시기 위해서였을까?' 라고 한 번만 질문해 보았다면, 겉으로는 아주 타당성 있어 보이는 이 제안이 사실은 자신을 하나님으로부터 떼어 놓으려는 유혹이라는 것을 금방 알 수 있었을 것입니다.

자신에 대한 하나님의 뜻을 아직은 전부 알 수 없습니다. 그래도 분명한 사실 하나는 하나님께서 하란에서 월급 받으면서 양이나 치라고 광야로부터 이 곳까지 인도하시고 벧엘에서 그런 영광을 보여 주신 것은 아니라는 것입니다. 그러면 어떻게 해야 합니까? 계속 무료 봉사하면 됩니다. 바보 취급 받으면서 무료 봉사 하는 거예요.

아브라함의 신앙이 그런 신앙이었습니다. 그는 눈앞에 나타나는 것이라고 해서 다 움켜쥐지 않았습니다. 아무리 좋은 조건이라고 하더라도 하나님이 주시는 것이 아닌 것 같다 싶으면 손도 대지 않았어요. 소돔의 엄청난 재물을 움켜쥘 수 있는 기회가 주어졌을 때에도 '하나님이 나를 여기에 데려오신 것은 소돔에 있는 재산들을 주시기 위해서가 아니다' 고 생각해서, 소돔의 재산 중에 실 한 오라기도 취하지 않고 싹 다 돌려 주었습니다. 소돔 사람들이 "우리가 아브라함을 부자로 만들어 주었다"고 말하게 되는 것을 원치 않았기 때문입니다. 그는 오직 하나님이 주시는 것만을 움켜쥐기 위해 한평생 방황했습니다.

우리는 자유를 두려워한다

오늘 우리들은 하나라도 더 움켜쥐려고 눈에 불을 켜고 쫓아다니는 생활을 하고 있습니다. 나에게 주어진 아주 작은 기회라도 놓치면 그 때부터 아랫배가 아파 오기 시작하면서 하나님이 원망스럽고 마치 큰 축복을 발로 걷어차기라도 한 양 가슴이 쓰립니다. 우리는 무리해서라도 우리에게 주어진 모든 기회를 움켜쥐어야 한다고 생각합니다. 그래서 하나님의 백성들 가운데 참된 자유인이 없습니다. 주님이 부르실 때 곧바로 대답하면서 달려나갈 수 있는 사람이 아무도 없어요. 전부 어떤 일에 매여 있습니다. 혹시 일에 매여 있지 않다 하더라도 그 때는 그 때대로 아무 데도 매인 곳 없는 자신이 부끄러워서 안 나갑니다.

우리 나라에서는 아무것도 하지 않고 가만히 있는 사람을 마치 큰 죄인이나 대하듯이 위아래로 흘겨 보면서 '세상에, 하는 일도 없으면서 밥만 축내고 있잖아' 라고 생각합니다. 빡빡한 스케줄에 따라 핸드폰 들고 바쁘게 뛰어다니고 수첩에도 만날 사람들의 이름이 가득 적혀 있어야 똑똑하고 유능한 사람 취급을 받습니다.

청소년 캠프를 할 때 아이들이 가장 당황해 하는 시간이 자유 시간입니다. 캠프에 익숙하지 않은 아이들은 이 시간을 어떻게 보내야 할지 몰라서 막 화를 냅니다. 무슨 캠프가 이렇게 느슨하냐고 불평해요. 그래서 그 시간에 혼자 누워서 〈보물섬〉 같은 만화책 보다가 졸리면 그 〈보물섬〉을 베고 잡니다. 사실은 캠프에서 자유 시간만큼 소중한 프로그램이 없습니다. 그 시간은 자연에 나가서 자신을 돌아볼 수 있고 진지하게 친구를 사귈 수 있는 아주 귀중한 기회입니다. 그러나 많은 경우에 아이들은 자유 시간 없이 빡빡한 일정 속에 들어가 있어야 안심을 합니다. 그리고 자유 시간이 주어지면 기껏 만화책을 보거나 잠을 자 버립니다.

우리 한평생에 자유로운 시간이 주어진다는 것은 굉장히 큰 축복입니다. 그 시간은 자신이나 자신의 삶에 대해 진지하게 생각해 보거나 어떤 문제를 깊이 있게 연구해 볼 수 있는 기회입니다. 실직을 한다든지 해서 할 일이 없어지는 시간은 굉장히 귀중한 기회예요. 그런데 대개의 사람들은 그런 기회가 올 때 자기한테 화를 내고 침체에 빠져 잠을 자거나 텔레비전을 보거나 비디오테이프를 계속 바꿔 꽂아가면서 시간을 보냅니다. 그런 사람들은 꽉 짜인 일정 속에 들어가야 비로소 안심을 합니다.

모든 것이 가하나

사도 바울은 고린도 교회에 "모든 것이 내게 가하나 다 유익한 것이 아니요"(고전 6:12상)라고 말씀했습니다. '모든 것이 가하다'는 것은 어떤 일을 한다고 해서 죄가 되지는 않는다는 것입니다. 얼마든지 할 수도 있고 하지 않을 수도 있는 일입니다. 그 일을 한다고 해서 사회적으로 비난을 받는 것도 아니고 법에 저촉이 되어 잡혀 가는 것도 아니며 지옥에 가는 것도 아닙니다. 그러나 죄가 되지 않는 일이라고 해서 다 유익한 것은 아닙니다. 우리의 자유 의사로 결정한 사항이 하나님의 큰 뜻을 놓치게 만들 때가 너무나도 많습니다.

하나님께서 야곱을 하란까지 가게 하신 것은 무언가 큰 뜻이 있었기 때문입니다. 그러나 야곱은 하란에서 한 일이 아무것도 없었습니다. 남의 종살이하고, 결혼하고, 애 키우고, 싸우는 부인들 달래고 진압하는 데 시간을 다 보냈습니다. 하란에서 지낸 야곱의 삶을 보면 아브라함이나 요셉 같은 위대한 믿음의 승리를 하나도 찾아볼 수가 없습니다. 왜 그렇습니까? 옵션 때문입니다. 한 번 잘못 내린 결정 때문입니다.

유익하지 않은 결정

물론 라반과 고용계약을 맺은 것이 곧 죄는 아닙니다. 야곱이 고용계약을 맺었다고 해서 하나님께서 그를 버리시는 것도 아니고 지옥 가는 것도 아니며 멸망하는 것도 아닙니다. 그러나 그것은 유익한 일이 아니었습니다. 그는 믿음으로 고용계약을 체결하지 않았습니다. 그는 하나님이 자기와 함께하신다는 사실을 믿기보다는 '나는 도망자요 아무것도 가진 것이 없다. 그러므로 눈에 보이는 것을 하나라도 더 움켜쥐어야 산다' 는 생각으로 덜컥 고용계약을 맺었습니다.

2. 야곱의 제안

라반이 고용계약을 제안한 것은 야곱을 붙들어 두는 것이 좋을 것 같았기 때문입니다. 그러나 야곱의 입에서 나온 대답은 엄청난 것이었습니다. 그는 오히려 라반이 놀랄 정도의 제안을 했습니다.

라반이 두 딸이 있으니 형의 이름은 레아요
아우의 이름은 라헬이라. 레아는 안력이 부족하고 라헬은
곱고 아리따우니 야곱이 라헬을 연애하므로 대답하되
"내가 외삼촌의 작은딸 라헬을 위하여 외삼촌에게
7년을 봉사하리이다"(29:16-18).

야곱이 제안한 것이 무엇입니까? 고용계약 정도가 아닙니다. 고용계약 기간은 길어야 1년입니다. 그리고 그 중간에도 무슨 사정이 있으면 그만둘 수 있습니다. 그러나 야곱은 결혼을 담보로 취소할 수 없는 7년의 계약을 맺자는 것입니다. 호세아서에서는 이 일에 대해 이렇게 말씀하고 있습니다.

옛적에 야곱이 아람 들로 도망하였으며 이스라엘이 아내
얻기 위하여 사람을 섬기며 아내 얻기 위하여 양을 쳤고
(호 12:12)

자진해서 종이 되다

이것이 야곱에 대한 호세아의 평가입니다. 야곱은 한번 한다고 마음먹으면 기어이 하고야 마는 기질을 가지고 있었습니다. 그는 어떤 희생을 치르고서라도 자기가 생각한 것을 움켜쥐어야 만족하는 성격이었습니다. 비록 도망쳐서 하란으로 가긴 했지만 그는 어느 누구에게도 돈 한 푼 빚진 것 없는 자유인이었습니다. 그런데 그는 결혼하기 위해 7년 동안 종이 되는 계약을 맺습니다. 가만히 있었어도 하나님께서 결혼하게 해 주셨을 텐데 자기 기질을 참지 못해서 자진하여 7년 동안

자신의 삶을 담보로 종의 계약을 맺은 것입니다.

결혼하고 싶으면 종의 계약을 맺으라고 강요한 사람은 아무도 없었습니다. 그것은 순전히 야곱 자신의 의사였습니다. 이 제안을 들은 라반이 오히려 더 놀랄 지경이었어요. 그는 이 한 번의 약속으로 하나님의 종에서 라반의 종으로 전락했고, 만약 하나님께서 그를 꺼내 주지 않으셨다면 그의 종으로 삶을 마치게 되었을 것입니다.

라반의 두 딸

오늘 본문을 보면 라반에게는 장성한 두 딸이 있었습니다. 그런데 큰 딸 레아는 시력이 좋지 못했습니다. "레아는 안력이 부족하고"라는 것은 근시안이라는 뜻입니다. 요즘은 어렸을 때부터 텔레비전을 보기 때문에 안경을 끼지 않은 사람이 거의 없고, 오히려 안경 끼지 않은 사람이 이상한 취급을 받을 정도로 열에 여덟은 안경을 끼고 있습니다. 그러나 제가 어렸을 때만 해도 안경 쓴 사람이 거의 없었어요. 공부를 죽자고 하는 아이나 유전적인 문제가 있는 아이 말고는 안경 쓴 아이가 없었습니다. 특히 안경 쓴 여자애들을 보면 "재를 누가 데리고 갈 것인가?" 하면서 혀를 차곤 했습니다.

더구나 목축하는 사람들에게 시력은 필수적인 것입니다. 자기 양이 어디에 있는지 보아야 하고, 먼 곳에서 먼지를 일으키며 누군가 달려오고 있을 때 도둑인지 이웃인지 구분할 수 있어야 합니다. 그러니 안경도 없는 시대에 시력이 나빴던 레아는 거의 불구자 취급을 받았을 것입니다. 눈이 좋지 못한 사람은 아무래도 비활동적이고 주로 집 안에서 시간을 보내며 어디를 가고 싶어도 꼭 누군가 함께 동행해 주어야 합니다. 누가 그런 여자를 좋아하겠습니까?

그런데 라헬은 "곱고 아리따우니"라고 말씀하고 있습니다. 여기서 아리땁다는 것은 몸매가 아름답다는 것입니다. 레아는 눈이 좋지 못해서 집에 있는 시간이 많았을 테니 아무래도 어디가 허리인지 구별하기 어려웠을 것입니다. 그러나 라헬은 눈빛이 초롱초롱하고 성격이 활발하며 몸매가 아름다운 여자였습니다. 실컷 이야기하고 있는데 눈을 가늘게 뜨고 머리를 코앞까지 들이밀면서 "누구시더라?" 하는 여자와, 먼 곳에서부터 자기를 알아보고 타오르는 눈빛으로 뛰어오는 여자 중에 누가 더 좋겠습니까? 늘 집에만 있어서 두루뭉실한 단지 같은 여자와 매일 들판을 뛰어다녀서 군살이 하나도 없는 에어로빅 강사 같은 여자 중에 누가 더 좋겠습니까?

남자들은 대개 두 가지 유형의 여자를 좋아하는 것 같습니다. 하나는 자기 어머니와 닮은 여자입니다. 물론 자기 어머니가 좋은 어머니일 때 그렇습니다. 야곱의 어머니 리브가는 아주 건강한 여자였습니다. 낙타 열 마리에게 물을 먹일 정도로, 즉 한 자리에서 쉬지 않고 열 통의 물을 옮길 수 있을 정도로 건강했습니다. 또 성격도 활달했습니다. 그러니까 남편을 속였지요. 우울질의 여자는 차라리 자기가 죽으면 죽었지 절대로 남편을 못 속입니다. 그런데 라헬은 리브가처럼 활달하고 활동적이었습니다. 들판에서 양을 몰고 다니면서 남자 목자들과 싸워 이기는 처녀였어요. 또 남자는 자기 성격과 반대되는 여자를 좋아합니다. 야곱은 조용하고 감성적인 사람입니다. 그의 눈에는 활동적이고 쾌활한 라헬이 레아보다 훨씬 더 매력적으로 보였을 것입니다.

라헬을 얻으려고 신앙을 포기하다

오늘 본문이 보여 주려고 하는 것이 무엇입니까? 하나님의 백성들은 자기에게 주어진 자유를 자기 이익을 위해 사용해서는 안 된다는 것입니다. 야곱에게 7년은 결코 짧은 기간이 아닙니다. 7년이라면 신앙적으로 어린아이였던 사람이 완전히 성인이 되고도 남는 기간입니다. 하나님의 은혜를 체험해도 수없이 체험할 수 있는 기간이에요. 신앙적으로 볼 때 7년은 한평생과 같은 시간입니다. 그런데 야곱은 이 7년을 자신의 육체적인 사랑에 바치느라 신앙적으로 전혀 성숙하지 못했습니다. 3년이 지났는데도 신앙적으로 변함이 없다는 것은 재앙입니다. 3년이면 세상이 뒤집혀도 몇 번은 뒤집힐 만한 시간이에요.

갈라디아서에서 사도 바울이 우리에게 말씀하고 있는 것이 무엇입니까?

> 형제들아, 너희가 자유를 위하여 부르심을 입었으나
> 그러나 그 자유로 육체의 기회를 삼지 말고
> 오직 사랑으로 서로 종 노릇 하라(갈 5:13).

자유를 주신 이유

하나님께서는 갈라디아 교인들을 율법으로부터 자유케 하셨습니다. 지금까지는 율법의 규정에 매여서 아무것도 못 했는데, 예수님의 십자가 보혈로 율법의 감옥에서 해방된 것입니다. 오랜 시간 감옥에 갇혀 있던 사람이 석방되면 무엇을 해야 합니까? 그 사람은 다른 일 하면 안 됩니다. 사업 벌이고 새 계약 맺고 그러면 안 돼요. 그는 감옥에 갇혀 있느라 하지 못했던 인간적인 일을 해야 합니다. 자녀를 돌보고 아내를 사랑하고 부모를 공경해야 합니다. 이것이 해방을 주신 참된 의미입니다. 감옥에서 나오자마자 계획 잡고 일 벌이고 전화통 붙드는 사람은 다시 감옥으로 보내야 합니다.

그런데 갈라디아 교인들은 율법의 정죄에서 해방되자마자 곧바로 자기 욕심으로 달려갔습니다. 정죄받지 않는다는 소식을 듣자마자 이웃을 돌보고 부모를 생각하고 인간다운 모습을 회복한 것이 아니라, 곧바로 할례를 받고 종교적인 의무를 더 무겁게 짊어짐으로써 자기들의 신앙을 자랑하려고 했습니다.

예수님께서 십자가를 지심으로 우리를 죄에서 해방시키신 이유가 무엇입니까? 돈 더 벌고 종교적인 생활에 더 매이라는 것이 아닙니다. 그 동안 죄에 매여서 남을 제대로 사랑하지 못했으니, 이제 남은 생애 동안 남을 사랑하며 돌보라고 우리를 해방시키신 것입니다. 예수 믿기 전에는 성공하겠다는 욕심 때문에 부모도 돌보지 않고 아내와 자식까지 희생시키면서 일에 매달렸습니다. 날마다 새벽에 나가고 새벽에 들어오니까 아이도 아버지를 몰라보고 "엄마, 어떤 아저씨 왔는데요" 합니다. 그러다가 예수를 믿게 되었으면 밥이라도 좀 천천히 먹으면서 식구들과 이야기도 나누고, 아내와 시간도 보내고, 애 공부도 가르쳐 주고, 부모님께도 닭 한 마리 사다 드리면서 사모곡이라도 불러 드려야지요. 예수 믿고 나서도 날마다 찬송가만 부르면서 식구들은 나 몰라라 하고 기도원만 쫓아다니면 되겠습니까? 예수님께서 그렇게 살라고 십자가에 못박히신 게 아닙니다. 기도원에서 내려와서 인간답게 살라고 우리를 해방시키신 것입니다.

이웃을 위해 살게 하시려고

우리 자신의 삶을 한번 돌아보십시오. 남을 위해 수고한 것이 있습니까? 철저히 나 한 사람 먹고 사는 일을 위해서만 살지 않았습니까? 예수님께서 우리에게 자유를 주신 것은 양심의 가책 없이 남은 인생을 나를 위해 쓰라는 뜻이 아닙니다. 남은 기간만이라도 남을 위해 한번 살아 보라는 것입니다.

제가 주님을 만나기 전까지의 생활을 생각해 보면, 남을 위해 한 일이 하나도 없었습니다. 내 공부 열심히 해서 어떻게 해서든지 이 세상에서 잘살아 보려고 모든 시간과 노력을 다 들였습니다. 그렇게 철저하게 나 자신만을 위하여 살았고 남을 위해 한 일이 아무것도 없었습니다. 그 때 주님이 하신 말씀이 "너 자신을 위해 사는 삶은 지금까지로도 충분하다. 이제 남은 기간만이라도 남을 위해 한번 살아 보거라" 하는 것이었습니다. 베드로 사도가 말씀한 그대로입니다.

> 너희가 음란과 정욕과 술 취함과 방탕과 연락과
> 무법한 우상 숭배를 하여 이방인의 뜻을 좇아 행한 것이
> 지나간 때가 족하도다(벧전 4:3).

무슨 말입니까? 하나님 없이 자기 마음대로 산 것은 그 동안만으로도 충분하다는 것입니다. 그 동안 충분히 죄를 지었고 충분히 고민했고 충분히 갈등했고 충분히 자신만을 위해 시간을 썼다는 것입니다. 그러니 하나님을 만난 지금부터는 남을 위해 시간을 보내라는 것입니다.

잘못된 7년

야곱이 지금 눈이 불타오르며 몸매가 아름다운 여자를 찾을 때가 아닙니다. 그 문제는 하나님께 맡기면 됩니다. 굳이 머리 굴려서 계획을 세우고 7년이나 자청해서 종의 계약을 맺을 필요가 뭐가 있습니까? 요즘도 결혼비용 없다고 은행에서 몇천만 원씩 융자받아 결혼하는 경우가 있습니다. 결혼하고 나면 전 수입이 이자로 들어가 버려요. 이것은 좋은 결혼이 아닙니다. 없으면 없는 대로 살아야지요.

물론 야곱 자신은 좋았습니다. 라헬과 연애를 하니까 7년도 길게 느껴지지 않았습니다.

야곱이 라헬을 위하여 7년 동안 라반을 봉사하였으나
그를 연애하는 까닭에 7년을 수일같이 여겼더라(29:20)

무슨 영화배우나 되는 것처럼 둘이 손 잡고 들판을 뛰어다니다 보니 7년도 길지 않게 느껴졌을 것입니다. 그러나 하나님께는 이 7년이 굉장히 답답한 기간이었습니다. 왜냐하면 이 7년은 야곱이 전혀 하나님을 생각하지 않는 시간인 동시에 하나님께서도 야곱을 위해 아무 일도 하실 수 없는 시간이었기 때문입니다.

세월을 아끼라

우리에게 가장 중요한 것은 시간입니다. 하나님 앞에서 7년은 너무나도 귀중하고 긴 시간입니다. 젊다고 까불면 안 됩니다. 한때 젊지 않았던 사람이 누가 있습니까? 두 번만 시행착오하고 나면 금방 오십입니다. 그런데 술 마시고 방탕하게 보낼 시간이 어디 있습니까? 젊음을 남용하는 것처럼 큰 죄가 없습니다. 젊다고 해서 하고 싶은 대로 다 하고 살면 자기한테는 몇 년이 며칠처럼 즐겁게 느껴질 수도 있어요. 그러나 나중에 정신차리고 돌아보면 남은 것 하나 없이 눈가에 주름만 잡혀 있을 것입니다.

사도 바울은 "그런즉 너희가 어떻게 행할 것을 자세히 주의하여 지혜 없는 자같이 말고 오직 지혜 있는 자같이 하여 세월을 아끼라. 때가 악하니라"(엡 5:15, 16)고 말씀합니다. 시간이 없습니다. 이것도 집적거리고 저것도 집적거릴 시간이 없어요. 한 번 계획을 잘못 세우면 7년씩, 10년씩 휙휙 지나가 버립니다. 욕심으로 고시공부 하면 합격도 못 했는데 7년이 그냥 지나가 버립니다. 욕심으로 유학을 계획하면 학위도 못 받았는데 10년이 그냥 날아가 버려요. 그리고 뒤돌아보면 남을 위해 한 일이 하나도 없는 것입니다.

주님이 하신 말씀을 기억하십시오.

너희는 먼저 그의 나라와 그의 의를 구하라.
그리하면 이 모든 것을 너희에게 더하시리라(마 6:33).

그러면 무엇을 계획할까?

오늘 잘 생각해야 합니다. 그렇지 않으면 7년이 금방 지나가고, 20년이 금방 지나갑니다. 다른 계획을 세우지 말고 하나님의 말씀을 더 듣기 위한 계획을 세우십시오. 그러면 하나님께서 놀라운 방식으로 우리의 필요를 채워 주실 것입니다. 말씀을 중심으로 계획을 세우는 이것이야말로 가장 풍성한 삶을 사는 길입니다.

우리에게는 놀라운 자유가 있습니다. 내 양심대로 무엇이든지 할 수 있습니다. 그러나 그 자유로 내 욕심을 향해 달려가면 안 됩니다. 잘 모르고 순진하면 오히려 하나님을 두려워하는데, 뭘 좀 안다고 생각하는 사람들이 "이건 죄 아니야. 이래도 구원 못 받는 건 아니야" 하면서 자신을 위한 계획을 7년씩, 10년씩 세웁니다. 물론 자기는 하고 싶은 대로 하니까 좋지요. 그러나 모래시계의 모래는 계속 아래로 떨어지고 있습니다. 한두 번만 시행착오를 하면 금방 나이 오십입니다. 그리고 한 번 지나간 젊음은 다시 돌아오지 않습니다.

3. 라반에게 사기당하다

야곱이 그토록 기다리던 7년이 드디어 다 되었습니다. 그는 라반에게 기한이 찼음을 알리고 라헬과 결혼시켜 달라고 했습니다. 라반은 약속대로 하는 것 같았습니다. 그러나 그 안에 아주 무서운 음모와 사기가 있다는 것을 야곱은 알지 못했습니다. 21절부터 25절까지 보십시오.

> 야곱이 라반에게 이르되 "내 기한이 찼으니 내 아내를
> 내게 주소서. 내가 그에게 들어가겠나이다."
> 라반이 그 곳 사람들을 다 모아 잔치하고
> 저녁에 그 딸 레아를 야곱에게로 데려가매
> 야곱이 그에게로 들어가니라. 라반이 또 그 여종
> 실바를 그 딸 레아에게 시녀로 주었더라.
> 야곱이 아침에 보니 레아라. 라반에게 이르되
> "외삼촌이 어찌하여 내게 이같이 행하셨나이까?
> 내가 라헬을 위하여 외삼촌께 봉사하지 아니하였나이까?
> 외삼촌이 나를 속이심은 어찜이니이까?"

라헬은 건강하고 아름다웠기 때문에 야곱이 아니라도 좋아하는 사 음모
람이 많았을 것입니다. 그러나 불행하게도 레아는 시력이 약했기 때문에 아무도 데려가려고 하지 않았습니다. 그래서 라반이 생각한 것이 무엇입니까? '끼워팔기' 였습니다. 야곱이 라헬을 사랑하는 것은 분명

하니까 레아를 끼워서 팔겠다는 것입니다. 그래서 첫날밤에 신방에 레아를 대신 들여보내고, 적당한 핑계를 대서 라헬을 위해 7년을 더 일하게 하기로 했습니다.

중요한 것은 야곱이 꼼짝 못 하고 속았다는 사실입니다. 자기가 아버지를 꼼짝 못 하게 속였던 것처럼 이번에는 자기 자신이 속았습니다. 어떻게라도 속임수를 알아챌 길이 있었을 텐데 꼼짝없이 당한 것입니다. 어떤 사람들은 이 일을 아버지를 속인 일의 인과응보로 이해하기도 합니다만, 하나님의 백성들에게 인과응보라는 것은 없습니다. 단지 하나님께서 야곱에게 말씀하시지 않았을 뿐입니다. 야곱이 하나님 없이 7년을 연애에 빠져 사니까 하나님께서도 야곱에게 침묵하신 것입니다.

그의 침묵을 두려워하라

제아무리 7년 동안 열심히 일하고 연애하면 뭐 합니까? 딱 하루 다른 여자가 신방에 들어오니까 7년 수고가 다 날아가 버렸습니다. 7년 동안 일해 주고 7년 동안 연애하고 7년 동안 손 잡고 들판을 뛰어다니면서 노래 불러 주고 꽃반지 만들어 끼워 준 게 하루 아침에 허사가 되었어요. 하나님이 침묵하시니 그 모든 인간적인 노력이 전부 물거품처럼 사라져 버렸습니다.

야곱은 하나님의 선지자입니다. 아무리 라반이 술수를 써도 하나님이 "잘 봐, 딴 여자야"라고 한마디만 하셨으면 절대 넘어가지 않았을 것입니다. 그러나 하나님의 백성이 말씀보다 다른 것을 더 좋아할 때 하나님은 침묵을 지키십니다. 그러면 모든 것이 다 날아가게 되어 있습니다. 이삭은 하나님의 선지자였습니다. 그러나 그가 하나님의 말씀보다 에서의 사냥 고기를 더 좋아하는 '고기밝힘증' 증세를 나타냈을 때, 변장하고 들어온 아들에게 그대로 당하고 말았습니다.

"말씀을 가장 사랑하겠습니다"

하나님의 백성에게 가장 비참한 것은 하나님이 말씀하지 않으셔서 속는 것입니다. 다른 사람들은 다 아는데 자기만 모르는 거예요. 왜 이런 일이 일어납니까? 하나님의 말씀을 우습게 알았기 때문입니다. 그러면 하나님도 그 사람을 우습게 아시고 말씀하지 않으십니다. 그러면 당하는 거예요. 조금만 주의를 하면 알 수 있는 것도 모르고 넘어갑니다. 하나님의 말씀을 붙들지 않으면 7년 농사도 한순간에 물거품이 됩니다. 7년 동안 밤낮없이 일해서 집을 샀는데 알고 보니 담보가 걸린 집이라든지, 10년 동안 악착같이 돈을 모아서 땅을 샀는데 무슨 제한이 걸린 땅이라든지 하는 일들이 일어나는 것입니다.

하나님께서 우리에게 침묵하시지 않도록 늘 깨어 있어야 합니다. 하나님께서 우리에게 말씀하시도록 해야 합니다. 그래서 내가 하나님의 백성인데도 말씀보다 무언가를 더 좋아할 때 굉장히 조심해야 합니다. 모든 것을 다 날릴 수가 있어요. 내가 하나님의 백성인데 텔레비전을 너무 좋아할 때 조심해야 합니다. 내가 하나님의 백성인데 엘리야보다 마이클 조던을 더 좋아할 때 조심해야 합니다. 그러나 말씀을 사랑하며 하나님과 동행하면 어떤 속임수든지 눈치채게 해 주시고 위험 경보를 보내 주십니다. 느낌이 이상해서 확인해 보면 틀림없이 어떤 속임수가 있습니다.

아마 그 날 밤 라헬은 어딘가에 갇혀 있었을 것입니다. 라헬이 얼마나 고통에 찬 밤을 보냈겠습니까? 또 레아는 레아 나름대로 얼마나 겁이 났겠습니까? 야곱은 모르고 있었지만 그 날은 재앙의 날이었습니다. 당해도 아주 깨끗하게 당했습니다. 야곱은 머리를 굴려서 완벽한 계획을 세웠지만 하나님이 침묵하시니 아무 소용이 없었습니다.

4. 두 아내

다음 날 야곱이 항의를 했지만 통할 리가 없었습니다. 라반은 이 지방에서는 형보다 아우를 먼저 결혼시키는 법이 없으니 일단 잔치를 끝내라고 하면서, 다시 라헬을 줄 테니 그 대신 7년을 더 일하라고 합니다. 전에는 야곱이 선택을 했지만 이제는 미끼에 걸려서 달리 선택할 도리가 없었습니다.

> 라반이 가로되 "형보다 아우를 먼저 주는 것은 우리 지방에서 하지 아니하는 바이라. 이를 위하여 7일을 채우라. 우리가 그도 네게 주리니 네가 그를 위하여 또 7년을 내게 봉사할지니라." 야곱이 그대로 하여 그 7일을 채우매 라반이 딸 라헬도 그에게 아내로 주고 라반이 또 그 여종 빌하를 그 딸 라헬에게 주어 시녀가 되게 하매 야곱이 또한 라헬에게로 들어갔고 그가 레아보다 라헬을 더 사랑하고 다시 7년을 라반에게 봉사하였더라(29:26-30).

믿음으로 결혼하지 않을 때

우리는 성경에서 믿음의 사람들이 믿음으로 결혼하지 않음으로써 비참한 일을 겪는 것을 자주 볼 수 있습니다. 고대 시대에는 여성들을 인격으로 인정하지 않고 재산으로 보았습니다. 그래서 돈이 많은 사람들은 여러 명의 아내를 거느리기도 하고, 가난한 사람들은 여자 손목 한 번 잡아 보지 못한 채 홀아비로 죽기도 했습니다. 우리 나라도 조선 시대 때까지만 해도 돈 있는 양반들이 아내를 여러 명 두는 것을 사회적으로 인정해 주지 않았습니까? 그러나 야곱 시대의 문화가 여러 명의 아내 두는 것을 아무리 허용했다 하더라도, 그것은 하나님의 원리가 아니었습니다. 성경에서 여러 명의 아내를 둔 사람들은 특히 그 자식들 사이의 갈등 때문에 많은 어려움을 겪어야 했습니다.

하나님으로부터 멀어지는 야곱

왜 한 남자는 한 여자와 결혼해야 합니까? 결혼 관계는 전적으로 인격적인 소유의 관계이기 때문입니다. 결혼이란 서로에게 자신을 완전히 주는 것입니다. 그런데 배우자가 두 명이면 그 중에 한 사람은 자연히 분노를 품게 되어 있습니다. 야곱은 여러 명의 아내를 둠으로써 그 아내들 사이에 경쟁적인 사랑을 일으켰고, 그 때문에 더욱 더 하나님으로부터 멀어지게 되었습니다.

오늘 본문을 보면 야곱은 두 아내 중 한 사람을 더 사랑했습니다. 여기서부터 야곱의 두 아내는 자매 관계가 아니라 경쟁자로서 격돌하게 되고, 야곱은 더 깊은 수렁에 빠지게 됩니다. 야곱은 라헬과 일단 결혼만 하고 나면 하나님께 돌아갈 수 있을 것 같았습니다. 그러나 라반의 사기에 넘어가 7년은 14년으로 늘어났고, 아내들의 경쟁으로 첩까지 두 명 더 생기고 자식들도 늘어남으로써 하나님께 돌아가기가 더욱 어려워졌습니다.

그래서 하나님이 주시지 않은 것을 덥석 물면 안 됩니다. 아무리 좋은 사람도, 아무리 많은 재산도 하나님이 주시지 않은 것을 물면 그 때부터 옵션에 걸리는 것입니다.

오늘 본문이 우리에게 하시는 말씀이 무엇입니까? 하나님께서 주신 자유를 자신을 위해 쓰지 말라는 것입니다. 그 자유를 자신을 위한 계획에 다 쓰고 나면 결국 하나님 앞에 빈털터리로 서게 된다는 것입니다. 시간이 중요합니다. 우리는 남들처럼 자신을 위해 쓸 시간이 없습니다. 하나님이 나중에 "너는 남을 위해서 무엇을 했느냐?"고 물으실 때, "집사람하고 애들이랑 싸우다가 다 보냈는데요" 할 겁니까? "제 공부하다가 다 보냈는데요" 할 겁니까? "저 하고 싶은 일 하다 보니 벌써 여기 와 버렸네요" 할 겁니까?

우리에게 주신 자유를 정욕을 위해 쓰지 마십시오. 하나님이 나의 모든 필요를 채워 주신다는 것을 믿으십시오. 하나님이 주시지 않은 것을 움켜쥐지 마십시오. 우리에게 주어진 이 젊음, 이 남은 시간을 위해 말씀 중심의 계획을 세우십시오. 내 문제는 주님께 맡기고 남을 위해 자신을 드릴 계획을 세우십시오. 그의 나라와 그의 의를 먼저 구하십시오. 그러면 하나님께서 우리와 함께하시고 늘 말씀해 주셔서 사탄의 유혹에 넘어지지 않게 하실 것이며, 이 모든 것을 더하실 것입니다.

3 경쟁적 출산

여호와께서 레아에게 총(寵)이 없음을 보시고
그의 태를 여셨으나 라헬은 무자하였더라.
레아가 잉태하여 아들을 낳고 그 이름을
'르우벤' 이라 하여 가로되 "여호와께서 나의
괴로움을 권고하셨으니 이제는 내 남편이
나를 사랑하리로다" 하였더라.
그가 다시 잉태하여 아들을 낳고 가로되
"여호와께서 나의 총이 없음을 들으셨으므로 내게
이도 주셨도다" 하고 그 이름을 '시므온' 이라
하였으며, 그가 또 잉태하여 아들을 낳고 가로되
"내가 그에게 세 아들을 낳았으니 내 남편이
지금부터 나와 연합하리로다" 하고 그 이름을
'레위' 라 하였으며, 그가 또 잉태하여 아들을
낳고 가로되 "내가 이제는 여호와를 찬송하리로다"
하고 이로 인하여 그가 그 이름을 '유다' 라 하였고
그의 생산이 멈추었더라.
라헬이 자기가 야곱에게 아들을 낳지 못함을 보고
그 형을 투기하여 야곱에게 이르되 "나로 자식을
낳게 하라. 그렇지 아니하면 내가 죽겠노라!"
야곱이 라헬에게 노를 발하여 가로되
"그대로 성태치 못하게 하시는 이는 하나님이시니
내가 하나님을 대신하겠느냐?"

라헬이 가로되 "나의 여종 빌하에게로 들어가라.
그가 아들을 낳아 내 무릎에 두리니 그러면 나도
그를 인하여 자식을 얻겠노라" 하고 그 시녀 빌하를
남편에게 첩으로 주매 야곱이 그에게로 들어갔더니
빌하가 잉태하여 야곱에게 아들을 낳은지라.
라헬이 가로되 "하나님이 내 억울함을 푸시려고
내 소리를 들으사 내게 아들을 주셨다" 하고
이로 인하여 그 이름을 '단'이라 하였으며
라헬의 시녀 빌하가 다시 잉태하여 둘째 아들을
야곱에게 낳으매 라헬이 가로되 "내가 형과 크게
경쟁하여 이기었다" 하고 그 이름을 '납달리'라
하였더라.

창 29:31-30:8

대개의 여자들은 결혼해서 살다 보면 자연스럽게 아이가 생기기 때문에 아이를 낳습니다. 그러나 여자들이 애써 아이를 많이 낳으려고 하는 경우가 있습니다. 예를 들어서 한국전쟁이 끝났을 때, 우리 나라 사람들은 한두 명의 아이로는 불안하니까 할 수 있는 한 많이 낳으려고 했습니다. 그래서 전후에 베이비붐 시대가 있었습니다. 또 옛날 왕궁에서는 왕의 자손이 귀했을 뿐 아니라 왕자를 낳는 것 자체가 왕의 사랑을 받는 길이며 나라 전체의 장래에 영향을 미치는 일이었기 때문에 왕비나 후궁들이 경쟁적으로 아이를 낳으려고 했습니다.

지금 미국 사회에 잠재되어 있는 불씨는 흑인 문제입니다. 흑인들은 생활 수준이나 교육 수준에서 백인들과 어울리지 못합니다. 미국 사회 안에 물과 기름처럼 도저히 섞일 수 없는 사람들이 살고 있는 것입니다. 그런데 문제는 이 흑인들의 인구가 엄청나게 불어나고 있다는 점입니다. 백인 여성들은 자신의 사회적인 활동이나 그 밖의 이유로 자식들을 많이 낳지 않습니다. 그런데 국가의 지원으로 살아가고 있는 가난한 흑인들은 엄청나게 많은 아이들을 낳고 있는 것입니다. 그래서 어떤 사람은 이런 식으로 계속 나가면 흑인 대통령이 나올 날도 멀지 않다고 말하기도 합니다. 백인들이 미국 사회 안에서 주도권을 빼앗기지 않으려면 백인 여성들이 흑인 여성들보다 더 적극적으로 아이를 많이 낳아야 할지도 모르겠습니다.

두 아내의 경쟁

오늘 본문을 보면 야곱이 원치 않게 두 여인과 결혼하게 된 일이 나옵니다. 원래 야곱이 원했던 여자는 라헬이었습니다. 그러나 교활한 장인의 끼워팔기에 걸려서 언니 레아와 동생 라헬을 모두 아내로 맞아들여야 했습니다. 그런데 문제는 이 두 자매가 결혼한 후에 서로 원수처럼 미워하게 되었다는 것입니다. 칼만 빼들지 않았다 뿐이지 원수도 이런 원수가 없었습니다. 특히 이 두 자매는 아이를 경쟁적으로 낳음으로써 대결을 했습니다. 아주 사생결단을 하고 아이를 낳았어요. 그러니 야곱의 가정에 아이들이 얼마나 많았겠으며, 그 아이들을 낳고 키우는 과정에 불편하고 힘든 일은 또 얼마나 많았겠습니까?

중요한 것은 성경의 저자가 야곱 가정의 이러한 내막을 전혀 여과 없이 그 갈등과 긴장 상황 그대로 소개하고 있다는 사실입니다. 여기에는 분명히 어떤 이유가 있을 것입니다. 오늘 우리가 살펴보려고 하는 것은 이렇게 불편한 가정의 내막을 통하여 성경이 우리에게 말씀하려고 하는 것이 무엇이냐 하는 점입니다.

1. 하나님을 의지한 레아

야곱과 라헬의 요란한 연애 사건과 라반의 끼워팔기에 가장 크게 희생된 사람은 레아였습니다. 레아는 야곱이 원한 여인이 아니었습니다. 야곱은 동생 라헬을 사랑했습니다. 그런데 첫날밤을 지내고 일어나 보니 라헬이 아닌 레아였기 때문에 어쩔 수 없이 결혼한 것입니다. 부부 관계가 이렇게 시작되었으니 야곱이 레아를 사랑했을 리가 없습니다. 그런데 하나님께서는 이런 레아를 사랑하셨습니다.

> 여호와께서 레아에게 총(寵)이 없음을 보시고 그의 태를
> 여셨으나 라헬은 무자하였더라. 레아가 잉태하여
> 아들을 낳고 그 이름을 '르우벤'이라 하여 가로되
> "여호와께서 나의 괴로움을 권고하셨으니 이제는 내
> 남편이 나를 사랑하리로다" 하였더라(29:31, 32).

소외된 레아

레아는 남편의 사랑을 받지 못했습니다. 그럼에도 불구하고 야곱이 계속 레아의 방에 들어간 것이 이상해 보일지 모르겠습니다. 이 당시 문화에서는 일단 결혼한 이상 남편이 아내에게 지켜야 할 최소한의 의무가 있었던 것 같습니다. 예를 들어서 남편은 아무리 사랑하지 않는 아내라 하더라도 한 달에 몇 번은 그 방에 들어가야 한다는 식의 불문율이 있었던 것 같습니다. 그러니까 야곱이 레아의 장막에 들어간 것은 아내에 대한 최소한의 의무를 이행하기 위해서이지 결코 사랑해서가 아니었던 것입니다.

그런데 하나님께서는 이런 레아를 사랑하셔서 먼저 태를 열어 주셨습니다. 물론 아이를 잘 임신한다고 해서 하나님이 그 여성을 더 사랑하신다고 말할 수는 없습니다. 그러나 적어도 레아의 경우에는 남편의

사랑을 제대로 받지 못하는 그를 위로하시기 위해 하나님께서 아이를 허락하셨다고 성경은 말씀하고 있습니다.

하나님의 위로

과거에 우리 나라에는 믿지 않는 남편과 결혼해서 많은 핍박과 고통 가운데 신앙생활을 하던 어머니들이 있었습니다. 남편들은 아내가 신앙을 가졌다는 이유만으로 마땅히 사랑해야 하는 만큼 사랑하지 않았습니다. 대개 남편들은 아내를 완전히 소유하고 싶어합니다. 그런데 신앙을 가진 아내들은 그렇게 호락호락하지가 않습니다. 교회 가는 문제라든지 제사 지내는 문제 등이 나오면 그렇게 완강할 수가 없습니다. 그래서 이런 아내들은 남편에게 마땅히 받아야 할 만큼의 사랑을 받지 못했습니다. 그럴 때 하나님께서는 이런 핍박받는 여성들을 그 자녀들을 통해 위로하고 축복하신 경우가 많았습니다. 남편은 비록 자신을 사랑하지 않고 최소한의 의무만 간신히 하는 것이 전부지만, 자녀들이 무럭무럭 자라며 공부도 잘하고 특히 어머니의 마음을 알아 주고 신앙생활 잘 하는 것을 볼 때, 또 어려울 때마다 엄마 편 드는 것을 볼 때, 모든 어려움이 다 보상되는 듯한 위로를 받았던 것입니다.

물론 레아가 믿지 않는 남편에게 신앙적인 핍박을 받은 것은 아닙니다. 또 어쩌면 남편의 사랑을 받지 못하는 데에는 레아 자신의 책임이 있을지도 모릅니다. 그러나 결과적으로 남편으로부터 충분한 사랑을 받지 못했기 때문에 하나님께로 가까이 나아간 것은 사실입니다.

신앙 때문에 고통받고 박해받는 사람이 있습니다. 하나님께서는 그들을 귀하게 생각하시고 사랑하시며 반드시 상급을 주십니다. 그러나 신앙 때문에 박해를 받는 것이 아니라 자기 욕심대로 살다가 환난과 어려움을 당하고 난 후에 하나님께로 돌아오는 사람들도 있습니다. 처음부터 신앙 때문에 어려움을 겪은 것이 아니라 어려움을 당하다 보니 믿음으로 돌아오게 된 것입니다. 예를 들어 하나님을 사랑해서가 아니라 자기 욕심으로 살다가 하나님의 징계를 받아 직장에서 쫓겨나거나 재산을 다 잃은 사람이 있다고 합시다. 이렇게 다 망한 후에 하나님께 돌아와도 하나님께서는 마치 그가 처음부터 신앙적으로 박해받은 것과 같은 취급을 하시고 그런 은혜와 상급을 주시는 경우를 볼 수 있습니다.

이 위로는 은혜이다

레아가 바로 그런 경우였습니다. 레아는 처음부터 하나님을 사랑하고 신앙적으로 살다가 남편의 눈 밖에 나서 사랑을 잃고 소외당한 것이 아닙니다. 오히려 그는 남편의 사랑을 얻지 못하다 보니 어쩔 수 없어서 하나님을 가까이하게 되었고 하나님을 붙들게 되었습니다. 그런데 하나님께서는 레아가 마치 처음부터 하나님을 사랑한 것처럼, 마치 신앙 때문에 남편의 사랑을 받지 못하게 된 것처럼 여기셔서 그의 태를 먼저 열어 주셨습니다.

이것이 바로 연역법과 귀납법의 차이입니다. 고난에는 두 가지가 있습니다. 연역법적 고난은 처음부터 신앙 때문에 어려움을 겪는 것입니다. 귀납법적 고난은 처음에는 신앙생활을 하면서도 여전히 욕심대로 살았는데 어려움과 환난을 겪다 보니 결국 믿음으로 돌아오게 된 경우를 가리킵니다. 물론 두 경우의 상이 똑같은 것은 아닙니다. 그럼에도 불구하고 늦게나마 자신의 불신앙을 깨닫고 하나님을 바라보는 자를 하나님은 절대로 그냥 두지 않으십니다. 신앙적인 박해를 받은 사람과 거의 비슷하게 취급하셔서 복을 주십니다.

하나님께서는 레아에게 스트레이트로 네 명의 아들을 주셨습니다.

이것은 엄청난 축복입니다. 아브라함 집안은 자손이 굉장히 귀했습니다. 그 자손 귀한 집안에 숨쉴 틈도 없이 연달아 네 명의 아들을 출산한 레아는 정말 복받은 여자였습니다.

이름에 담긴 신앙

그런데 중요한 것은 레아가 자기 아들들에게 지어 준 이름들입니다. 첫아들 '르우벤'은 '보라, 아들이라'는 뜻입니다. 드디어 아들을 낳았다는 것입니다. 더 귀한 것은 그 이름에 대한 레아의 해석입니다. 레아는 "여호와께서 나의 괴로움을 권고하셨으니 이제는 내 남편이 나를 사랑하리로다"라고 말합니다. 여기에서 '권고하셨다'는 것은 '기억하셨다'는 뜻입니다. 레아가 지은 이름들에는 그의 신앙이 아주 잘 드러나고 있습니다.

둘째 아들의 이름은 '시므온'이었습니다. 이것은 '하나님께서 들으셨다'는 뜻입니다. 레아가 무엇이라고 말하고 있습니까? "여호와께서 나의 총이 없음을 들으셨으므로 이도 내게 주셨도다"고 합니다. '내가 남편에게 사랑받지 못하는 것을 여호와께서 기억하시고 나의 신음 소리를 들으셨다'는 것입니다. 셋째 아들의 이름은 '레위'인데 '연합'이라는 뜻입니다. '지금까지는 남편이 나를 사랑하지 않아서 나와 떨어져 있었는데 셋째 아들까지 낳았으니 이제는 나를 귀하게 생각하고 나와 연합할 것'이라는 말입니다. 넷째 아들은 '유다'인데 '찬송'이라는 뜻을 가지고 있습니다. 레아는 "내가 이제는 여호와를 찬송하리로다"고 말합니다.

여기에서 볼 수 있는 레아의 신앙은 어떤 것입니까? 그의 신앙은 남편이 자기를 사랑하지 않는다고 해서 곧바로 남편을 공격하거나 바가지를 긁거나 라헬을 미워하고 욕하는 신앙이 아니었습니다. 레아는 자신의 모든 억울함과 답답함을 가슴에 묻어 두고 오로지 하나님께 나아가 부르짖음으로써 하나님께서 야곱의 마음을 바꾸어 주시기를 구하는 신앙을 가지고 있었습니다. 그래서 아들을 하나씩 낳을 때마다 남편의 마음이 변해서 자신을 사랑해 주기 바라는 간절한 소망과 자신의 기도를 들으시는 하나님께 대한 감사를 담아 이름을 지었습니다.

"하나님께 맡깁니다"

오늘날 불만이 있을 때 사람들이 주로 사용하는 방식이 무엇입니까? 곧바로 자기 자신을 주장하는 방법입니다. 불만이 있으면 바로 찾아가서 따지고, 어떤 사람이 잘못 행동하면 단도직입적으로 찾아가서 결판을 냅니다. 그러나 레아의 신앙은 항상 간접적이었습니다. 레아는 사람에 대하여 이러쿵저러쿵 말하는 스타일이 아니었습니다. 레아는 자기 안에 있는 모든 아픔을 오로지 하나님께만 말씀드리고, 하나님께서 연합하게 할 사람은 연합하게 하시고 돌아오게 할 사람은 돌아오게 하시도록 맡기는 신앙을 가지고 있었습니다.

어떻습니까? 모든 문제를 단도직입적으로 찾아가서 해결하는 방법이 현명하다고 생각합니까, 아니면 레아처럼 사람에게 말하지 않고 오직 기도로 하나님께만 말씀드림으로써 하나님께서 직접 사람의 마음을 바꾸어 주시도록 맡기는 것이 더 좋은 방법이라고 생각합니까? 옳은 것은 옳다고, 기분 나쁜 것은 기분 나쁘다고 아주 속시원하게 탁 털어서 다 이야기하는 것이 더 좋다고 생각합니까, 아니면 속에 다 집어넣고 기도 시간에 하나님께만 말씀드리는 것이 더 좋은 신앙이라고 생각합니까?

사실 너무 말을 안 해서 답답한 경우도 있습니다. 사람은 하나님이 아니기 때문에 상대방이 말을 해 주지 않으면 도저히 그 속을 알 수가 없습니다. 그래서 어떤 의미에서는 자기의 생각이나 불만이나 어려움을 이야기해 주는 편이 훨씬 도움이 될 때가 많습니다. 그러나 때로는 어려움을 말하지 않는 것이 현명한 경우가 있습니다. 언제 그렇습니까? 상대방이 그 말을 받아들일 자세가 되어 있지 않을 때입니다.

레아는 말로는 남편의 태도를 돌이킬 수 없다는 것을 알았습니다. 또 남편이 사랑하는 여자는 다름아닌 동생 라헬이었습니다. 그래서 그는 이 모든 고통을 속으로 삼키면서 오로지 하나님께 나아가서 하나님께서 야곱의 마음을 바꾸어 주시기를, 하나님께서 이 상황을 바꾸어 주시기를 기도했습니다. 그리고 아들을 하나씩 낳을 때마다 그 이름 속에 자기의 간절한 기대와 소망을 표현함으로써, 남편이 이 아이들의 이름을 부르는 가운데 자기 마음 속에 들어 있는 소망이 무엇이며 자기의 기도 제목이 무엇인지 간접적으로 깨닫기를 바랐습니다.

레아는 사랑할 수 없는 여자?

이제 우리가 생각해야 할 것은 남편 야곱의 입장입니다. 그는 표시가 날 정도로 레아를 사랑하지 않았던 것 같습니다. 겉으로는 잘 드러나지 않지만 속으로는 사랑하지 않는 정도가 아니라 다른 사람이 봐도 다 알 수 있을 정도로 표시나게 레아를 사랑하지 않았던 것입니다. 왜 사랑하지 않았을까요? 아마 이유가 많았을 것입니다. 우선 레아는 야곱이 결혼하려고 했던 사람이 아니었습니다. 속아서 결혼한 것입니다. 그러니까 레아를 책임질 이유가 없다고 생각했을 수도 있습니다.

그뿐만 아니라 야곱은 레아가 사랑스럽지가 않았습니다. 사랑하고 싶어도 사랑할 수가 없다는데 어떻게 하겠습니까? 남자는 여자와 헤어질 때 대개 이렇게 말합니다. “나도 할 만큼은 했어. 그래도 사랑이 안 생기는 걸 어떡해?” 사실 남자 입장에서 사랑하지 않는 여자를 한

평생 데리고 산다는 것도 쉬운 일은 아닐 것입니다.

'내 스타일'의 함정

레아는 야곱이 사랑할 만한 스타일의 여자는 아니었습니다. 그러나 일단 결혼한 후에 스타일이 맞느니 맞지 않느니 따지는 것은 말이 안 되는 일입니다. 결혼에서 스타일이라는 것은 그렇게 중요한 것이 아니에요. 결혼이라는 것은 다된 밥을 먹는 일이 아닙니다. 다된 밥을 차지하려 드는 것은 가장 정욕적인 결혼입니다. 결혼의 미덕과 아름다움은 부족한 사람을 사랑해서 풍성하게 채워 주는 데 있습니다.

그런 결혼생활을 한 사람들이 성경에 많이 나옵니다. 대표적인 사람이 모세입니다. 모세의 아내 십보라는 미디안 여자로서 아마도 흑인이었던 것 같습니다. 모세의 누이 미리암이 구스 여자, 즉 흑인 여자 문제로 모세를 비난했다가 하나님의 징계를 받아 문둥이가 된 적이 있었는데, 그 구스 여인을 십보라로 보는 것이 일반적인 견해입니다. 그러나 모세는 이 십보라를 사랑했습니다.

어떤 의미에서 자기 스타일에 맞는 여자를 찾는 것은 욕심입니다. 자기 스타일에 꼭 맞는 사람이 어디 있습니까? '내 스타일'이라는 것은 자기 생각대로 만들어 낸 것입니다. 사람들은 상대방을 사랑한다고 하면서도 사실은 있는 그대로 사랑하는 것이 아니라 자기 마음대로 각색해서 사랑하는 경우가 많습니다. 그러다가 나중에 실체를 보게 되면 자기가 속았다면서 불평을 합니다.

물론 여자가 남편의 사랑을 얻기 위하여 노력하지 않는 것도 죄입니다. 세수도 하지 않고 허구한 날 잠만 자고 남편이 와도 먹을 것 하나 챙겨 주지 않으면서 사랑해 달라고 하면 누가 사랑해 주겠습니까? 그러나 남편이 자기 스타일에 맞지 않는다고 해서, 또는 자기 방식에 잘 따라 주지 않는다고 해서 아내를 사랑하지 못하겠다고 하는 것은 이기적인 욕심입니다. 사랑 중에서 가장 부담스럽고 무서운 사랑이 자기 방식대로 사랑하는 것입니다. 이렇게 자기 방식대로 사랑하는 것은 사랑이 아니라 지배이며 상대방을 바보로 만드는 것입니다.

가장 위대한 사랑

그렇다고 해서 하나님이 우리 믿는 사람들에게 이성적인 사랑이나 플라토닉 러브(platonic love)를 요구하신다는 말이 아닙니다. 가장 위대한 사랑은 부족한 사람을 택해서 한평생 사랑해서 가장 풍성한 삶을 살도록 채워 주는 사랑입니다. 그런 사랑을 하는 남자가 가장 위대한 남자입니다. 자기 스타일에 맞지 않는다고 해서 아내를 구박하고 사랑하지 않는 남자는 비겁한 이기주의자입니다.

2. 라헬의 질투

라헬은 언니 레아가 한꺼번에 여러 명의 아들을 낳는 것을 보면서 견딜 수 없는 분노와 질투심을 느꼈습니다. 30장 1절을 보십시오.

라헬이 자기가 야곱에게 아들을 낳지 못함을 보고
그 형을 투기하여 야곱에게 이르되 "나로 자식을
낳게 하라. 그렇지 아니하면 내가 죽겠노라!"

야곱이 두 여인과 결혼한 것은 문제였습니다. 물론 그 당시 사회에서 한 남자가 여러 아내를 거느리는 것은 전혀 문제 되는 일이 아니었을 뿐더러 오히려 권장하는 일이었던 것 같습니다. 그 시대는 능력도 없으면서 남의 귀한 딸을 데려가서 굶겨 죽이는 것보다는 능력 있는 사람이 여러 명의 아내를 데리고 사는 편이 훨씬 더 여자들에게 다행이라고 생각하던 때였습니다. 그러나 사회적으로 아무리 죄가 되지 않는다 하더라도 하나님 앞에서는 죄가 되는 것이 있습니다. 그리고 이런 일에는 반드시 아주 비싼 대가가 따르게 되어 있습니다.

관습과 성경의 충돌

그 대표적인 예가 일부다처제입니다. 고대 사회에서는 일부다처제가 불법이 아니었습니다. 그러나 성경적으로는 불법이었습니다. 그래서 거룩한 하나님의 사람들이 '일부일처' 라는 창조 원리를 무시하고 그 사회의 가치관이나 자신의 욕망에 따라 여러 명의 아내를 취하였을 때 대개는 아주 큰 대가를 치러야만 했습니다.

우리에게도 사회적으로는 죄가 되지 않지만 성경에서는 엄격하게 금하고 있는 것들이 있습니다. 그 중 하나가 이혼입니다. 사회적으로는 이혼을 허용하지 않을 수 없습니다. 서로 얼굴을 마주 보고 늘 으르렁거리면서 싸우는 것보다는 차라리 갈라져서 따로 사는 편이 더 나을 수도 있습니다. 사도 바울은 믿지 않는 남편이 갈라지자고 하면 그렇게 하라고 했고(고전 7:15), 예수님께서는 이혼이란 인간의 완악함을 인한 어쩔 수 없는 양보 규정이라고 하시면서 재혼을 엄격하게 금하셨습니다(마 5:32). 사실 이혼의 문제는 간단하지가 않습니다. 때로는 재혼을 통해 아름다운 삶을 다시 시작하는 경우들도 있습니다. 그러나 이 문제를 생각할 때 우리가 주의해야 할 것은 한 번 허물어지기 시작한 결혼의 원칙은 너무나 쉽게 다시 무너질 수 있다는 점입니다.

안식일 문제는 어떻습니까? 성경에서는 사람이 일주일 동안 일을 하고 하루는 쉬게 되어 있습니다. 이것이 창조의 원리입니다. 그러나 그 일이 너무 중요하고 시간이 급하기 때문에 쉬지 않고 계속 일을 하게 될 수 있습니다. 한번 시작한 일은 끝장을 내야 직성이 풀리는 것이 사람입니다. 또 하루라도 더 일을 해야 돈을 더 벌 수 있고 그래야 잘 살 수 있기 때문에 일에 대한 욕망을 포기하려고 하지 않습니다. 그 결과가 무엇입니까? 피곤의 누적으로 일찍 병드는 것입니다. 안식일을 지키지 않는 것이 사회적으로는 죄가 되지 않지만, 자신의 욕망을 절제하지 않을 때 건강을 대가로 치르게 되는 것입니다.

요즘 우리 사회에서는 혼외정사가 그리 큰 문제가 되지 않는 것 같습니다. 물론 우리 나라는 아직까지 간통을 처벌하고 있는 유일한 나라이긴 합니다만, 일단 노출되어서 문제가 불거지지 않는 이상 그냥 넘어가는 분위기입니다. 그러나 성경은 혼외정사를 간음으로 여겨서 엄격하게 금지하고 있습니다.

낙태는 우리 사회에서 금지되고 있는 일이지만 실제로는 많이 일어나고 있는 일입니다. 한 해에만도 수백만 명의 태아가 희생되고 있는 것이 우리의 실정입니다. 애굽의 바로 왕이 히브리 민족의 남자아이들을 나일 강에 던져서 죽이라고 한 것을 보고 우리는 참 잔인하다고 생각합니다. 그런데 태아가 딸이기 때문에 낙태시키는 부모는 그렇게 잔인하다고 생각하지 않습니다.

대가를 생각하라

이러한 예들을 살펴보면 성경적인 계명이 이 사회의 윤리관에 얼마나 무시당하고 있으며 설득력을 잃고 있는지를 깨닫게 됩니다. 그러나 하나님은 절대로 무시당하지 않으십니다. 하나님께서는 창조 질서를 깨뜨린 자들에게 보복하십니다. 물론 우리가 한때 하나님의 뜻을 잘 모르고 정욕대로 산 것까지 용서하지 않으시는 것은 아닙니다. 우리는 모든 잘못을 하나님께 고백하고 새로 출발할 수 있습니다. 그러나 아직도 자기의 욕심이 정당하며 자기한테 행복을 마음껏 추구할 수 있는 권리와 자격이 있다고 생각하는 사람에게는 창조 질서를 깨뜨린 비싼 대가를 요구하실 것입니다.

하나님께서는 이런 식으로 자연을 파괴하라고 인간에게 다스릴 수 있는 권리를 주신 것이 아닙니다. 사람들의 마음 속에는 냇물이나 강물이 이런 식으로 더러워져서는 안 된다는 의식이 있습니다. 그럼에도 불구하고 시내나 강에 더러운 오물들을 쏟아 버렸기 때문에 지금 값비싼 대가를 지불하고 있는 것입니다. 우리가 어렸을 때 물을 돈 주고 사 먹는다는 것을 생각해 보기나 했습니까? 그러나 지금은 물을 돈 주고 사 먹는 것이 예삿일이 되어 버렸습니다.

야곱이 치른 대가

다시 성경으로 돌아와 봅시다. 야곱이 의도적으로 하나님의 창조 질서를 깨뜨린 것은 아니었습니다. 야곱은 스스로 원해서 중혼한 것이 아니라 속아서 한 것입니다. 그럼에도 불구하고 그가 하나님의 질서를 깨뜨린 것은 사실입니다. 결국 라헬에게 어떤 일이 일어났습니까? 그는 견딜 수 없는 분노와 언니에 대한 투기심을 느꼈습니다. 언니는 아들을 넷이나 낳았는데 언니보다 훨씬 예쁘고 건강한 자신은 아이를 한 명도 낳지 못했다는 패배감이 그를 사로잡았습니다. 그래서 야곱에게 뭐라고 합니까? "나로 자식을 낳게 하라. 그렇지 아니하면 내가 죽겠노라!"

지금 라헬이 이 말을 제 정신으로 하는 것이겠습니까, 딴 정신으로 하는 것이겠습니까? 라헬은 지금 제 정신이 아닙니다. 상식적으로 한

번 생각해 보십시오. 라헬이 아기를 못 낳는 것은 야곱이 낳기 싫어해서가 아닙니다. 또 이런 식으로 남편에게 대든다고 해서 아기가 생기는 것도 아닙니다. 그러나 라헬의 마음 속에 있는 분노가 너무나도 컸기 때문에 이런 식으로라도 대들지 않고서는 견딜 수가 없었던 것입니다.

성신을 거두시다

이렇게 되는 것을 무엇이라고 합니까? 하나님의 은혜가 일시적으로 떠났다고 합니다. 이런 현상을 저는 '하나님이 그 성신을 거두셨다' 고 표현합니다. 우리는 아브라함과 이삭 때 이미 이런 일이 일어났던 것을 알고 있습니다. 사람이 사는 곳이 평안하고 은혜스러울 수 있는 것은 하나님께서 주신 은혜가 그들을 지켜 주시기 때문입니다. 그러나 그 은혜를 거두시면 그 곳은 당장 무법천지가 되고 맙니다. 사람들은 서로 공격하고 물어뜯으며, 상하좌우도 없고 예의범절도 없이 자신의 동물적인 본능에 따라 행동하게 됩니다.

우리는 지금 야곱의 집에서 하나님의 은혜가 떠나는 것을 보고 있습니다. 라헬은 도저히 견딜 수 없는 마음이 되었습니다. 이 마음은 남편의 사랑을 좀더 얻는 것으로, 남편을 좀더 차지하는 것으로 만족될 수 없었습니다. 라헬의 말을 들은 야곱은 또 어떻게 반응했습니까? 그도 화를 내면서 라헬을 공격했습니다.

> 야곱이 라헬에게 노를 발하여 가로되
> "그대로 성태치 못하게 하시는 이는 하나님이시니
> 내가 하나님을 대신하겠느냐?"(30:2)

물론 라헬이 이런 사실을 모르는 것이 아닙니다. 그런데도 남편에게 대든 것은 아무한테라도 욕을 퍼붓고 싶을 만큼 너무나 화가 났기 때문입니다. 라헬은 남편이라도 이런 자신을 이해해 주고 받아 주기를 바랐을 것입니다. 그런데 야곱도 아내의 분노를 받아 주지 못했습니다. 그의 인내심도 바닥이 났습니다. 평소의 야곱 같으면 이런 식으로 말했을 리가 없습니다. "우리 좀더 참아 봅시다. 화를 내니까 더 예뻐 보이네" 하고 능청을 떨어 가며 위로해 주었을 것입니다. 그러나 이제 이 집에는 다른 사람을 위로해 줄 수 있는 사람이 아무도 없습니다. 다른 사람의 고통을 싸안아 줄 수 있는 사람이 아무도 없습니다. 왜 그렇습니까? 하나님께서 은혜를 거두고 계시기 때문입니다.

분노가 생길 때

나에게서 하나님의 은혜가 떠났다는 것을 어떻게 알 수 있습니까? 내 속에 있는 성령의 은혜가 바닥났다는 것을 어떻게 알 수 있습니까? 그것을 알 수 있는 방법은 간단합니다. 옆에 있는 사람이 이유 없이 미워지고, 왠지 모르겠는데 자꾸 짜증이 나고 신경질이 날 때, 누가 무슨 말 한마디만 해도 참을 수 없는 분노가 생길 때, 그 때는 다른 사람에게 문제가 있는 것이 아니라 바로 내 안에서 하나님의 은혜가 고갈되고 있으며 성신이 떠나고 계시는 것입니다. 마치 프로판 가스를 쓰는 집에서 가스통이 다 바닥난 것과 같습니다. 가스통이 바닥나면 어떻게 해야 합니까? 가스집에 전화해서 새로 바꾸어야지요.

성령이 고갈되었을 때도 마찬가지입니다. 공연히 누군가가 미워질 때, 남편이 그렇게 미울 수가 없을 때, 아이가 내 아이 같지가 않을 때, 아내가 하는 짓이 하나부터 열까지 보기 싫어질 때, 누워서 자는 모습까지 미워 보일 때 자는 사람 깨워서 아무리 욕해 봐야 소용이 없습니다. 그러면 어떻게 해야 합니까? 그 바닥난 마음 그대로 하나님께 나아가야 합니다. "하나님, 배터리가 떨어진 것 같아요. 제 마음이 바닥났습니다. 다시 저를 충만케 해 주십시오. 이 모습 이대로는 도저히 살 수가 없습니다." 그러면 하나님께서 그 속에 성령을 부으셔서 바로 충만하게 채워 주십니다.

문제는 '너'가 아니라 '나'다

그러나 대개의 경우는 그렇게 정직해지지가 않습니다. 자기는 전혀 문제가 없는데 남편이 문제이고 아내가 문제이고 애들이 문제라고 생각합니다. 그래서 그 허물을 하나씩 열거하면서 불평을 하다 보면 속에서 지옥불이 타오르기 시작합니다.

무엇이 우리를 분노하게 만듭니까? 내 마음대로 안 되는 것들이 우리를 분노하게 만듭니다. 그러나 어떻게 이 세상 모든 것이 내 마음대로 되겠습니까? 내 아이도 내 마음대로 안 되는데 어떻게 다른 사람이 내 마음대로 움직여 주겠습니까? 다른 사람이 내 뜻대로 되지 않을 때 '역시 나는 인간이구나. 하나님께서 이 일을 하셔야 하는구나. 중요한 것은 그 사람이 내 마음대로 되지 않는 이것이 아니라, 내 안에 있는 배터리가 다 떨어지고 내 속에 있는 은혜가 고갈된 것이로구나'라는 것을 깨닫고 그 모습 그대로 하나님께 나아가야 합니다.

사람은 어차피 분노하게 되어 있습니다. 그러나 그 분노를 물건이나 사건에 국한시켜야지 사람을 향해서 터뜨리면 그 사람을 죽이게 됩니다. 특히 라헬의 경우처럼 사람의 힘으로 어찌할 수 없는 일로 화를 낼 때 그의 마음은 정말 교만해져 있는 것입니다. 예를 들어 아들을 못 낳고 딸을 낳았다고 며느리에게 분노하는 시어머니가 있다면 그는 하나님을 대적하는 것입니다. 물론 딸을 낳았다는 그 사실 자체가 섭섭할 수는 있지요. 그러나 그 화살을 며느리에게 돌려서 "다른 사람들은 다 아들 낳는데 너는 왜 못 낳냐?"고 한다면 그것은 교만하게 하나님을 대적하는 것입니다.

사람들은 자기 뜻대로 안 되는 일이 있을 때 가족 중에 한 사람을 희생양으로 삼아서 그 사람한테 분노를 쏟아 내기 쉽습니다. 성질 나쁜 사람을 건드렸다가는 본전도 못 찾으니까 대개는 가족 중에서도 가장 약한 사람을 잡아서 화풀이를 하지요. 그러나 나중에 그 사람이 병들고 우울증 걸리면 그 책임을 누가 지려고 그렇게 합니까? 분노를 통제하지 않을 때 얼마나 비싼 대가를 지불해야 하는지 모릅니다.

"바닥난 제 마음을 채워 주소서"

이유 없이 화가 날 때, 이유 없이 주위에 있는 사람들이 미워질 때 내 속에 있는 은혜의 탱크가 바닥난 줄 아십시오. 그것은 죄가 아닙니다. 탱크가 바닥난 게 무슨 죄입니까? 다시 채우면 되지요. 그 빈 마음 그대로 하나님께 나아가면 됩니다. "하나님, 저에게 하나님의 은혜가 고갈되어 있습니다. 옆에 있는 사람들이 미운 것을 보니까 벌써 배터리가 떨어졌네요. 저를 도와 주십시오" 하고 기도하면 곧바로 성령의 부으심을 체험할 수 있습니다.

그러나 그것을 인정하지 않을 때 그 분노는 죄를 낳고 그 죄는 사망을 낳게 되어 있습니다. 물론 직접 죽이지는 않을지 모릅니다. 그러나 그의 정서를 죽이고 그의 마음 속에 있는 평화를 죽이며 그를 낙심케 하고 엄청난 마음의 상처를 안겨 주게 됩니다. 이것을 치료할 수 있는 유일한 길은 직접 가서 사과하는 것밖에 없습니다. 속으로만 미안하다는 것으로는 죽을 때까지 치료되지 않습니다. 그 당한 사람은 하나님께서 치료하시겠지만 이유 없이 화낸 사람은 용서하지 않으실 것입니다.

3. 인간적인 방법이 파고들다

자기 속에 문제가 있으며 하나님의 은혜가 바닥나고 있다는 것을 인정하지 않고, 그 대신 남편을 욕하며 남편에게 이 모든 책임을 전가시켰을 때, 라헬의 머리 속에는 믿음과 거리가 먼 인간적인 방법이 떠올랐습니다. 3절부터 5절까지 보십시오.

라헬이 가로되 "나의 여종 빌하에게로 들어가라.
그가 아들을 낳아 내 무릎에 두리니 그러면 나도
그를 인하여 자식을 얻겠노라" 하고 그 시녀 빌하를
남편에게 첩으로 주매 야곱이 그에게로 들어갔더니
빌하가 잉태하여 야곱에게 아들을 낳은지라.

사라의 실패를 반복하다

아이를 낳지 못해서 자기 여종을 남편에게 첩으로 준 믿음의 어머니가 누구입니까? 사라입니다. 사라가 하나님의 때를 기다리지 못해서 인간적인 방법을 사용했을 때, 고통은 고통대로 받고 자신의 존귀함은 존귀함대로 다 빼앗긴 채 결국 첩과 이스마엘이 쫓겨나는 일이 생겼습니다. 그러나 라헬은 사라의 실패에서 전혀 교훈을 얻지 못하고 있습니다.

사람들이 하나님의 말씀을 자기와 상관 없는 이론적인 가르침으로 생각하는 것보다 더 큰 불행이 없습니다. 그럴 경우 성경의 그 수많은 예들로부터 아무것도 얻지 못한 채 자신이 직접 그 모든 실패를 다 경험하고 나서야 깨닫게 되기 때문입니다. 현명한 여자라면 절대로 이런 방법을 택하지 않습니다. 이것은 하나님께서 인정하시는 방법이 아니기 때문입니다. 한 번 허락하지 않으신 것은 영구적으로 허락하지 않으십니다. 사라에게 복되지 않은 것이 라헬에게 복될 이유가 없습니다.

성령으로 충만해지지 않으면 인간적인 방법을 계속 쓰게 되어 있습니다. 우리는 이 세상에서 나온 사람들이기 때문입니다. 우리가 믿음으로 행한다는 것은 예외적인 일입니다. 우리는 이 세상에서 났고 이 세상에서 자랐기 때문에 자연스럽게 세상적인 방법을 쓰게 되어 있습니다.

분노는 해결되지 않았다

빌하는 임신을 했고 아기를 낳았습니다. 그러나 하갈처럼 유난스럽게 굴지는 않았습니다. 아이를 낳고 난 후에도 라헬의 분노가 사그러들지 않았기 때문입니다. 라헬이 아이들의 이름을 어떻게 지었는지 보십시오.

> 라헬이 가로되 "하나님이 내 억울함을 푸시려고
> 내 소리를 들으사 내게 아들을 주셨다" 하고 이로 인하여
> 그 이름을 '단'이라 하였으며 라헬의 시녀 빌하가 다시
> 잉태하여 둘째 아들을 야곱에게 낳으매 라헬이 가로되
> "내가 형과 크게 경쟁하여 이기었다" 하고 그 이름을
> '납달리'라 하였더라(30:6-8).

'단'은 '원한을 풀었다'는 뜻이고, '납달리'는 '경쟁에서 이겼다'는 뜻입니다. 라헬은 빌하가 낳은 아이들에게 대단히 전투적인 이름을 지어 주었습니다. 무슨 뜻입니까? 인간적인 방법으로 아이를 낳긴 했지

만 만족이 되지 않았다는 것입니다. 라헬은 속이 더 답답해서 미칠 것 같았습니다.

인간적인 방법을 쓰는 것은 마치 소금물을 마시는 것과 같습니다. 너무나도 목이 타서 소금물을 마시면 어떻게 됩니까? 그 즉시는 시원할지 모르지만 나중에는 속이 타서 견딜 수가 없습니다. 라헬은 이런 식으로 아이를 낳으면 만족이 올 줄 알았습니다. 그러나 아이를 낳으면 낳을수록 더 답답하고 더 마음의 평안이 없었습니다. 결국 라헬은 언니 레아를 원수로 삼게 됩니다. 두 자매는 칼을 빼서 찌르지만 않았지 마음과 말로는 수없이 서로를 죽이고 확인사살하는 원수의 관계가 되고 말았습니다.

은혜의 장소가 지옥으로

하루가 멀다 하고 싸우는 두 여자 사이에 낀 야곱을 한번 생각해 보십시오. 자기 어머니와 아내가 원수처럼 지낸다면 그 남자의 마음이 편하겠습니까? 어머니는 나를 낳아 주신 분이고, 아내는 나의 몸이나 마찬가지인 사람입니다. 그런데 이 두 사람이 서로 미워하면서 만나기만 하면 싸워 댈 때 남자는 그 사이에서 완전히 바보가 되고 맙니다. 지옥이 따로 없어요. 또 하루가 멀다 하고 모일 때마다 싸우는 교회를 한번 생각해 보십시오. 편을 지어서 서로 깎아내리고 흉보기에 정신이 없는 교회는 성령이 떠난 교회입니다. 거기가 바로 지옥입니다.

이렇게 되는 원인이 어디에 있습니까? 어느 한 편이 옳고 다른 한 편이 틀렸기 때문이 아닙니다. 자기 자신의 부족함은 모른 채 상대방한테만 모든 책임을 떠넘기고 인간적인 방법을 쓰기 때문에 은혜의 장소가 지옥으로 변하는 것입니다. 자신이 부족하다는 것을 인정하면 이 정도까지는 되지 않습니다. 분노에 찬 대화들이 오고 갈 때 '아, 이것이 바로 사람을 죽이는 일이구나' 라는 사실을 깨닫고 조용히 하나님 앞에 나아가야 합니다. 며느리는 시어머니를 비난하고 시어머니는 며느리를 욕하는 것은 곧 사람을 죽이는 일입니다. 사람을 분노의 대상으로 삼는 것은 살인하는 것입니다.

오늘 우리가 생각해야 할 것은 야곱 가정의 이 일이 오늘 우리들에게 어떻게 적용되어야 할 것인가 하는 점입니다. 오늘날은 두 여자가 한 남자의 사랑을 차지하기 위해 경쟁적으로 아이를 출산하는 시대가 아닙니다. 물론 결혼하기 전에 두 여자나 두 남자가 한 남자나 한 여자를 사이에 두고 경쟁할 수는 있습니다. 그러나 아무리 사랑한다 하더라도 결혼하면 이미 그 관계는 끝나는 것이지요. 그런데 만약 결혼하기 전에 이 연인들 사이에 성적인 관계가 있었다면 엄청난 소용돌이가 일어나게 되고, 한 명이 자살을 기도하든지 하는 거의 회복 불가능한 상처가 생기게 됩니다. 처녀가 자살을 기도하는 경우, 대개는 삼각관계가 얽혀 있든지 특히 성적인 관계가 얽혀 있을 때가 많습니다. 정신적인 사랑만 하다가 자살로 가는 경우는 거의 없어요. 무언가 죽고 싶을 만큼 마음 속에 분노가 차 있기 때문에 자살을 기도하는 것입니다.

오늘날 여성들은 남편의 사랑을 차지하기 위해서 계속 아이를 낳지는 않습니다. 또 남성들도 아이를 많이 낳아 주는 아내보다는 날씬하고 예쁜 아내를 원하는 것 같습니다. 요즘은 뚱뚱해지면 레아처럼 '총을 잃을' 가능성이 큽니다. 그래서 아기를 많이 낳으려고 노력하는 대신 다이어트도 하고 에어로빅도 하지요.

요즘은 대개 여자들이 아이를 통해 자기의 원한을 푸는 것 같습니다. 예전에 아들이 서울대에 합격한 어떤 어머니가 '하나님께서 나의 원한을 갚으셨다' 고 말하는 것을 들은 적이 있습니다. 그 때부터 그 아이의 이름은 '단' 이 되는 것입니다. 그런 식으로 자신의 부족함을 보상받으려는 심리는 결코 좋은 것이 아닙니다. 대학은 어디까지나 공부하기 위해 들어가는 것이지 대학 가는 것과 원한 푸는 것이 무슨 상관이 있습니까? 자식이 좋은 대학에 들어갔으면 더 열심히 공부해서 더 많은 사람들에게 좋은 일 하기를 바라야지, 그걸로 자신의 열등감을 보상하려고 해서는 안 됩니다.

우리가 깨달아야 할 것은 하나님의 창조 질서를 깨뜨리면 당장은 좋을지 몰라도 나중에는 굉장히 비싼 대가를 지불해야 한다는 것입니다. 우리에게 필요한 것은 내 욕심대로 살지 않는 것입니다. 내 욕심 때문에 하나님의 자연 질서를 깨뜨리면 그 자연 질서가 우리를 응징할 것입니다.

사람을 너무 지나치게 사랑하는 것도 좋지 않습니다. 너무 사랑한 나머지 정신을 잃을 정도가 되는 것은 좋은 일이 아니에요. 어떤 일에 지나치게 빠지는 것도 좋은 것이 아닙니다. 모든 일은 적절하게 하는 것이 가장 좋습니다. 성령이 주신 감동 안에서 적절하게 절제해서 해야 합니다.

우리 나라에서는 한 남자를 두고 경쟁하는 두 여인의 관계를 고부간에서 볼 수 있습니다. 어머니는 고생해서 키운 아들이니까 포기하려 들지 않고, 아내는 자기 남편이니까 포기하려 들지 않습니다. 이것은 소유하려는 사랑입니다. 온전한 사랑은 소유하는 것이 아닙니다. 자기 방식으로 사랑하는 것은 상대방을 세우는 길이 아니라 나의 노예로 만드는 길이고 바보로 만드는 길입니다. 우리가 사랑하는 사람들을 바보로 만들지 맙시다. 상대방을 세워 주고 하나의 인격체로 인정해 주는 사랑이 온전한 사랑입니다.

요즘 이유 없이 주위에 있는 사람들이 미워지고 그들이 하는 행동 하나 하나가 보기 싫습니까? 이유 없이 교인들이 밉습니까? 이유 없이 식구나 직장 동료가 밉습니까? 그렇다면 내 속에 은혜가 고갈되고 있다는 것을 아십시오. 물론 그것이 죄는 아닙니다. 그러나 내 속에 은혜가 고갈된 것을 가족이나 교회나 다른 사람의 책임으로 돌리는 그 순간부터 지옥의 불이 붙기 시작하고 그 불은 쉽게 꺼지지 않습니다. 고갈된 그대로 하나님 앞에 나아가십시오. "오, 주여, 제 안에 은혜가 또 고갈되었습니다. 제 인내심이 바닥났습니다. 믿음이 바닥났습니다. 저를 도와 주십시오" 하고 기도하십시오. 그렇게 정직하게 하나님 앞에 나아가는 자에게 성령이 퍼부어지는 역사가 나타날 것입니다.

레아가 처음부터 신앙적인 이유로 남편의 사랑을 받지 못한 것은 아니었습니다. 그는 남편의 사랑을 받지 못했기 때문에 하나님께 나아갔습니다. 그래도 하나님께서는 마치 신앙적인 이유로 받은 고난처럼 여기셔서 충만한 은혜를 부어 주셨습니다.

사랑하는 성도 여러분, 오늘 우리가 어떻게 해서 이 믿음의 자리에 오게 되었든지 그 과정은 중요한 것이 아닙니다. 중요한 것은 내가 지금 하나님 앞에 왔으며 하나님을 믿음으로 붙들며 바라보고 있다는 것입니다. 비록 내가 처음부터 믿음으로 살아오지 않았다 하더라도 하나님께서는 마치 처음부터 그렇게 살아온 것처럼 온전한 축복을 주실 것입니다.

4 인간의 방법, 하나님의 섭리

레아가 자기의 생산이 멈춤을 보고 그 시녀
실바를 취하여 야곱에게 주어 첩을 삼게 하였더니
레아의 시녀 실바가 야곱에게 아들을 낳으매
레아가 가로되 "복되도다!" 하고 그 이름을
'갓' 이라 하였으며, 레아의 시녀 실바가 둘째
아들을 야곱에게 낳으매 레아가 가로되
"기쁘도다! 모든 딸들이 나를 기쁜 자라 하리로다"
하고 그 이름을 '아셀' 이라 하였더라.
맥추 때에 르우벤이 나가서 들에서 합환채를 얻어
어미 레아에게 드렸더니 라헬이 레아에게 이르되
"형의 아들의 합환채를 청구하노라."
레아가 그에게 이르되 "네가 내 남편을 빼앗은
것이 작은 일이냐? 그런데 네가 내 아들의
합환채도 빼앗고자 하느냐?"
라헬이 가로되 "그러면 형의 아들의 합환채 대신에
오늘 밤에 내 남편이 형과 동침하리라" 하니라.
저물 때에 야곱이 들에서 돌아오매 레아가 나와서
그를 영접하며 이르되 "내게로 들어오라. 내가
내 아들의 합환채로 당신을 샀노라."
그 밤에 야곱이 그와 동침하였더라.
하나님이 레아를 들으셨으므로 그가 잉태하여
다섯째 아들을 야곱에게 낳은지라. 레아가 가로되

"내가 내 시녀를 남편에게 주었으므로 하나님이
내게 그 값을 주셨다" 하고 그 이름을 '잇사갈' 이라
하였으며 레아가 다시 잉태하여 여섯째 아들을
야곱에게 낳은지라. 레아가 가로되 "하나님이 내게
후한 선물을 주시도다. 내가 남편에게 여섯 아들을
낳았으니 이제는 그가 나와 함께 거하리라" 하고 그
이름을 '스불론' 이라 하였으며, 그 후에 그가 딸을
낳고 그 이름을 '디나' 라 하였더라.
하나님이 라헬을 생각하신지라.
하나님이 그를 들으시고 그 태를 여신 고로
그가 잉태하여 아들을 낳고 가로되
"하나님이 나의 부끄러움을 씻으셨다" 하고
그 이름을 '요셉' 이라 하니 "여호와는 다시 다른
아들을 내게 더하시기를 원하노라" 함이었더라.

창 30:9-24

어렸을 때 부모에게 별로 사랑을 받지 못하고 형제들에게도 별로 인정받지 못하면서 자란 여성이 있었습니다. 그는 자기야말로 정말 태어나지 말았어야 했는데 실수로 태어난 사람이라는 생각을 자주 하곤 했습니다. 그는 집안에서만 인정받지 못한 것이 아니라 세상에서도 별로 성공하지 못했습니다. 그래서 그의 마음은 마치 '얼음나라 공주' 처럼 늘 차가웠고, 가까운 사람들에게 사랑이나 인정을 받지 못한 상처와 세상에서 성공하지 못한 열등감으로 가득 차 있었습니다.

그런데 그의 마음 속에 복음이 찾아왔습니다. 그는 너무나도 의지할 것이 없었기 때문에 하나님을 믿기로 작정했습니다. 그런데 하나님께서 그를 변화시키기 시작하셨습니다. 그는 하나님의 사랑을 알게 되었고 자기가 하나님 앞에서 얼마나 존귀한 사람인지 깨닫게 되었습니다.

어느 날 그는 자신의 성장 과정을 돌이켜 보면서 참으로 하나님께 감사드리게 되었습니다. 왜냐하면 자기가 부모님의 사랑이나 가족들의 인정을 받지 못했기 때문에 더 하나님을 알게 되었고, 그럼으로써 놀랍게 변화되었다는 사실을 깨달았기 때문입니다. 만일 그가 사람들에게 많은 사랑과 인정을 받았더라면 아직도 그 자리에서 벗어나지 못했을 것입니다. 그는 자신이 사람들에게 사랑받지 못했기 때문에 하나님께 나아오게 되었고, 참으로 공평하신 하나님께서 이 세상에서 받지 못한 것을 너무나도 많이 허락해 주셨다는 것을 깨달았습니다. 이것이 바로 하나님께서 인간의 불행을 그분의 축복으로 끌어올리시는 과정입니다.

우리는 창세기 30장을 통해서 자매이지만 원수처럼 경쟁하면서 아들을 낳고 있는 레아와 라헬의 모습을 보고 있습니다. 이 두 자매의 관계가 처음부터 나빴던 것은 아니었습니다. 그러나 야곱이라는 한 남자와 결혼하게 되면서 그들 사이의 거리는 점점 멀어지게 되었고 결국에는 원수처럼 되고 말았습니다.

분노로 경쟁했지만

이 결혼을 통해 마음의 상처를 더 많이 입은 쪽은 언니 레아였습니다. 레아는 원래 야곱이 사랑한 여자가 아니었습니다. 아버지가 억지로 끼워팔기로 결혼을 시킨데다가 눈이 나쁘고 인물이 좋지 못하다는 이유로 남편의 사랑을 받지 못했습니다. 자랄 때도 아버지나 주위 사람들에게 사랑받지 못했고 칭찬받지 못했는데, 결혼하고 난 후에도 남편이 표시나게 자신을 사랑하지 않는 것입니다.

레아가 위로받을 수 있는 유일한 길은 아들을 많이 낳아서 그 아들들을 통해 남편의 관심을 돌이키는 것뿐이었습니다. 그러나 이것도 여의치가 않았습니다. 왜냐하면 동생이 스스로 아이를 낳지 못한다는 것을 깨닫고 그 여종을 남편에게 첩으로 주어서 아들을 둘이나 낳았기 때문입니다. 레아는 네 명의 아들이 있었지만 불안했습니다. 그래서 그도 더 이상 하나님의 방법이나 때를 기다리지 못하고 라헬처럼 여종을 남편에게 첩으로 주어서 아들을 더 낳게 했습니다.

이것은 결코 신앙적인 방법이 아니었습니다. 이제는 레아에게도 더 이상 신앙이라고 할 만한 것이 없었습니다. 그의 마음 속에는 '나는 남편의 사랑을 빼앗겼다. 아들을 네 명이나 낳아 주었지만 남편은 나를 거들떠보지도 않는다' 는 분노만 가득 차 있었습니다.

하나님은 축복하셨다

그러나 하나님께서는 레아와 라헬이 경쟁적으로 아이를 낳는 이 과정을 통해서 이스라엘 열두 지파를 준비하셨습니다. 레아와 라헬은 남편의 사랑을 얻기 위해서 서로 경쟁하는 마음으로, 미움과 분노로 아들들을 출산했지만 하나님께서는 이 열두 아들을 전부 다 축복해서 구약 이스라엘의 열두 지파가 되게 하신 것입니다.

하나님께서는 처음에 레아를 불쌍히 여겨서 네 명의 아들을 주셨습니다. 레아는 '아버지는 나를 사랑하지 않았고 동생은 나를 업신여기며 남편은 표시나게 나를 사랑하지 않지만, 그래도 하나님은 나를 사랑하시고 나의 기도를 들으시는구나!' 라고 생각하며 감사하고 기뻐했습니다. 그러나 그 기쁨은 한순간에 없어지고 말았습니다. 라헬이 언니에게 지지 않으려고 자기 여종을 첩으로 주어서 두 명의 아들을 낳았기 때문입니다. 레아의 상처받은 마음은 네 명의 아들로도 완전히 치료받지 못했습니다.

레아는 불안해지기 시작했습니다. 그가 지금까지 생각한 것이 무엇입니까? 남편이 자신은 사랑하지 않아도 자신이 낳은 아이들은 사랑하리라는 것입니다. 자기 아이를 싫어할 남자가 어디 있겠습니까? 자기를 보러 오지는 않는다 해도 아이들은 보러 올 것 아닙니까? 그러나 라헬이 여종의 아들들을 입양하면서 야곱은 더욱 더 레아를 돌아보지 않았습니다. 라헬의 아이들도 아니에요. 그 여종의 아이들인데도 야곱은 그들을 예뻐하고 좋아하는 것입니다.

이제 레아가 할 수 있는 일은 수적인 우세를 유지하는 것뿐입니다. 그래서 그는 자기 여종 실바를 야곱에게 첩으로 주어서 두 명의 아들을 더 낳게 했습니다. 처음에는 4대0이었습니다. 그런데 라헬의 종 빌하가 두 명을 낳는 바람에 4대2가 되었습니다. 레아는 질 수가 없어서 자기 여종을 첩으로 주어 6대2를 만들었습니다. 그러나 4대0이 6대2가 되어도 레아에게는 만족감이 없었습니다.

그 때 르우벤의 합환채 사건이 터졌습니다. 합환채는 사랑의 욕구를 불러일으키는 아주 묘한 식물이었습니다. 두 자매는 이 식물을 서로 차지하기 위해 격돌했습니다. 이것은 결국 야곱과의 잠자리를 누가 차지하느냐 하는 싸움이었습니다. 이 때 라헬은 르우벤의 합환채를 받고 남편을 양보하고, 레아는 두 명의 아들을 더 낳게 됩니다. 이제 스코어는 8대2가 되었습니다.

열두 아들을
열두 족장으로

나중에 하나님께서 라헬을 불쌍히 여기셔서 아들을 하나 주시는데, 그가 바로 요셉입니다. 그러나 요셉의 탄생은 상황을 8대3으로 만든 것이 아니라, 10대1로 만들었습니다. 요셉이 태어나자마자 다른 형제들이 전부 그를 미워했기 때문입니다. 결국 그들은 요셉을 죽이려고 하다가 애굽에 종으로 팔아 버립니다. 그러나 하나님께서는 이 문제 많은 야곱의 아들들을 모두 다 택하시고 변화시켜서 구약 이스라엘 열두 지파의 족장이 되게 하셨습니다.

레아나 라헬은 모두 열등감과 분노로 살아왔고, 서로 보복하려는 마음으로 아이들을 낳았습니다. 그러나 하나님께서는 그 모든 허물을 상급으로 바꾸셔서 그 아들 하나 하나가 구약 이스라엘의 기둥이 되어 하나님 나라를 섬기는 축복을 주셨습니다.

1. 첩이 낳은 아들들

창세기 30장 9절부터 13절까지 보십시오.

레아가 자기의 생산이 멈춤을 보고 그 시녀 실바를 취하여
야곱에게 주어 첩을 삼게 하였더니 레아의 시녀 실바가
야곱에게 아들을 낳으매 레아가 가로되 "복되도다!" 하고
그 이름을 '갓'이라 하였으며, 레아의 시녀 실바가 둘째
아들을 야곱에게 낳으매 레아가 가로되 "기쁘도다! 모든
딸들이 나를 기쁜 자라 하리로다" 하고 그 이름을
'아셀'이라 하였더라.

하나님은 첩의 아들을 인정하시는가?

오늘 우리가 확인하고 넘어가야 할 것은 과연 라헬이나 레아가 이런 식으로 자기 여종을 첩으로 주어서 아들을 낳는 이 일이 하나님 앞에서 옳은가 하는 점입니다. 우리는 이 일을 무엇보다 먼저 아브라함의 경우와 비교할 수밖에 없습니다.

하나님께서는 아브라함에게 하늘의 별처럼 많은 자손을 주겠다고 약속하셨습니다. 그러나 시간이 지나도 아들을 주시지 않자, 사라는 자기 여종 하갈을 아브라함에게 첩으로 주어서 이스마엘이라는 아들

을 낳게 했습니다. 그러나 하나님께서는 아브라함과 사라가 이런 방식으로 아들을 갖는 것을 완강하게 거부하셨습니다. 하나님께서는 사라에게서 나는 자라야 아브라함의 아들이라 칭할 것이라고 분명히 말씀하셨고, 첩이 낳은 아들을 결코 인정하지 않으셨습니다. 그래서 결국 어떻게 되었습니까? 아브라함에게 하갈과 그 아들 이스마엘을 내쫓게 하셨습니다.

그런데 이번에는 어떻습니까? 라헬이나 레아가 여종을 통하여 낳은 아이들을 하나도 내쫓지 않고 전부 다 야곱의 아들로 인정해 주셨을 뿐 아니라 이 열두 아들을 이스라엘 열두 지파의 족장으로 삼으셨습니다. 왜 하나님께서는 아브라함이 첩을 통해 아들을 낳는 것은 그토록 완강하게 거부하셨으면서 야곱이 첩을 통해 여러 명의 아들을 낳는 것은 허용하셨을까요? 하나님은 일관되지 않으신 것입니까? 그 이유는 하나님께서 아브라함의 아들을 통해 보여 주시려는 것과 야곱의 아들들을 통해 보여 주시려는 것이 다르다는 데 있습니다.

아브라함의 아들, 구원의 유일성

하나님께서 아브라함의 아들 이삭을 통해 보여 주시려고 한 것은 구원의 유일성입니다. 즉 하나님께서 이삭 외에 다른 아들을 허용하지 않으신 것은 우리가 구원받는 길은 오직 예수 그리스도 하나밖에 없다는 것을 보여 주시기 위해서였습니다. 구원이 무엇입니까? 우리 죄에 대한 하나님의 진노를 누그러뜨리고 하나님과의 은혜스러운 관계를 회복하는 것입니다. 그래야 하나님이 주시는 모든 축복을 받아 누릴 수 있습니다. 우리 인간의 죄를 치료할 수 있는 길은 오직 예수 그리스도의 십자가 죽음밖에 없습니다. 그래서 아브라함은 이삭을 데리고 모리아 산으로 가야만 했던 것입니다.

야곱의 아들들, 구원의 포괄성

그러나 하나님께서 야곱의 여러 아들들을 통해 보여 주시려고 한 것은 무엇입니까? 구원의 포괄성입니다. 다시 말해서 이미 그리스도를 통해 이루어진 구원을 우리가 어떻게 받느냐를 보여 주시는 것입니다. 우리는 혈통으로만 구원받는 것이 아닙니다. 하나님께서는 우리가 혈통이 아닌 방식, 즉 입양을 통해서도 얼마든지 하나님의 구원에 참여할 수 있다는 것을 야곱의 열두 아들을 통해서 보여 주고 계십니다.

그래서 신학자들은 이런 식으로 겉으로 보기에는 비슷한 사건이지만 시간이 흐르면서 구원의 서로 다른 측면이 나타나는 것을 '구약 계시의 점진성'이라고 이야기합니다. 다시 말해서 하나님께서 이삭을 통해 보여 주시고자 하는 바와 야곱의 아들들을 통해 보여 주시고자 하는 바가 다르다는 것입니다. 야곱의 아들들의 경우에는 더 발전된 구원의 양상을 보여 주고 계십니다.

레아와 라헬은 각각 그 여종들을 남편에게 첩으로 주어 낳은 아들들을 자기 아들로 입양했습니다. 이것은 이스라엘의 혈통을 통해서만이 아니라 입양을 통해서도 얼마든지 하나님의 백성이 될 수 있고 이스라엘이 될 수 있다는 사실을 보여 줍니다. 이렇게 살았건 저렇게 살았건, 시기심으로 낳았건 경쟁심으로 낳았건, 상처를 받았건 괄시를 받았건 간에 하나님의 말씀을 듣고 그 말씀을 믿기만 하면 하나님의 백성이 될 수 있다는 구원의 포괄성을 이 아들들은 보여 주고 있습니다.

구원의 방법은 하나밖에 없습니다. 그것은 오직 예수 그리스도의 십자가 죽음을 믿는 것입니다. 원래 '그리스도' 또는 '메시아'는 '기름 부음 받은 자'라는 뜻을 가지고 있습니다. 하나님께서 기름 부으신 것은 어느 누구도 건드릴 수 없고, 오직 하나님만 쓰시게 되어 있습니다.

예수 그리스도는 하나님이 기름 부으신 자입니다. 누구도 그를 대신할 수가 없습니다.

그러나 그리스도께서 이미 이루어 놓으신 구원에 우리가 참여하며 그 구원을 누리는 방법에는 여러 가지가 있습니다. 어떤 사람은 우연히 말씀을 듣고 하나님의 백성이 됩니다. 예를 들어서 빌레몬서에 나오는 오네시모 같은 사람을 보십시오. 그는 주인의 돈을 훔쳐서 도망친 노예로서 무슨 이유에서인지 체포가 되었는데, 하필이면 사도 바울이 갇혀 있는 감방에 갇히게 되었습니다. 그러니 예수 안 믿고 배기겠습니까? 오네시모는 나중에 초대교회에서 아주 중요한 사람이 됩니다. 역사신학에서는 사도 바울의 모든 편지를 다 모은 사람이 바로 이 오네시모라고 보고 있습니다. 그는 종으로 태어났고 불행히도 주인에게 손해를 입히고 도망을 쳐서 감옥에까지 갇히는 신세가 되었습니다. 그런데 거기에서 사도 바울을 만나 변화됨으로써 아주 중요한 인물로 변신하게 된 것입니다.

입양의 은혜

하나님께서는 아브라함에게 열국이 그에게서 나올 것이라고 약속하셨습니다. 이것은 아브라함의 후손으로부터 여러 민족이 나온다는 뜻이 아닙니다. 오히려 정반대로 여러 민족이 혈통에 의해서가 아니라 믿음으로 아브라함의 자손이 됨으로써, 아주 다양한 민족이 그의 축복을 누리게 되리라는 뜻입니다. 이렇게 믿음으로 아브라함의 자손들이 된 사람들은 모두 입양된 자라고 할 수 있습니다. 결국 우리 같은 사람들은 혈통으로는 아브라함과 아무 상관이 없지만, 그와 같은 믿음을 가짐으로써 하나님의 아들로 입양된 것입니다.

우리 자신의 삶을 한번 돌아봅시다. 우리 중에는 신앙 좋은 부모님

밑에 태어나 하나님을 배워서 그리스도인이 된 사람이 있을 것입니다. 그러나 그것은 예외적인 경우이고, 거의 대개는 이 세상에서 수많은 우여곡절을 겪다가 우연히 복음을 듣고 하나님의 백성이 되었을 것입니다. 우리 중에는 자기 부모가 다른 부모처럼 사랑해 주지 않은 것을 원망하던 사람도 있을 것이고, 자신의 성장 과정이 다른 사람처럼 순탄하지 못한 것에 대해 원망과 불평을 가졌던 사람도 있을 것이며, 자라면서 생긴 치료받기 어려운 상처나 충격으로 괴로워하던 사람도 있을 것입니다. 또 '어떤 의미에서 나는 태어나지 말았어야 하는 사람이 아닌가' 하는 부정적인 생각으로 살았던 사람도 있을 것입니다. 그러나 이런 불행한 과정이 없었더라면 우리가 과연 하나님을 제대로 믿게 되었겠습니까? 남들의 사랑도 받지 못하고 인정도 받지 못하던 그 뼈아픈 과거가 없었더라면 과연 복음이 능력 있게 우리의 삶 속에 파고 들어 올 수 있었겠습니까?

여러분, 복음 안에 후회란 없습니다. 어떤 과정으로 오늘 여기까지 오게 되었건 간에, 어떤 과정을 통해 하나님을 알게 되었건 간에, 중요한 것은 지금 내가 하나님의 아들이 되었다는 사실 그 자체입니다.

자격 없는 자들을 변화시키시다

실제로 야곱의 아들들 중에는 하나님의 나라를 소유할 만한 자격을 가진 자가 아무도 없었습니다. 다 성격이나 도덕성에 문제가 있는 사람들이었어요. 벌써 어머니가 몇 명입니까? 또 그 어머니들의 관계가 좋기나 합니까? 르우벤은 야곱의 첩 중에 한 명과 추문이 있었습니다. 즉 빌하나 실바 둘 중에 한 명과 잘못된 관계를 맺은 것입니다. 아버지가 하는 일이 이 엄마 방 저 엄마 방에 들어가는 것이다 보니, 아들도 엄마 방에 잘못 들어가서 죄를 지었습니다. 레위와 시므온은 또 어떻습니까? 자기 누이가 강간당하자 그 동네 사람들 전체를 속인 후 다 죽여 버렸습니다. 허물을 덮어 준다는 것이 없습니다. 엄마들이 매일같이 서로에게 칼을 가니까 아들들도 칼날같이 다 죽여 버립니다. 유다는 생활이 대단히 문란한 사람이었습니다. 그래서 자기 며느리를 창녀인 줄 알고 관계를 맺었습니다. 이처럼 아들이 열두 명이나 되었지만 그 중에 쓸 만한 사람은 하나도 없었습니다.

그러나 하나님께서는 요셉을 통해서 이들을 다 변화시키셨습니다. 그들은 죄 없는 요셉을 우물에 빠뜨려서 죽이려고 하다가 애굽에 노예로 팔아 버렸습니다. 그리고 이런 일들을 통해 자신들의 죄성을 보았고, 결국 요셉을 통하여 하나님의 구원을 경험했으며, 마침내 변화되어서 하나님 나라의 기둥이 되었습니다.

"과거에 매이지 않겠습니다"

오늘 우리에게 중요한 것은 오늘 여기까지 오게 된 과정이 아닙니다. 중요한 것은 그런 실패를 통하여 나의 연약함을 알게 되었고, 내 죄를 알게 되었으며, 결국 하나님의 말씀을 믿음으로써 하나님의 자녀가 되었다는 사실입니다.

하나님은 참 공평한 분이십니다. 이 세상에서 무언가 붙들 것이 있는 사람은 절대로 신앙이 깊어지지 않습니다. 돈 있는 사람의 신앙이 가난한 사람의 신앙을 따라가질 못해요. 물론 가난하다고 해서 다 신앙이 좋은 것은 아닙니다. 가난하면서도 진짜 신앙 없는 사람이 있습니다. 그런데 가난한 사람이 참으로 믿으려고 할 때, 돈 있는 사람은 절대로 그 가난한 사람만큼 신앙이 깊어질 수가 없습니다. 세상 사람들에게 인정받고 칭찬받는 사람도 마찬가지입니다. 인정도 못 받고 사랑도 못 받고 시간은 남는데 갈 곳도 없는 사람이 결국 교회 와서 기도

하고 울다가 신앙이 깊어지는 것입니다. 자기가 의도적으로 신앙을 키우려고 그렇게 한 것이 아닙니다. 갈 데가 없어서 교회에 오다 보니 신앙이 깊어져 버린 것입니다. 그러니까 감사한 일이지요.

우리가 어떤 과정을 통해 여기에 이르게 되었느냐는 중요하지 않습니다. 중요한 것은 내가 하나님의 말씀을 듣고 하나님을 믿었다는 것입니다. 그러면 모든 과거가 다 해결되어 버립니다. 내가 하나님께 돌아왔다는 그것이 곧 모든 문제를 해결하는 유일한 길입니다.

2. 합환채 사건

갈등이 절정에 이르다

레아와 라헬의 갈등은 르우벤이 들에서 꺾어 온 합환채 사건으로 절정에 이릅니다.

맥추 때에 르우벤이 나가서 들에서 합환채를 얻어
어미 레아에게 드렸더니 라헬이 레아에게 이르되
"형의 아들의 합환채를 청구하노라."
레아가 그에게 이르되 "네가 내 남편을 빼앗은 일이
작은 일이냐? 그런데 네가 내 아들의 합환채도
빼앗고자 하느냐?" 라헬이 가로되
"그러면 형의 아들의 합환채 대신에 오늘 밤에
내 남편이 형과 동침하리라" 하니라(30:14, 15).

여기서 우리가 알아야 할 것은 성경을 기록한 저자가 이 합환채 사건을 굉장히 충격적이면서도 중요한 사건으로 다루고 있다는 사실입니다. 앞서 말했듯이 합환채는 사랑의 묘약 같은 것입니다. 이것은 열매가 노란 토마토같이 생겼는데, 남자가 이것을 먹으면 성적인 충동이 왕성해져서 여자를 더 사랑하게 되고 여자가 열매를 먹거나 뿌리를 삶아먹으면 곧바로 임신하게 된다는 식물입니다. 실제로 이 식물에 불임의 여성을 임신하게 만드는 효능이 있는지는 의심스럽습니다만, 남성의 성욕을 자극하여 더 왕성한 성생활을 하도록 만든다는 것은 사실일 수도 있습니다.

무너진 가정

본문은 르우벤이 들에서 캐어 온 이 합환채가 레아와 라헬 모두에게 아주 중요한 것으로 인식되었다는 점을 보여 주고 있습니다. 두 사람은 서로 이 합환채를 차지하려고 싸우고 있습니다. 이 사실을 통해 성경이 말씀하고자 하는 것이 무엇입니까? 성경은 도대체 야곱의 가정이 어떤 지경까지 오게 되었느냐를 보여 주고자 합니다. 르우벤은 야곱 가정의 맏아들 아닙니까? 그런데 들에 있는 많고 많은 식물들 중에서 왜 하필이면 이런 것을 꺾어 온 것입니까? 또 이 엄마들은 도대체 어떤 사람들이길래 이걸 꺾어 오자마자 서로 차지하려고 이렇게 싸워대는 것입니까?

요즘이야 수치도 비밀도 없는 시대이니 얼마든지 이런 걸 놓고 이야기할 수 있을지도 모르겠습니다. 그러나 그 옛날에 두 자매가 합환채를 사이에 놓고 싸운다는 것은 대단히 수치스럽고 정숙하지 못한 일이었습니다. 아마도 모세는 충격 속에서 이 부분을 기록했을 것입니다. 성경 어느 곳을 봐도 여인들이 이런 얄궂은 것을 놓고 서로 싸운 예가 없어요.

야곱의 가정은 더 이상 믿음의 가정이 아닙니다. 마치 정결하지 못한 두 여인이 창녀처럼 한 남자를 가운데 두고 투쟁하고 협상하는 술집 같습니다. 어떻게 르우벤을 믿음의 가정에서 자란 아이로 볼 수 있겠습니까? 어떻게 남편과의 잠자리를 합환채로 거래하려는 레아와 라헬을 믿음의 여인으로 볼 수 있겠습니까? 야곱의 가정은 더 이상 정숙한 믿음의 가정이 아니라 부정한 윤락가처럼 되고 말았습니다.

물론 이들이 다른 남자를 상대로 매춘 행위를 한 것은 아닙니다. 그러나 부부라고 해서 무슨 짓이든지 다 해도 되는 것이 아닙니다. 부부라 하더라도 할 말 안 할 말이 있고 할 짓 안 할 짓이 있어요. 더욱이 신앙의 부부들에게는 삼가야 할 말이 있고 행동이 있습니다. 성관계도 마찬가지입니다. 부부라고 해서 마음껏 음탕한 말을 하거나 덕스럽지 못한 행동을 할 수 있는 것이 아닙니다.

잘못된 선택,
잘못된 결과

야곱의 가정이 이런 지경까지 오게 된 원인이 어디에 있습니까? 야곱의 잘못된 선택에 있습니다. 하나님께서는 벧엘에서 그에게 나타나 자신의 영광을 보여 주시고 그가 할 일을 보여 주셨습니다. 그 일이 무엇입니까? 하나님과 이 세상 죄인들 사이에서 사닥다리 역할을 하는 것입니다. 그것이 그가 구해야 할 하나님의 나라였습니다. 그러나 그는 하나님의 나라 대신 사랑을 구하다가 결국 그 사랑의 노예가 되고 말았습니다.

우리는 레아가 라헬에게 한 말을 주의깊게 들을 필요가 있습니다. "네가 내 남편을 빼앗은 일이 작은 일이냐? 그런데 네가 내 아들의 합환채도 빼앗고자 하느냐?" 무슨 말입니까? 라헬은 사랑으로 철저하게 야곱을 지배하고 있었다는 것입니다. 이것은 결코 아름다운 사랑이 아닙니다. 야곱이 하나님의 나라와 그 의를 구하지 않았을 때 나타난 결과는 자기 선택의 노예가 되는 것이었습니다. 만일 야곱이 하나님의 말씀을 붙들었더라면 하나님께서 그의 결혼을 축복하셨을 것입니다. 그러나 야곱은 하나님의 말씀을 저버리고 여자를 택했고, 결국 라헬은 야곱을 무섭게 지배했습니다. 물론 겉으로 보기에는 좋은 것 같지요. 아직까지 사귀는 사람이 없는 사람은 "나도 이런 사랑 한 번 해 봤으면 좋겠다. 라헬 같은 여자가 나를 좀 지배해 주면 얼마나 좋을까"라고 말할지도 모르겠습니다. 그러나 그것은 몰라서 하는 말입니다. 한번 당해 보면 그런 말이 안 나올 겁니다.

야곱의 타락

야곱은 말씀을 버리고 경쟁하는 두 여자 사이에서 사랑의 노예가 되어 꼼짝도 못 하고 있습니다. 이것이 야곱의 타락한 모습입니다. 술이나 퍼마시고 음란한 짓이나 해야 타락한 것이 아니에요. 하나님 앞에서 자유롭지 못한 것, 하나님이 나오라고 하시는데도 나아가지 못할 정도로 사람에게 매여 있고 물질에 매여 있고 자기 일에 매여 있는 것이 타락한 것입니다. 야곱은 전혀 이렇게 살 필요가 없는 사람이었습니다. 그는 자유로운 상태에서 이 곳에 왔습니다. 그런데 하나님을 신뢰하지 못하고 자기 욕심에 따라 여자를 선택하고 덜컥 종의 계약을 맺음으로써 사람에게 매이는 바람에 하나님을 위해서는 아무것도 못하는 노예가 되고 만 것입니다.

어떤 사람은 자기 멋대로 덜컥 고시공부를 하겠다고 결정합니다. 그래서 어떻게 됩니까? 고시 준비하는 수년 동안 하나님을 제대로 섬기지 못합니다. '붙기만 하면 주님을 섬겨야지' 라고 생각은 하지요. 그런데 그 '붙기만 하면' 이 안 되는 거예요. 또 혹시 붙는다 해도 정말 자기 생각대로 하나님께 돌아갈 수 있을 것 같습니까? 천만의 말씀입니다. 그 때는 그 때대로 자신을 잡아매는 더 큰 욕심이 생깁니다.

또 어떤 사람은 자기 마음대로 사업을 시작합니다. 그런데 하다 보면 어떻게 됩니까? 점점 더 그 속으로 빠져들어 갑니다. 마음으로야 '이 일만 잘되면 하나님께 영광돌려야지' 하지요. 하지만 '이 일만 잘되면' 이 어디 있습니까? 빚은 자꾸 늘어나고 일은 자꾸 벌어지는데요. 결국 하나님의 말씀을 구하지 않고 자기 욕심을 향하여 간 사람은 간 만큼 다시 되돌아와야 합니다. 그리스도인들이 하나님 아닌 다른 것에 매이는 것은 곧 종이 되는 길임을 기억하십시오.

지배하는 것은 사랑이 아니다

성령의 사람의 특징이 무엇입니까? 사람을 인정으로 잡아서 얽어매지 않는다는 것입니다. 얼마나 많은 남자와 여자들이 사랑이라는 미명하에 상대방을 지배하고 있는지 모릅니다. 아직 결혼도 하지 않았는데 머리 스타일 하나 마음대로 못 바꾸게 합니다. 사랑한다는 명목으로 머리만 조금 자르고 와도 입에 거품을 물고 덤벼들어요. 그런 사람은 발로 차 버려야 합니다. 구두는 그럴 때 쓰라고 신는 겁니다. "네가 뭔데 나를 바보로 만드려고 하니? 머리를 자르고 싶을 때도 있는 거지, 네가 뭔데 잘라라 길러라 볶아라 풀어라 하는 거야?" 하면서 냅다 차 버리십시오.

혹시 남편을 이런 식으로 지배하는 아내가 있습니까? 남편이 하는 일을 일일이 간섭하면서 완전히 자기 마음에 들어야 비로소 웃으면서 잠자리에 드는 여자는 남편과 사는 것이 아니라 노예와 사는 것입니다. 또 아내를 자기 방식으로 사랑하는 남편이 있습니까? 그는 아내를 사랑하는 것이 아니라 파괴시키고 있는 것입니다. 자식을 자기 방식으로 사랑하는 부모가 있습니까? 그렇게 키운 자식은 어른이 되고 나서도 무슨 일만 생기면 부모를 찾아올 것입니다.

사람의 욕심이 들어가서 변질되지 않는 것이 없습니다. 가만히 내버려 두면 오히려 아름다울 텐데 괜히 사랑한다고 덤비다가 망쳐 놓는 일이 한두 가지가 아닙니다. 라헬은 야곱을 완전히 망쳐 놓았습니다. 그리고 이제는 그것으로도 만족이 되지 않아서 합환채로 더 바보를 만들어 버리려고 하고 있습니다.

무엇이 악인가?

우리는 다른 사람에게 나쁜 짓을 하는 것만 악이라고 생각합니다. 그러나 악의 개념을 바꾸어야 합니다. 상대방으로 하여금 자신의 참된 모습을 되찾지 못하게 하는 것은 모두가 악입니다. 어머니가 아들을 자기 방식으로 사랑해서 도저히 자기 자신을 되찾지 못하게 하는 것은 악입니다. 그 사랑을 끊지 않는 이상 아들은 영원히 바보가 될 것입니다. 또 아내가 남편을 지배해서 모든 것을 자기 뜻대로 하는 것은 악입니다. 설사 서로 만족하고 있다 하더라도 그것은 악을 행하는 것입니다.

'우민정책' 이라는 말이 있습니다. 간단히 말하면 쉽게 다스리기 위해 사람들을 가르치지 않음으로써 바보를 만들어 놓는 것입니다. 그래서 사람들이 정치에 관심을 가지려고 하면 꼭 프로권투나 축구를 합니다. 신나게 축구 경기를 보다 보면, 지금 대통령이 누군지 무슨 선거를 앞두고 있는지 다 잊어버리니까요. 또 사람들에게 정치의식이 생기려고 하면 단란주점을 허가해서 쫙 풀어 놓습니다. 신나게 술 마시면서 다 잊어버리라는 것입니다.

이런 일은 교회 안에서도 일어납니다. 교인들이 마땅히 알아야 할 것을 가르쳐 주지 않고 성경을 제대로 가르치지 않음으로써 지도자에게 지나치게 의존하게 만드는 것입니다. 아무 생각 없이 가만히 있어도 목회자들이 다 챙겨 주니까 교인들은 좋지요. 맹목적으로 의존하면 신경 쓸 것도 없고 더 편합니다. 그러나 그것은 악입니다. 이 지배 관계의 고리를 끊지 않으면 자기 자신을 되찾을 수가 없습니다. 당장은 편하지만 자기 인생이 없습니다. 알아야 할 것은 알아야 하고 책임져야 할 것은 책임져야 합니다. 그것이 하나님 앞에서 바른 모습입니다.

악이 무엇입니까? 상대방을 계속 무력하게 만들어서 의존하게 만드는 것입니다. 사랑이나 관심이라는 미명하에 마땅히 되찾아야 할 자신의 모습을 찾지 못하게 만드는 것, 과거의 실수를 들추어 내서 하나님 앞에 일어서지 못하게 하는 것, 미신적인 분위기를 조장해서 늘 두려움에 빠지게 하는 것, 이것이 악입니다.

바른 모습을 되찾으려면

예배를 드리면서 생각해 보십시오. 나는 혹시 이렇게 잘못된 의존적 관계에 있지 않습니까? 내가 책임져야 할 것을 마땅히 책임지고 있습니까? 결단내려야 할 것을 결단내리지 않고 계속 다른 사람이나 과거나 환경을 핑계대면서 무기력한 상태에 머물고 있지는 않습니까? 하나님 앞에서 책임지는 사람이 되는 것, 무엇을 하더라도 내가 좋아서 내 의지에 따라 하는 것이 선한 것입니다.

병에 걸렸다고 해서 꼭 나약해지는 것이 아닙니다. 병에 걸렸으면서도 굉장히 자유롭고 풍성한 삶을 사는 사람이 있습니다. 어떻게 그렇게 살 수 있습니까? 그 중심이 해방되었기 때문입니다. 또 가난하다고 해서 전부 억압된 가운데 사는 것이 아닙니다. 가난해도 굉장히 자유로운 사람들이 있습니다. 무식해도 자유로운 사람들이 있습니다.

악의 고리를 끊어라

오늘 우리가 예배를 드리면서 생각해야 할 것은 계속적으로 나를 무기력하게 만들고 있는 것과의 고리를 끊는 것입니다. 그 대상이 어머니이면 이야기해야 합니다. "어머니, 이제 우리는 다른 방식으로 만나야 합니다. 저는 어머니를 굉장히 사랑합니다. 하지만 어머니가 저를 지배하시면 안 됩니다. 그것은 곧 제가 바보가 되는 길이고 그러면 어머니도 결코 행복하지 않으실 겁니다." 부부 사이에도 말해야 합니다. "여보, 우리는 바른 관계에서 만나야 해. 이것은 옳지 않아. 나는 내 모습을 되찾아야 하고 당신도 더 풍성해져야 해." 연인들 사이에도 말해야 합니다. "우리 이런 식으로 계속 연애하면 끝장이야. 우리 목사님이 구두는 이럴 때 신으라고 말씀하셨어."

계속 나를 무력하게 만드는 것, 과거의 실패를 들추어 내게 만드는 것, 지금 힘을 쓰지 못하게 만드는 것, 정상적인 분별력을 흐리게 하는 것, 이 모두는 사탄의 것입니다. 끊어야 합니다. 과감하게 끊어야 합니다. 그리고 자신의 모습을 되찾아야 합니다.

3. 하나님의 주권적인 은혜

오늘 본문에서 레아나 라헬이 하는 짓을 보면 절대로 축복하지 말아야 할 것 같습니다. 도대체 축복할 만한 구석이 어디 있습니까? 그런데도 하나님께서는 두 사람을 계속 축복하십니다.

저물 때에 야곱이 들에서 돌아오매 레아가 나와서
그를 영접하며 이르되 "내게로 들어오라.
내가 내 아들의 합환채로 당신을 샀노라."
그 밤에 야곱이 그와 동침하였더라.
하나님이 레아를 들으셨으므로 그가 잉태하여
다섯째 아들을 야곱에게 낳은지라. 레아가 가로되
"내가 내 시녀를 남편에게 주었으므로 하나님이 내게 그
값을 주셨다" 하고 그 이름을 '잇사갈'이라 하였으며
레아가 다시 잉태하여 여섯째 아들을 야곱에게 낳은지라.
레아가 가로되 "하나님이 내게 후한 선물을 주시도다.
내가 남편에게 여섯 아들을 낳았으니 이제는 그가 나와
함께 거하리라" 하고 그 이름을 '스불론'이라 하였으며
그 후에 그가 딸을 낳고 그 이름을 '디나'라 하였더라
(30:16-21).

축복할 이유가 없는데도

만일 우리가 하나님이라면 절대로 이런 사람들을 축복하지 않을 것입니다. 왜냐하면 그들은 믿음을 떠나서 인간적인 방법으로 자식 경쟁을 하고 있기 때문입니다. 그러나 하나님께서는 레아와 라헬의 태도와는 아무 상관 없이 계속 사랑하고 축복해서 아들을 주셨습니다. 레아가 합환채로 남편을 샀을 때에도 바로 아들을 낳게 해 주셨고, 라헬도 불쌍히 여기셔서 아들을 주셨습니다.

하나님이 라헬을 생각하신지라. 하나님이 그를 들으시고

그 태를 여신 고로 그가 잉태하여 아들을 낳고 가로되
"하나님이 나의 부끄러움을 씻으셨다" 하고
그 이름을 '요셉'이라 하니 "여호와는 다시 다른 아들을
내게 더하시기를 원하노라" 함이었더라(30:22-24).

축복하신 이유

'요셉'을 다른 말로 하면 '플러스 원' 입니다. 아들을 하나 더 달라는 뜻이지요. 그런데 하나님은 정말 그 이름의 뜻대로 아들을 하나 더 주십니다. 지금 하나님께서는 인간의 생각이나 행동과 상관 없이 주권적으로 은혜를 주고 계십니다. 그 이유가 무엇입니까? 아브라함의 자손들을 하늘의 별처럼 많게 해 주겠다는 약속을 이루시기 위해서입니다. 하나님께는 인간들을 회복시키실 자신이 있습니다. 이처럼 '아무리 일을 저질러도 나는 너희를 사랑한다. 나는 너희를 축복하고 회복시키겠다'는 의지가 확고했기 때문에, 그들이 인간적인 방법을 쓰든 경쟁하든 시기하든 합환채를 쓰든 무슨 방법을 쓰든 상관 없이 일방적으로 축복하신 것입니다.

우리는 야곱의 생애에서 이스라엘 백성들의 축소판을 볼 수 있습니다. 하나님께서는 이스라엘 백성들을 나라로 만들어 주겠다고 약속하셨습니다. 그래서 출애굽 하기 전에 애굽 왕 바로가 두려움을 느낄 정도로 그들의 숫자가 많아지게 하셨습니다. 이스라엘 여자 중에 애를 달랑 한 명만 안고 있는 엄마가 없었어요, 하나는 업고 둘은 손 잡고 옆에는 제발로 걷는 아이들까지 주렁주렁 거느리고 있었습니다. 그렇게 하신 이유가 무엇입니까? 나라가 되기 위해서는 사람이 많아져야 하기 때문입니다. 물론 단순히 숫자만 많아졌다고 해서 하나님의 백성

이 되고 하나님의 나라가 되는 것은 아닙니다. 그러나 일단 나라가 되기 위해서는 사람이 많아야 합니다. 수적으로 많아진 이스라엘의 자손들이 곧 하나님의 백성은 아니었지만, 이들을 이끌어내서 시내 산에서 언약을 맺고 당신의 백성으로 만들 자신이 있었기 때문에 하나님께서는 이처럼 엄청나게 많은 인구를 허락하신 것입니다.

"변화시킬 자신이 있다"

우리는 이와 같은 모습을 야곱의 가정에서 볼 수 있습니다. 하나님께서는 야곱의 자녀들이 어떤 방식으로 태어나든지 간에 이스라엘의 열두 기둥으로 축복하기로 작정하셨습니다. 그래서 레아나 라헬의 태도와 상관 없이, 그들이 믿음 여부에 상관 없이 무조건 아들을 주셨습니다. 이 열두 아들은 모두 신앙이 좋은 것이 아니었습니다. 그러나 하나님께서는 이들에 대해 계획을 가지고 계셨습니다. 요셉을 통해서 이 아들들을 변화시켜서 구원하리라는 그 작정이 있었기 때문에 이들의 출생을 허용하신 것입니다.

지금 우리 나라에는 많은 그리스도인들이 있습니다. 물론 이 그리스도인들이 다 신실한 성도는 아니며 교회 다니는 사람들이 많다는 것 자체가 하나님 나라의 확장을 의미하는 것은 아닙니다. 그러나 이 사람들이 말씀을 들으면 어느 누구보다도 진정한 하나님의 백성이 될 가능성이 높습니다. 그들은 이미 하나님의 성전 뜰을 밟아 본 자들이기 때문입니다. 그들은 하나님을 잘 믿지는 못하지만 하나님을 알고는 있습니다. 하나님께 이미 가까이 와 있는 사람들이에요. 하나님을 전혀 모르던 사람들이 하루 아침에 하나님의 백성이 되기는 어렵습니다. 그러나 지금까지 하나님을 알아 왔고 형식적으로 나마 믿어 왔던 사람들에게 성령이 역사하시면 하루 아침에 하나님의 백성이 될 가능성이 매우 큽니다.

잘 못 믿는 것과 잘못 믿는 것

지금 야곱의 식구들이 자신들의 신앙을 옳고 바른 것으로 생각한다면 가능성이 없습니다. 그러나 자신들의 신앙이 바른 것이 아니며 자신들에게 문제가 많다는 것을 깨닫고 하나님께 나아오기만 하면 하나님께서 그들을 고치셔서 바른 백성으로 만드십니다. 잘 못 믿는 것과 잘못된 것을 믿는 것은 다릅니다. 잘 못 믿는 사람은 하나님의 백성이 될 가능성이 무척 높습니다. 말씀을 듣기만 하면 돌아옵니다. 그러나 잘못된 것을 믿는 사람은 돌아오기가 어렵습니다.

베드로가 오순절에 설교했을 때 단번에 회개하고 예수를 믿은 사람이 3,000명이었습니다. 그런데 이들은 하나님을 전혀 모르던 사람들이 아니었습니다. 이미 율법을 알고 있었고 하나님을 믿고 있었지만, 바른 말씀을 들은 적이 없었기 때문에 아직 온전한 신앙의 자리로 오지 못한 사람들이었습니다. 그런데 이들이 베드로의 성령 충만한 설교를 듣게 되자 한 번에 3,000명씩이나 그 자리에서 결단하고 하나님의 백성이 될 수 있었던 것입니다. 전혀 하나님을 모르는 사람, 율법의 '율' 자도 모르던 사람이 그 날 하루 설교를 듣고 회개할 수는 없습니다.

우리가 알아야 할 사실은, 하나님을 알고 있다는 것이 중요한 것이 아니라 어떻게 알고 어떻게 믿어 왔느냐가 중요하다는 것입니다. 바리새인들은 자기들의 신앙이 옳다고 여겼기 때문에 베드로의 설교를 듣고서도 오히려 그를 핍박하고 박해했습니다. 그들은 잘 못 믿는 것이 아니라 잘못된 것을 믿고 있었습니다. 그들의 마음 속에는 진리가 비치지 못하게 막는 잘못된 것이 있었습니다. 그것은 일종의 종교적 우월감이었습니다.

예수님께서는 이런 마음을 돌짝밭 같은 마음이라고 하셨습니다. 무언가 열등감이 있고 피해의식이 있는 사람은 일단 다른 사람의 말을 자기 중심적으로 재해석해 버리기 때문에, 진리가 그 속에 바로 비추어지지 않습니다. 그 걸림돌을 제거하지 않는 이상 진리의 빛이 비칠 수가 없어요. 그러나 하나님이 참되신 줄 알고 있지만 믿음이 없어서 제대로 믿지 못했던 사람들에게 하나님의 말씀이 임하면 그 마음 속에 폭발적인 변화가 일어납니다. 그래서 3,000명씩 회개하고 돌아오는 역사가 일어나는 것입니다.

저는 우리 나라 교인들의 상태가 출애굽 하기 전 이스라엘 백성들의 상태와 같다고 생각합니다. 즉 바리새인들처럼 우월감이나 교만한 마음 때문에 진리에 대해 비뚤어져 있는 것이 아니라, 하나님의 말씀을 제대로 듣지 못해서 참 신앙을 갖지 못한 사람들이 많다는 것입니다. 이런 사람들에게 하나님의 말씀이 제대로 전달되기만 하면 폭발적인 부흥의 역사가 나타날 것입니다.

하나님은 우리의 행동에 일일이 반응하시지 않습니다. 때로는 신앙생활을 잘 못해도 승진하게 하시고, 믿음이 없어도 돈 벌게 하시며, 믿음 없는 결혼이나 공부도 하게 하십니다. 왜 그렇게 하십니까? 그들을 회복시킬 자신이 있기 때문에 그렇게 하십니다. 그러나 '내가 지금 워낙 잘 믿으니까 이렇게 복을 주시는구나' 라고 생각하는 사람은 절대 못 돌아옵니다.

회복의 은혜

사랑하는 여러분, 우리의 부족함에도 불구하고 하나님께서 우리의 삶을 축복하셔서 오늘까지 오게 하신 것을 감사드리십시오. 내 신앙이 옳아서 복 주신 게 아니에요. 바른 말씀을 통해서 우리의 과거까지 다 회복시킬 능력을 가지고 계시기 때문에 우리의 부족한 신앙에도 불구하고 공부하게 하시고 장사하게 하시고 오늘까지 오게 하신 것입니다.

오늘 하나님께서 하시려는 것이 무엇입니까? 이 말씀을 통해 우리의 영혼만 살리는 것이 아니라 지금까지 잘못되었던 우리의 삶 전체를 살리시려는 것입니다. 하나님의 말씀이 우리를 비출 때, 잘못 살아온 과거뿐 아니라 나의 삶 전체가 회복됩니다. 어느 한순간 하나님의 말씀이 내 마음을 비출 때, 그 때라도 하나님 앞에서 나의 부족함을 인정하면 그 동안 잘못된 모든 것을 다 회복시키십니다. 그래서 과거에 실패했던 것들까지 전부 하나님 앞에서 유익하게 만드십니다.

하나님 앞에서는 버릴 것이 하나도 없습니다. 하나님께서는 우리의 실패한 모든 과거를 다 회복시켜서 그 앞에서 아름답게 하십니다. 하나님은 우리가 후회하지 않게 하십니다. 과거의 실패가 크면 클수록 더 놀랍게 회복시키십니다. 과거의 고통이 크면 클수록 더 큰 위로를 주십니다. 하나님은 두 여인이 악한 마음을 가지고 경쟁적으로 낳았던 열두 아들들을 모두 변화시키셔서 구약의 열두 기둥이 되게 하신 분입니다.

완전해져야 믿는 사람은 마음 속에 쓴 뿌리가 있는 사람입니다. 하나님보다 더 완전하려고 들면 안 됩니다. 하나님이 나를 용서하셨으면 나한테 아무리 부족한 것이 있다 해도 스스로 용서해야 합니다. 하나님께서 다른 사람을 받으셨으면 그 사람이 아무리 내 마음에 들지 않아도 용납해야 합니다. 그것이 하나님의 뜻대로 믿는 것입니다.

아무리 말씀을 들어도 마음이 뜨거워지지 않고 세상 욕심에만 자꾸 마음이 끌리는 사람은 굉장한 불치의 병에 걸린 것입니다. 말씀을 들으면서도 계속 현실적인 목표를 따라가는 것은 병 중에 가장 무서운 병입니다. 그런 사람은 다른 일을 중단하고 하나님 앞에 나와서 기도해야 합니다. 그래서 그 마음 속에 하나님에 대한 신뢰와 열정과 뜨거움이 회복되어야 합니다.

나 자신에게 불만스럽고 부족한 것이 좀 있더라도, 남에게 불만스럽고 부족한 것이 좀 있더라도, 하나님께 맡기고 그대로 걸어가십시오. 그러면 하나님께서 그 모든 것을 다 회복시키시고 치료하실 것입니다. 내가 '이 사람을 꼭 바로잡아야겠다'고 하는 순간, 나는 하나님보다 더 거룩한 사람이 되려고 하는 것입니다.

오늘 나 자신의 모습을 되찾지 못하게 하는 것이 무엇입니까? 구조적으로 나를 얽어매고 있는 것이 무엇입니까? 그것을 주님께 기도로 말씀드리고 존귀함을 되찾으십시오. 하나님께서 오늘까지 축복하시고 함께하신 것은 날 고치기 위해서이지 내 신앙이 옳아서가 아닙니다. 계속 이런 식으로 믿어도 되기 때문에 허용하신 것이 아니에요. 계속 이런 신앙에 머물려고 하면 절대 못 돌아옵니다.

하나님께서 나에게 은혜를 주신 것을 기억하고 하나님께 돌아오십시오. 바른 신앙, 뜨거운 신앙을 되찾으십시오. 그러면 내 영혼만 구원받는 것이 아니라 지금까지 실수하고 실패한 모든 것을 다 회복시키셔서 그것이 곧 은혜의 조건이 되게 하시고, 기쁨의 조건이 되게 하시며, 하나님께 영광돌리는 통로가 되게 하실 것입니다.

5 신앙과 소유

라헬이 요셉을 낳은 때에 야곱이 라반에게 이르되
"나를 보내어 내 고향 내 본토로 가게 하시되
내가 외삼촌에게서 일하고 얻은 처자를 내게
주어 나로 가게 하소서. 내가 외삼촌께 한 일은
외삼촌이 아시나이다."
라반이 그에게 이르되 "여호와께서 너로 인하여
내게 복 주신 줄을 내가 깨달았노니 네가 나를
사랑스럽게 여기거든 유하라." 또 가로되
"네 품삯을 정하라. 내가 그것을 주리라."
야곱이 그에게 이르되 "내가 어떻게 외삼촌을
섬겼는지, 어떻게 외삼촌의 짐승을 쳤는지 외삼촌이
아시나이다. 내가 오기 전에는 외삼촌의 소유가
적더니 번성하여 떼를 이루었나이다. 나의 공력을
따라 여호와께서 외삼촌에게 복을 주셨나이다.
그러나 나는 어느 때에나 내 집을 세우리이까?"
라반이 가로되 "내가 무엇으로 네게 주랴?"
야곱이 가로되 "외삼촌께서 아무것도 내게 주실 것이
아니라. 나를 위하여 이 일을 행하시면 내가 다시
외삼촌의 양 떼를 먹이고 지키리이다. 오늘 내가
외삼촌의 양 떼로 두루 다니며 그 양 중에 아롱진
자와 점 있는 자와 검은 자를 가리어 내며 염소 중에
점 있는 자와 아롱진 자를 가리어 내리니 이 같은
것이 나면 나의 삯이 되리이다. 후일에 외삼촌께서
오셔서 내 품삯을 조사하실 때에 나의 의가 나의
표징이 되리이다. 내게 혹시 염소 중 아롱지지
아니한 자나 점이 없는 자나 양 중 검지 아니한 자가

있거든 다 도적질한 것으로 인정하소서."
라반이 가로되 "내가 네 말대로 하리라" 하고
그 날에 그가 숫염소 중 얼룩무늬 있는 자와
점 있는 자를 가리고 암염소 중 흰 바탕에
아롱진 자와 점 있는 자를 가리고 양 중의 검은
자들을 가려 자기 아들들의 손에 붙이고
자기와 야곱의 사이를 사흘길이 뜨게 하였고 야곱은
라반의 남은 양 떼를 치니라.
야곱이 버드나무와 살구나무와 신풍나무의 푸른
가지를 취하여 그것들의 껍질을 벗겨 흰 무늬를 내고
그 껍질 벗긴 가지를 양 떼가 와서 먹는 개천의 물
구유에 세워 양 떼에 향하게 하매
그 떼가 물을 먹으러 올 때에 새끼를 배니
가지 앞에서 새끼를 배므로 얼룩얼룩한 것과
점이 있고 아롱진 것을 낳은지라. 야곱이 새끼 양을
구분하고 그 얼룩무늬와 검은 빛 있는 것으로 라반의
양과 서로 대하게 하며 자기 양을 따로 두어 라반의
양과 섞이지 않게 하며 실한 양이 새끼 밸 때에는
야곱이 개천에다가 양 떼의 눈 앞에 그 가지를 두어
양으로 그 가지 곁에서 새끼를 배게 하고 약한
양이면 그 가지를 두지 아니하니, 이러므로 약한
자는 라반의 것이 되고 실한 자는 야곱의 것이
된지라. 이에 그 사람이 심히 풍부하여 양 떼와
노비와 약대와 나귀가 많았더라.

창 30:25-43

오늘날 많은 그리스도인 젊은이들은 신앙과 직업, 또는 신앙과 소유의 관계에서 많은 갈등과 혼선을 겪고 있습니다. 만일 우리가 몸을 가지지 않은 천사라면 이 세상에서 먹고 입을 걱정 없이 오직 신앙 하나만 붙들고 살 수 있을 것입니다. 그러나 우리는 몸을 가지고 있는 사람들이기 때문에 순수한 이상만으로는 살 수가 없습니다. 우리는 날마다 무언가를 먹어야 하며 무언가를 입어야 하고 어디선가 잠을 자야 합니다. 그리고 불확실한 미래를 위해 얼마간의 돈을 저축하고 있어야 안심이 됩니다.

지나치게 이상적인 신앙을 가진 사람은 소유에 대해 걱정하는 것 자체가 불신앙으로서, 우리는 먹고 사는 것 일체를 하나님께 맡기고 아무 소유 없이 하루하루 살아야 한다고 주장합니다. 이런 순수한 신앙을 가진 사람들에게는 소유에 대해 말하는 것 자체가 신앙의 순수성을 잃고 타락하는 길이자 세상의 욕심에 야합하는 속물이 되는 길로 여겨질지도 모릅니다.

그러나 우리가 알아야 할 것은 이 세상에서 소유한 것이 있다고 해서 반드시 죄가 되는 것은 아니라는 사실입니다. 물론 우리에게 가장 중요한 것은 구원입니다. 그러나 구원만으로는 살 수가 없습니다. 하나님께서는 그 구원에 추가하여 가정과 직업과 소유를 주심으로써 이 구원이 얼마나 풍성한 것인지 깨닫게 하시고 누리게 하십니다.

소유는 죄가 아니지만

그러나 막상 이 세상에서 살다 보면 직업과 소유 때문에 죄를 지을 때가 많습니다. 어떤 경우에는 직장을 위해서 마음에도 없는 거짓말을 해야 할 때도 있고 부정한 방법인 줄 알면서 눈 감아야 할 때도 있습니다. 또 어떤 때에는 예배에 참석해야 하는 줄 알면서도 돈 버는 일 때문에 참석하지 못하기도 하고, 어떤 때에는 부에 대하여 너무나도 높은 목표를 잡은 나머지 그 목표를 따라가느라고 신앙을 완전히 잃어버리고 타락하는 경우도 있습니다.

1. 야곱이 아버지 집으로 돌아가려고 하다

야곱은 결혼을 위해 무려 14년 간이나 외삼촌 라반의 집에서 종살이를 했습니다. 30장 25절을 보십시오.

> 라헬이 요셉을 낳은 때에 야곱이 라반에게 이르되
> "나를 보내어 내 고향 내 본토로 가게 하시되"

야곱은 라반에게 본토로 가게 해 달라고 청원하고 있습니다. 야곱이 하필 요셉을 낳고 이런 말을 하는 것을 보면 아마도 요셉을 낳았을 때 약속한 기한인 14년이 다 찬 것이 아닌가 싶습니다.

그러나 야곱은 그렇게 쉽게 아버지 집으로 돌아갈 수가 없었습니다. 가장 큰 이유는 식구들은 많아진 데 비해 가진 재산은 하나도 없다는 데 있었습니다. 물론 야곱이 믿음 하나만 붙들고 식구들을 이끌고 떠났더라면 어떻게 되었을까 하는 생각을 할 수도 있습니다. 그러나 아내가 넷에 아이를 열둘이나 거느린 가장이 아무 대책 없이 그 먼 곳을 향해 떠난다는 것은 결코 쉬운 일이 아닙니다.

집에 돌아가기 어려운 이유

그뿐만 아니라 라반의 집을 떠나는 것은 법적으로도 그렇게 쉬운 일이 아니었습니다. 그 당시에 누구든지 종으로 팔려와서 종살이를 하다가 주인의 배려로 결혼을 하게 된 사람은 나중에 빚을 다 갚고 떠날 때 아내와 아이들은 그냥 놔 둔 채 혼자 떠나게 되어 있었습니다. 아내와 아이들은 주인의 소유이기 때문입니다.

물론 야곱은 종으로 팔려온 것이 아니라 자유인으로 왔고 분명히 결혼을 위해 14년 간이나 노동을 제공했기 때문에 당연히 아내와 아이들에 대한 권리를 주장할 수 있었습니다. 그러나 라반은 아주 교활한 사람이었습니다. 그는 무슨 수를 써서라도 야곱을 평생 일꾼으로 붙들어 두려고 했습니다. 야곱처럼 신부대금 대신에 자진해서 노동을 제공한 경우에는 이 기간이 끝난 후 과연 자유롭게 자기 가족들을 데리고 떠날 수 있느냐 하는 점이 참 애매했습니다. 주인이 쉽게 동의해 주면 떠날 수도 있었지만, 그렇지 않을 경우에는 떠난다는 것이 간단하지 않았습니다.

그래서 야곱은 라반에게 청원을 합니다.

"내가 외삼촌에게서 일하고 얻은 처자를 내게 주어 나로 가게 하소서. 내가 외삼촌께 한 일은 외삼촌이 아시나이다"(30:26).

다시 말해서 야곱의 아내와 아이들은 아직 완전한 야곱의 소유가 아니었습니다. 라반의 승낙을 얻고 그 곳을 떠나야 비로소 완전히 그의 것이 되는 것입니다. 그러나 라반은 야곱을 보내려 하지 않았습니다. 그는 야곱을 붙들고 늘어졌습니다.

라반이 그에게 이르되 "여호와께서 너로 인하여 내게 복 주신 줄을 내가 깨달았노니 네가 나를 사랑스럽게 여기거든 유하라." 또 가로되 "네 품삯을 정하라. 내가 그것을 주리라"(30:27, 28)

라반의
또 다른 제안

라반은 절대로 야곱을 호락호락 보내려 하지 않았습니다. 야곱이 '황금알을 낳는 거위' 라는 것을 알고 있었기 때문입니다. 라반은 자기가 이토록 부자가 된 것은 하나님께서 야곱을 통하여 자기에게 축복하셨기 때문이라고 말하고 있습니다. 어떻게 보면 대단히 신앙심 깊은 말인 것 같습니다. 그러나 여기서 "내가 깨달았노니"라는 말은 자신의 건전한 분별력을 사용해서 깨달았다는 말이 아닙니다. 우리 번역에는 나타나지 않고 있지만, 이것은 원래 '점이나 복술 같은 방법으로 알았다' 는 뜻입니다. 그의 재산은 인간의 노력으로 늘릴 수 있는 정도 이상으로 크게 늘어났습니다. 그래서 이렇게 된 원인에 대해 점을 쳐 보았더니, 여호와께서 야곱을 통해 복을 주셨기 때문이라는 점괘가 나온 것입니다.

라반은 딸들이나 아이들의 문제를 가지고 야곱과 시비를 해 봐야 그를 더 불안하게 만들 뿐 붙잡을 수는 없다는 사실을 알았습니다. 그래서 하나님의 은혜를 물고 늘어집니다. "여기에서도 하나님의 은혜가 나타나고 있지 않느냐? 여기에서도 하나님이 너를 통해 이렇게 축복하시지 않느냐? 여기에서도 이렇게 예배드리고 신앙생활 잘 할 수 있는데 굳이 아버지 집에 갈 필요가 뭐 있느냐? 그러지 말고 이제부터는 품삯을 좀 줄 테니 여기에서 살아라"는 것입니다.

야곱의 갈등

이 말을 들은 야곱의 갈등이 무엇입니까? 아버지 집으로 돌아가야 하나 말아야 하나가 아닙니다. 아버지 집으로 가야 한다는 것은 너무나 분명한 기정사실입니다. 처음에는 이 곳에서도 얼마든지 하나님을 잘 섬길 수 있을 것 같았습니다. 그러나 나타난 결과는 정반대였습니다. 그는 하란에서 전혀 신앙생활을 하지 못했습니다. 14년 동안 하나님을 제대로 섬긴 적이 한 번도 없었어요. 앞의 7년은 연애한다고 다 보냈고, 뒤의 7년은 아내들의 싸움과 애들 뒤치다꺼리 하느라고 다 보냈습니다. 바르게 하나님을 섬기려면 반드시 아버지 집에 돌아가야 한다는 것을 야곱은 알고 있었습니다.

그러나 그의 발목을 붙잡는 것이 무엇입니까? 현실적인 문제였습니다. 여기에 머물면 먹는 문제는 해결됩니다. 적어도 굶어 죽을 염려는 없어요. 돈은 모으지 못했지만 그래도 14년 동안 밥은 먹고 살았습니다. 그러나 열다섯 명이 넘는 식구들을 아무 대책 없이 그 먼 곳까지 끌고 간다면 아마 가다가 길에서 다 굶겨 죽일 겁니다. 그리고 설사 무사히 아버지 집까지 간다고 해도 거지 열다섯 명을 데리고 에서의 눈치를 보면서 종 노릇 할 수 있겠습니까? 차라리 여기에서 좀더 고생해서 품삯을 모아가지고 돌아가는 것이 낫지, 어떻게 빈손으로 가서 에서의 눈치를 보겠습니까? 아버지 집으로 돌아가야 한다는 것은 너무나도 분명한 사실입니다. 이제는 하나님을 만나고 싶습니다. 그러나 현실적인 문제를 생각하면 도저히 이 곳을 떠날 수가 없었습니다.

현실이 문제다!

오늘날 많은 그리스도인들이 힘들어하는 부분이 바로 이것입니다. 자기 혼자 학교 다닐 때에는 얼마든지 성경 볼 수 있고 기도할 수 있고 철야할 수 있고 일주일씩 수련회 쫓아다닐 수 있습니다. 그 때는 교회에 다니면서도 돈이나 챙기고 예배 빠지기를 밥 먹듯이 하는 어른들이 한심하게 보이지요. "저 선배, 젊었을 때는 저러지 않더니 이제 속물이 다 됐네" 하며 혀를 찹니다. 그러나 막상 자기가 집안의 경제적 책임을 떠맡게 되고 처자식과 노모를 부양해야 할 처지가 되면 홀몸이었을 때처럼 쉽게 직장에 사표 내고 성경만 읽을 수는 없습니다.

소유가 왜 문제가 됩니까? 신앙은 이론에 그치는 것이 아니기 때문입니다. 신앙은 실제적인 삶이며 현실입니다. 소유가 따르지 않는 신앙은 이론이지 현실이 아닙니다. 부양해야 할 노모와 처자식과 먹고 살아야 할 현실의 문제에 적용되는 그 신앙이 온전한 신앙입니다. 하루하루 먹고 사는 문제와 연결되지 않는 신앙은 아직까지 이론에 그치는 신앙입니다.

돈 문제를 거론하는 것 자체를 추하고 속물적인 일로 생각하는 사람들이 있습니다. 그렇게 거룩한 사람은 밥 먹지 말아야 합니다. 화장실에도 가지 말아야 하고 옷도 입지 말아야 합니다. 하루 종일 눈물이나 흘리고 찬송이나 부르면서 등에 천사 날개 붙이고 살아야 합니다. 그러나 우리는 천사가 아닙니다. 하루에 한 끼만 못 먹어도 분노가 올라오는 사람들입니다. 만약 먹지 않고도 살 수 있다면 거의 대부분의 남자들이 직장에 사표 내고 집안에 틀어 박혀서 성경만 읽거나 부흥회만 쫓아다닐 것입니다.

만일 우리가 야곱이라면 이런 상황에서 어떤 결정을 내리겠습니까? 라반의 제안을 뿌리치고 가진 것 하나 없이 하나님의 말씀이 있는 곳으로 떠나겠습니까? 아니면 좀더 머물면서 상황이 좀더 나아지기를 기다리겠습니까? 야곱이 빈손으로 자리를 박차고 가족들과 함께 떠났더라면 하늘에서 만나가 내렸을지도 모르겠습니다. 그러나 그렇게 하기에는 야곱도, 그의 가족들도 준비가 되어 있지 않았습니다.

나중에 야곱이 도망칠 때 일일이 아내들의 동의를 구하는 모습을 볼 수 있습니다. 야곱처럼 신부대금 없이 몸으로 때운 결혼의 경우에는 나중에 떠날 때 아내가 동의하지 않으면 억지로 데려갈 수 없었던 것 같습니다. 그래도 레아는 따라가겠다고 할 것 같습니다. 하지만 까탈스러운 라헬이 가진 것이라고는 하나도 없는 이 상태에서 과연 따라나서려고 하겠습니까?

소유,
신앙의 시금석

그리스도인에게 소유는 무엇입니까? 허공에 떠있는 우리의 신앙을 현실로 끌어내리는 것입니다. 현실 가운데 적용되지 않는 신앙은 신선놀음이지 신앙이 아닙니다. 하루하루 밥 먹고 살아야 하는 현실 가운데 적용되는 신앙이 진짜 신앙입니다. 그래서 직업이나 소유 같은 현실적인 문제는 신앙을 타락시키기보다는 오히려 훨씬 더 구체적으로 만들고 균형 있게 해 주며, 지금까지 정말 하나님을 사랑해서 신앙생활 한 것인지 시간도 남고 돈도 남아서 한 것인지 분별해 주는 시금석 역할을 합니다.

소유는 하나님께서 우리의 구원에 추가하여 주신 선물입니다. 만일 입을 것도 없고 먹을 것도 없고 집도 없고 아무것도 없는 상태에서 우리에게 구원의 기쁨을 주셨다면 그 기쁨은 오래 가지 못할 것입니다. 오히려 자신의 비참한 상황 때문에 구원이 부끄럽게 생각될 거예요. 그러나 하나님께서는 우리의 구원에 소유나 직장이나 가정이나 그 밖에 많은 것을 더하여 주심으로써, 이 구원이 얼마나 풍성하며 우리가 앞으로 하나님 앞에서 얼마나 더 풍성하게 누리게 될 것인지를 이 세상에서 미리 체험하게 하시는 것입니다.

우선순위가 중요하다

그러나 이 세상의 소유 자체가 목적이 된다면, 즉 소유와 구원의 우선순위가 바뀐다면 그 사람의 신앙을 의심해 보아야 합니다. 그는 진정으로 구원받은 사람으로 보기가 어려우며, 그가 소유를 위하여 피땀 흘린 모든 것은 하나님 앞에서 죄가 될 것입니다.

2. 야곱의 결정

야곱은 외삼촌 라반의 만류가 아니라도 이렇게 가진 것 하나 없이 아버지 집으로 돌아갈 수는 없다고 스스로 결론을 내렸습니다. 그리고 라반의 집에서 계속 남아서 일하기로 한 이상 몇 가지 사항을 분명히 해야겠다고 생각했습니다. 첫째는 이제 삼촌과의 관계는 더 이상 은혜의 관계가 아니라는 것입니다. 29절과 30절을 보십시오.

> 야곱이 그에게 이르되 "내가 어떻게 외삼촌을 섬겼는지, 어떻게 외삼촌의 짐승을 쳤는지 외삼촌이 아시나이다. 내가 오기 전에는 외삼촌의 소유가 적더니 번성하여 떼를 이루었나이다. 나의 공력을 따라 여호와께서 외삼촌에게 복을 주셨나이다. 그러나 나는 어느 때에나 내 집을 세우리이까?"

우리는 왜 야곱이 자신의 수고를 이렇게 장황하게 설명하고 있는지 이해하기가 어렵습니다. 어떻게 보면 오히려 라반의 말이 더 신앙적인 것 같아요. "하나님은 너를 통해서 나에게 은혜를 주셨다!" 얼마나 은혜스럽고 성경적인 표현입니까? 그런데 야곱은 이에 대해 "물론 하나님의 축복이긴 하지만 이건 어디까지나 내가 수고해서 된 일입니다"라고 말하고 있는 것입니다. 도대체 이것이 무슨 뜻입니까?

'은혜'의 함정

일의 관계에 '은혜'를 개입시킬 경우 약자에게 대단히 불리해질 수가 있습니다. 예를 들어서 사장이 직원들을 앞에 모아 놓고 "우리 회사가 이렇게 번창하게 된 것은 오로지 하나님의 축복 때문입니다"라고 말할 때, 직원들의 수고가 전혀 고려되지 않고 무시당할 가능성이 큽니다. 어떤 사장은 신앙이 좋아서 월요일마다 한 시간씩 예배를 드리고 십일조로 엄청난 금액을 교회에 바칩니다. 그런데 막상 회사의 수익금 중에서 일부를 직원들에게 돌리는 데는 너무나도 인색한 경우가 있을 수 있습니다. 그럴 때 직원들은 어떻게 생각합니까? '물론 하나님이 복 주셨겠지만 우리도 야근도 하고 잔업도 하면서 수고했으니, 그 수입을 전부 교회에 갖다 바치지 말고 우리한테도 좀 나누어 주면 얼마나 좋을까' 라고 생각할 것입니다.

그리스도인들이 모인 직장이 그렇지 않은 직장보다 더 어려울 때가 많은 이유가 여기 있습니다. 저마다 자기가 해야 할 일은 생각하지 않으면서 상대방에게는 좀더 성숙한 신앙의 모습을 기대하는 것입니다. 예를 들어 직원 자신은 출퇴근 시간도 잘 지키지 않으면서 과장이나 사장한테는 거의 목회자에 가깝게 인자하고 자비롭고 겸손하기를 바랄 때 회사가 시끄러워집니다. 또 과장이나 사장 자신은 자기 역할을 잘 못 하면서 부하 직원들한테는 어린 양같이 매사에 겸손하고 순진하고 시키는 대로 잘해 주기를 바랄 때 문제가 생깁니다. 이렇게 서로 자신의 책임은 소홀히하면서 상대방만 자기에게 잘해 주기를 바라기 때문에 어떤 경우에는 신앙을 가진 자들의 관계가 그렇지 않은 사람들의 관계보다 더 어려워질 수 있습니다.

사실 야곱이 그 동안 그토록 열심히 일했던 이유가 무엇입니까? 단지 결혼과 관련된 기한을 때우려는 것이 전부였다면 이렇게까지 주야로 일하지는 않았을 것입니다. 야곱은 자기가 이렇게 열심히 일해서 외삼촌의 재산을 증식시켜 주면, 임금까지는 주지 않더라도 "너희들도 이제 식구가 많으니까 이걸로 생활해" 하면서 재산의 일부라도 나누어 주리라고 기대했던 것입니다.

라반의 인색함

그러나 라반에게는 야곱의 수고를 인정하고 감사하는 마음이 눈꼽만큼도 없었습니다. 입으로는 하나님의 은혜 운운했지만 실제로는 피도 눈물도 없는 사람이었어요. 그는 14년의 기간이 끝났는데도 양 한 마리 주지 않았습니다. 그래서 야곱은 축복이니 은혜니 하면서 임금 떼먹을 생각은 그만두고 지금부터는 철저하게 합리적인 거래관계를 맺자, 받을 것은 받고 줄 것은 주자고 하는 것입니다.

두번째로 야곱은 임금 문제에 논쟁의 소지가 없도록 조처했습니다. 그는 라반이 어떤 사람인지 잘 알고 있었기 때문에 '이익의 몇 퍼센트를 나눈다'는 식으로 해석이 달라질 여지가 있는 기준이 아니라 '양의 무늬와 색깔'이라는 아주 분명한 기준을 제시했습니다. 아무리 라반이라도 점박이를 점박이가 아니라고 우기거나 검은 양을 희다고 우길 수는 없지 않겠습니까? 32절과 33절을 보십시오.

야곱의 대응

> "오늘 내가 외삼촌의 양 떼로 두루 다니며 그 양 중에
> 아롱진 자와 점 있는 자와 검은 자를 가리어 내며
> 염소 중에 점 있는 자와 아롱진 자를 가리어 내리니
> 이 같은 것이 나면 나의 삯이 되리이다.
> 후일에 외삼촌께서 오셔서 내 품삯을 조사하실 때에
> 나의 의가 나의 표징이 되리이다. 내게 혹시 염소 중
> 아롱지지 아니한 자나 점이 없는 자나 양 중 검지 아니한
> 자가 있거든 다 도적질한 것으로 인정하소서."

원래 양을 치면 '그 양이 낳은 새끼 중에서 몇 마리' 하는 식으로 품삯을 정하는 것이 일반적입니다. 그러나 야곱은 그렇게 하면 나중에 외삼촌이 자신의 양을 도둑질했다고 덮어씌울 것 같으니까 아예 무늬와 색깔로 임금을 결정하자고 제안하고 있습니다.

그런데 이 당시에는 양이나 염소한테 점이나 얼룩이 있는 경우가 아주 드물었습니다. 라반이 조금이라도 인정이 있는 사람이었다면 아마

야곱의 제안을 거절했을 것입니다. "야야, 말도 안 되는 소리 하지도 마라. 점 있는 것이나 아롱진 것이 몇 마리나 된다고 그걸 임금으로 하니? 그렇게 하면 거저 일하는 거나 마찬가지니까 그렇게 하지 말고 좀 더 합리적인 기준을 정하자"고 했을 거예요. 그런데 라반은 아무 이의 없이 그렇게 하자고 합니다. 그 이유가 무엇입니까? 철저하게 야곱을 이용하려고 생각했기 때문입니다. 그에게서는 이처럼 인정이나 관대함이라고는 조금도 찾아볼 길이 없었습니다. 그가 그 날 무슨 일을 했는지 아십니까? 35절과 36절을 보십시오.

> 그 날에 그가 자기 숫염소 중 얼룩무늬 있는 자와
> 점 있는 자를 가리고 암염소 중 흰 바탕에 아롱진 자와
> 점 있는 자를 가리고 양 중의 검은 자들을 가려
> 자기 아들들의 손에 붙이고 자기와 야곱의 사이를
> 사흘길이 뜨게 하였고 야곱은 라반의 남은 양 떼를 치니라.

원점에서 출발하다

라반은 자신의 양 떼를 샅샅이 조사해서 조금이라도 얼룩이 있거나 점이 있는 것들을 전부 골라내서 사흘길 거리를 떼어 놓았습니다. 그런 양이 남아 있으면 점박이나 얼룩이를 낳을지도 모르니까 순전히 하얀 양들만 골라서 야곱에게 맡긴 것입니다. 보통 사람 같으면 두세 마리라도 남겨 놓고 "이거라도 잘 교배시켜서 잘살아 봐라"고 하지 않겠습니까? 그러나 라반은 행여라도 이런 양들이 섞일까 봐 사흘길이나 거리를 떼어 놓았습니다. 아마 때 묻은 양까지 다 골라내서 일일이 침으로 지워가며 점인지 아닌지 확인했을 거예요. 지독한 사람입니다.

인정머리라고는 손톱만큼도 없는 사람이에요.

결국 야곱은 얼룩이나 점박이가 하나도 없는 상태에서 양을 치기 시작했습니다.

3. 전문지식을 사용하다

야곱의 지식

그러나 야곱에게는 어느 누구도 가지지 못한 전문지식이 있었습니다. 그것은 양에 대한 우생학적인 지식이었습니다. 야곱은 양을 치면서 과학적인 관찰을 게을리하지 않았던 것 같습니다. 그 결과 그는 두 가지 중요한 사실을 알게 되었습니다. 하나는 양은 풀 먹을 때가 아니라 물 마실 때 교미한다는 것입니다. 그리고 또 다른 하나는 교미할 때 양들의 시신경에 자극을 주면 태어나는 새끼에게 영향을 끼칠 수 있다는 것입니다. 이것은 아마도 지속적인 관찰 끝에 얻은 지식이었을 것입니다.

만약 양이 풀을 먹으면서 교미한다면 수태를 조절한다는 것이 도저히 불가능합니다. 그 넓은 풀밭에서 어떻게 일일이 한 마리씩 통제할 수 있겠습니까? 그러나 물 마실 때 교미할 경우에는 조절이 가능합니다. 예를 들어서 튼튼한 양들끼리 먼저 줄을 세워 물을 먹이고, 그 다음에 약한 양들을 몰고 와서 물을 먹이면 되지 않겠습니까? 또 그렇게 교미할 때 양들의 눈 앞에 버드나무 가지 같은 것을 부분적으로 벗겨서 얼룩얼룩하게 만들어 놓으면 새끼의 무늬나 색깔을 조절할 수 있다는 것을 그는 알았습니다.

짐승들의 시신경을 자극하거나 음악을 들려 줄 때 생체 리듬에 영향을 준다는 것은 분명합니다. 밤에 양계장에 불을 켜 놓으면 닭의 시신경이 자극되어서 달걀을 1.5배나 더 많이 낳습니다. 그리고 스트레스를 받을 때와 스트레스를 받지 않을 때 새끼를 낳는 확률이 많이 달라지기 때문에 짐승들에게도 모차르트 음악 같은 것을 많이 들려 준다는 것은 이미 잘 알려진 사실입니다. 이처럼 지금은 이런 것이 아주 일반적인 상식에 속하지만, 야곱 시대에는 아주 치밀한 관찰력을 가진 사람이 아닌 한 스트레스나 시신경의 자극이 새끼를 낳는 데 영향을 준다는 사실을 알 수가 없었습니다.

이 지식을 어디에 쓸 것인가?

야곱은 자신의 전문지식을 재산 증식에 사용하기로 결심했습니다. 요즘은 재산을 증식하는 재테크 수단이 땅을 사 둔다거나 증권에 투자하는 것이지만 고대에 가장 중요한 재테크 수단은 양을 사서 전문 사육자들에게 맡겨 새끼를 낳게 하는 것이었습니다. 야곱은 자신의 전문지식을 바로 이 재테크에 사용하기로 했습니다. 이것이야말로 땅 짚고 헤엄치기처럼 쉬운 일이었습니다.

> 실한 양이 새끼 밸 때에는 야곱이 개천에다가
> 양 떼의 눈 앞에 그 가지를 두어 양으로 그 가지 곁에서
> 새끼를 배게 하고 약한 양이면 그 가지를 두지 아니하니
> 이러므로 약한 자는 라반의 것이 되고 실한 자는 야곱의
> 것이 된지라. 이에 그 사람이 심히 풍부하여 양 떼와
> 노비와 약대와 나귀가 많았더라(30:41-43).

양들은 물을 먹을 때 교미를 하니까 튼튼한 양과 약한 양을 나누는 것은 일도 아니었습니다. 튼튼한 것들이 물을 먹을 때 그 앞에 껍질을 벗긴 나뭇가지를 세워 두기만 하면 전부 얼룩이나 점박이를 낳았습니다.

여기서 우리는 과연 이렇게 자신의 전문지식을 재산 증식에 사용해도 되느냐 하는 의문을 갖게 됩니다. 사실 이것은 도둑질입니다. 야곱이 발견한 지식은 요즘 학계에 발표한다고 해도 상당히 인정을 받을 만큼 전문적인 것이었습니다. 야곱이 만약 자기의 그 지식을 재테크 수단으로 쓰지 않고 학계에 발표했더라면 멘델의 법칙을 능가하는 '야곱의 법칙'이 되어서 생물 교과서에 나왔을 거예요.

그는 이 지식으로 얼마든지 다른 사람들을 도와 줄 수 있었습니다. 예를 들어서 아무리 노력해도 새끼가 증식되지 않는 사람들한테 물 먹는 시간을 좀 충분히 줘 보라고 충고할 수도 있었습니다. 또 고대인들 중에는 검은 양이나 얼룩무늬 염소는 재수가 없다고 해서 태어나자마자 죽이는 경우가 있었는데, 이건 재수 없는 일이 아니라 양들의 시신경과 관련 있는 일임을 가르쳐 준다든지, 유전적인 문제가 있는 양들의 번식을 통제하는 법을 알려 준다든지 해서 얼마든지 주위 사람들을 도와 줄 수 있었습니다.

아브라함과 달리

아브라함과 야곱의 차이가 여기에서 드러납니다. 아브라함이 그랄 땅에 살았을 때 그 곳 사람들은 전부 그를 하나님의 사람으로 인정했습니다. 그가 자신들에게 많은 도움을 주었기 때문입니다. 그는 우물 파는 일의 전문가였습니다. 그래서 자신의 전문지식으로 그 곳에 우물을 많이 파서 그랄 사람들의 물 문제를 해결해 주었습니다.

아브라함이 우물 파는 전문가였던 것처럼 야곱은 양 키우는 전문가였습니다. 야곱이 만약 아브라함처럼 가난한 하란 사람들의 재산 증식을 도와 주었거나 양들의 병을 고쳐 주었다면 하란 사람들도 야곱을 하나님의 사람으로 인정하고 존경했을 것입니다. 그러나 그는 이 지식을 자기 자신을 위해서만 사용함으로써 엄청난 거부가 되었습니다.

자신만을 위해 지식을 쓸 때

전문지식을 가진 사람들은 그 지식으로 돈을 벌려고 해서는 안 됩니다. 예를 들어서 의사가 자기만 가지고 있는 지식으로 돈을 벌려고 들면 떼돈을 벌 수 있습니다. 사람들은 의학 지식이 없는 것은 물론이고 의학용어조차 모릅니다. 그러니까 의사가 마음만 먹으면 얼마든지 돈을 벌 수 있습니다. 물론 다른 사람을 치료하는 과정에서 얻는 정당한 수입을 차곡차곡 모았는데 부자가 되었다면, 그것은 하나님이 주신 선물이지요. 그런데 부자가 될 목적으로 의학적인 지식을 사용하는 것은 도둑질이나 다름없는 짓입니다.

변호사도 마찬가지입니다. 보통 사람들은 법률 지식을 모를 뿐 아니라 접할 기회조차 없습니다. 그러니까 법을 아는 사람들이 그 지식을 이용해서 돈을 벌겠다고 마음만 먹으면 얼마든지 떼돈을 벌 수 있습니다. 그래서 "아는 놈들은 다 빠져나가고 아무것도 모르는 어리숙한 사람들만 다 걸려든다"고들 하지 않습니까? 그러나 이처럼 법의 맹점을 이용해서 돈을 버는 것은 도둑질입니다.

야곱이 딱 두 가지 지식만 가지고 있었던 것이 아닙니다. 이런 지식을 알 정도면 그 전에 굉장히 많은 관찰을 했을 것이고, 양에 관한 한 보통 전문가가 아니었을 것입니다. 그런데 야곱이 그 지식으로 다른 사람들을 돕지 않고 자기 재산을 늘리는 데에만 급급했던 이유가 어디에 있을까요? 자기 욕심에 있습니까? 라반에 대한 분노에 있습니까? 그것도 아니면 순전히 하나님의 축복으로 봐야 합니까?

그 이유는 분명히 라반에 대한 분노에 있습니다. '나는 너한테 14년이나 당했다. 이제 너도 한번 당해 봐라' 하는 것입니다. 분노가 있으면 아무리 탁월한 지식을 가지고 있어도 제대로 쓰지 못합니다. 열등감이 있으면 오직 눈앞에 있는 목표를 성취함으로써 구겨진 자존심과 손해를 보상받으려는 데에만 자신의 지식과 지위를 사용하게 됩니다. 이렇게 분노로 일하는 사람은 일단 자기 앞에 있는 목표는 성취할 수 있을지 몰라도 풍성한 삶은 결코 살지 못합니다. 열등감 때문에 대학에 들어간 사람은 들어가고 나서 할 일이 없습니다. 자기를 무시하던 사람들한테 본때를 보이려고 대학에 들어간 건데 이제 본때를 다 보였으니 할 일이 없지요. 그래서 뭐 합니까? 술 마십니다. 의사가 되거나 고시에 합격하는 것 자체를 목표로 삼는 사람도 마찬가지입니다. 막상 그 목적을 이루고 난 후에 풍성한 삶을 누리지 못합니다.

분노 때문에

야곱도 부자가 되어서 라반에게 복수하는 것 자체가 목적이었기 때문에 자기의 탁월한 지식을 다른 사람을 돕거나 양의 병을 고치는 데 전혀 사용하지 못했습니다. 그가 보여 줄 수 있었던 아름다운 모습은 무엇입니까? 자기 전문지식을 라반의 재산을 빼돌리는 데 쓰는 대신, 양을 치료하거나 다른 사람을 돕는 데 사용하는 것입니다. 그랬다면 이 정도로 부자는 못 되었겠지만, 사람들이 감사의 표시로 가져다주는 양만으로도 밥먹고 살 수 있었을 뿐 아니라 고향에 돌아갈 여비를 마련하는 데에도 지장이 없었을 것입니다. 또 그의 지식은 고향에 돌아가고 나서도 얼마든지 생활해 나갈 수 있는 기초가 되어 주었을 것입니다. 그러나 그는 라반의 지나친 인색함을 보고 분노로 일을 했고 고향에서 쫓겨온 자라는 열등감으로 부자가 되려고 했기 때문에 그 탁월한 지식을 가지고도 아무 일도 하지 못했습니다.

내 몫을 챙기는 이는 따로 있다

야곱이 그렇게 하지 않았어도 하나님께서는 절대로 빈손으로 고향에 돌아가게 하지 않으셨을 것입니다. 하나님은 자기 백성들의 직책이나 수고를 반드시 지켜 주십니다. 이스라엘 백성들도 애굽에서 400년 동안 일하고 빈손으로 나올 뻔했는데, 하나님께서 애굽 사람들로부터 금은보화들을 다 받을 수 있게 해 주지 않으셨습니까? 하나님은 자기 백성들의 퇴직금을 꼭 챙겨 주십니다. 혹시 직장에 사표를 냈는데 퇴직금을 안 주려고 하면 출애굽기를 읽으십시오. 하나님은 자기 백성들이 수고한 대가를 반드시 챙겨 주십니다.

그러나 만약 내 힘으로 직접 그것을 챙기려고 하고 복수심이나 보상심리로 일을 한다면 하나님이 나를 위해 해 주실 일이 없어집니다. 내가 할 일은 다른 사람들에게 아량을 베풀고 사랑을 나누는 것입니다. 내 몫을 챙기는 일은 하나님이 직접 해 주실 것입니다.

하나님의 백성들에게 소유 자체가 목적이 되면 어떻게 됩니까? 마음 속에 자비나 여유가 완전히 사라져 버립니다. 하나님의 백성들은 어떤 일을 해도 철저하게 하게 되어 있습니다. 늘 듣는 말이 본질에 대한 것이기 때문에 돈을 벌어도 본질적으로 파헤치고 재테크를 해도 이론적으로 접근합니다. 그래서 소유나 돈 버는 것이 목적이 되면 아예 철저하게 그 일에 헌신해 버립니다. 마치 하나님을 섬기듯이, 예배를 드리듯이 경건한 마음으로 돈 버는 일에 임하게 돼요. 그야말로 유대인처럼 되는 것입니다. 그러나 하나님의 백성들은 하나님과의 관계에 철저해야지 다른 것에 철저하면 정신병자가 되어 버립니다. 우리는 하나님과의 관계가 아닌 다른 일에는 항상 여유를 가져야 합니다.

하나님이 우리에게 원하시는 것이 무엇입니까? 우리의 집이나 직장을 구원에 추가되는 선물의 자리에 머물게 하는 것입니다. 내 소유나 자녀나 아내나 남편은 하나님이 구원에 추가해서 주신 보너스입니다. 구원이 얼마나 풍성한 것인지 보여 주려고 주신 거예요. 중요한 것은 소유가 아닙니다. 중요한 것은 구원이고 소유는 그 구원에 추가되는 것입니다. 그런데 이 우선순위가 바뀔 경우 구원을 잃어버릴 가능성이 있습니다. 아무리 현실적인 필요가 중요하다 하더라도 돈 버는 것이나 직장생활 하는 것이 구원보다 더 중요한 자리를 차지할 경우 구원을 잃을 가능성이 있습니다.

소유에 대한 바른 태도

예수님께서는 제자들에게 하나님과 재물을 겸하여 섬길 수 없다고 말씀하셨습니다. 이것은 재물에 전혀 의미가 없다거나 예수님의 제자들은 모두 알거지로 살아야 한다는 뜻이 아닙니다. 만일 하나님이 계셔야 할 자리에 돈이 있다면 그는 돈을 섬기는 자가 될 수밖에 없고, 따라서 결코 하나님을 섬기는 사람이 될 수 없다는 뜻입니다. 그 사람을 움직이려면 돈이 있어야 합니다. 사랑이나 정으로는 움직일 수가 없어요. 하나님의 종은 옳은 일이기 때문에 해야 하고 정당한 일이기 때문에 시간을 내야 하는데, 돈만 얼마 준다고 하면 벌써 저만치 와서 대령하고 있는 것입니다. 그런 사람이 어떻게 하나님의 종이 될 수 있겠습니까? 그런 사람이 어떻게 하나님의 자녀로 그 풍성한 영광을 누릴 수 있겠습니까?

돈이 우리를 위로하고 돈이 우리를 격려하며 돈이 우리를 움직인다면 분명히 무언가 잘못되어 있는 것입니다. 우리는 옳기 때문에 움직여야 하고, 옳기 때문에 시간을 내야 합니다. 그렇게 하는 가운데 돈이 생긴다면 그것은 선물이지요. 그 돈으로 온가족이 둘러앉아 고기를 구워먹으면 얼마나 풍성합니까? 그러나 만약 돈이 목표라면, 지금 현실적인 돈의 액수를 정해 놓고 그것을 향해 달려가고 있다면, 그 사람은 하나님을 믿는 사람이 아니라 돈을 믿는 사람으로서 진짜 중요한 구원을 잃어버릴 가능성이 굉장히 큽니다.

4. 풍성한 삶을 회복하려면

겉으로 보기에 야곱은 부요한 사람 같습니다. 아내도 많고 자식도 많고 돈도 많습니다. 차이가 있다면 다른 부자들은 돈이 많기 때문에 여러 명의 아내를 두는데, 야곱은 아내부터 여러 명 두고 돈을 모았다는 것뿐입니다. 그러나 그의 마음은 결코 풍성하지 않았습니다. 그의 신분은 아직까지도 분명치가 않았고, 아내들은 서로 갈등 가운데 있었으며, 재산도 법적으로야 자기 것이지만 라반이 과연 그대로 받아들일는지 알 수가 없었습니다.

하란을 떠나라

그렇다면 야곱이 풍성한 삶을 되찾기 위해 해야 할 일이 무엇입니까? 오직 하나밖에 없습니다. 하란을 떠나는 것입니다. 라반의 수하에 있는 한, 지금 이런 생활을 지속하는 한, 아무리 많은 재물을 모은다 하더라도 절대로 풍성해질 수가 없습니다. 그는 지금의 생활을 중단할 필요가 있었습니다. 이제야말로 다른 핑계 대지 말고 하나님이 기뻐하시는 삶으로 돌아가야만 했습니다.

우리는 예배드리는 것을 굉장히 정적(靜的)인 일로 생각합니다. 예배드리는 것은 그냥 가만히 앉아 있는 일이고, 여기저기 뛰어다니면서 돈 버는 것이야말로 동적(動的)인 일이라고 생각합니다. 그러나 예배드리는 것보다 더 역동적인 일이 없습니다. 예배를 드린다는 것은 이 세상에서 돌아가고 있는 모든 일을 하나님과 의논하는 것입니다. 사실은 이 세상 일이 더 정적입니다. 세상 일은 변화가 없습니다. 다 똑같아요. 드라마를 보십시오. 처음에는 그럴 듯한 것 같아도 끝날 때 보면 다 그게 그거 아닙니까? 세상은 정말 재미가 없어요. 아직도 사람들은 '세상은 넓고 할 일은 많다' 면서 세상으로 달려나가지만, 움켜쥐고 나서 보면 다 그게 그겁니다. 만족이 없습니다. 그러나 하나님 앞에 오면 어떻습니까? 모든 것이 재미있습니다. 사람들도 다 똑같고 예배도 늘 똑같은 것 같은데 늘 새롭습니다.

풍성한 삶의 두 가지 요소

야곱이 진정으로 만족을 누리기 위해서는 자족하는 신앙을 가져야 합니다. 이 세상에 있는 것들은 아무리 많이 가져도 만족함이 없고, 오히려 많이 가지면 가질수록 더욱 더 부족하게 느껴집니다. 10만원 있을 때보다 100만원 있을 때 훨씬 더 가난한 것 같아요. 왜 그렇습니까? 가지면 가질수록 더 가지고 싶기 때문입니다. 그래서 하나님의 은혜에 만족하기 위해서는 이미 나에게 있는 것만으로도 족하다는 신앙이 있어야 합니다. 주님은 풍성한 삶이 소유에 있지 않다고 분명히 말씀하셨습니다. 사람의 가치는 소유의 넉넉함에 있는 것이 아니라 그 영혼의 상태에 있습니다.

또한 풍성한 삶은 바른 관계에서 옵니다. 야곱이 풍성한 삶을 누리려면 라반과 바른 관계를 맺어야 하고 아내들과 바른 관계를 맺어야 하며 고향에 있는 가족들과 바른 관계를 맺어야 합니다. 가까운 사람들과의 관계를 깨뜨리면서까지 소유를 늘리는 것은 정말 중요한 것을 잃는 길입니다.

오늘 우리가 알아야 할 것이 무엇입니까? 신앙은 밥도 먹지 않고 잠도 자지 않고 날이면 날마다 눈물 흘리면서 찬송만 부르는 이상적인 생활이 아니라는 것입니다. 그래서 이 세상 현실에 부딪쳐 봐야 우리 신앙이 진짜가 됩니다. 그러나 대개의 경우 이 세상 현실과 한 번 부딪치고 나면 어떻게 됩니까? 야곱처럼 믿음이 돌처럼 굳어져서 분노와 열등감으로 자신의 전문지식이나 하나님이 주신 기회들을 인간적인 수단으로 사용하고 맙니다. 안 믿는 사람들보다 훨씬 더 지독해져요.

전에 말한 적이 있지 않습니까? 이것이 바로 신앙의 불시착입니다. 비행기가 땅에 내려야 하는데 바퀴가 펴지지 않으면 동체가 지면과 충돌하면서 크게 파괴되어 버립니다. 신앙도 현실에 정상적으로 착륙하지 못하면 현실과 충돌하면서 크게 파괴됩니다. 그리고 그 여파로 자기가 가지고 있던 신앙 리듬이나 좋은 관계나 비전이 다 깨져 버립니다.

여러분, 하나님께서 현실적인 나의 필요를 채워 주시고 인도하신다는 것을 인정하십시오. 그리고 여유를 가지십시오. 나에게 고통을 주었던 사람에게 무언가 보여 주기 위해 성공하려 들지 마십시오. 그렇게 하면 신앙이 얼어붙게 되고, 그 신앙으로는 하늘 문을 열 수 없습니다. '하나님께서 이 현실 가운데 나와 함께하시며 내가 이렇게 어려워하는 상황에서도 이기게 하신다. 문이 아무리 좁아도 나는 뚫고 나간다' 고 생각하면서, 하나님과 이웃에게 마음을 여십시오.

절대로 소유가 믿음에 앞서지 못하게 하십시오. 이 순서가 바뀌면 불시착을 하게 되고 신앙은 죽어 버립니다. 지독한 집 주인이나 상관이나 사장을 만났습니까? 보복하려고 하지 마십시오. 하나님이 내 몫을 다 챙겨 주실 것입니다. 소유나 직업이나 결혼을 구원에 따라오는 선물로 여기십시오.

사랑하는 여러분, 하나님은 우리를 풍성하게 채워 주고자 하십니다. 그런데 우리가 이 구원을 놓치고 다른 것을 붙들면, 붙드는 그 순간에 넘어질 것입니다. 세상에서 성공했다고 하는 그 순간에 바닥으로 떨어질 것입니다. 하나님의 구원이 항상 내 눈 앞에 있게 하십시오. 그리고 그 뒤에 하나님께서 나의 모든 필요를 채워 주신다는 것을 기억하고, 내가 가지고 있는 지식을 돈 버는 데 사용하지 말고 다른 사람을 섬기고 도우는 데 쓰십시오. 내 직업을 가지고 돈을 벌려 하지 말고 다른 사람을 도우십시오. 그러면 이 세상에서도 풍성한 삶을 살 수 있을 것입니다.

6 야곱의 귀환

야곱이 들은즉 라반의 아들들의 말이
“야곱이 우리 아버지의 소유를 다 빼앗고 우리
아버지의 소유로 인하여 이같이 거부가 되었다”
하는지라. 야곱이 라반의 안색을 본즉
자기에게 대하여 전과 같지 아니하더라.
여호와께서 야곱에게 이르시되
“네 조상의 땅, 네 족속에게로 돌아가라.
내가 너와 함께 있으리라” 하신지라.
야곱이 보내어 라헬과 레아를 자기 양 떼
있는 들로 불러다가 그들에게 이르되
“내가 그대들의 아버지의 안색을 본즉 내게
대하여 전과 같지 아니하도다. 그러할지라도
내 아버지의 하나님은 나와 함께 계셨느니라.
그대들도 알거니와 내가 힘을 다하여
그대들의 아버지를 섬겼거늘 그대들의 아버지가
나를 속여 품삯을 열 번이나 변역하였느니라.
그러나 하나님이 그를 금하사 나를 해치지 못하게
하셨으며, 그가 이르기를 ‘점 있는 것이 네 삯이
되리라’ 하면 온 양 떼의 낳은 것이 점 있는 것이요
또 ‘얼룩무늬 있는 것이 네 삯이 되리라’ 하면
온 양 떼의 낳은 것이 얼룩무늬 있는 것이니
하나님이 이같이 그대들의 아버지의 짐승을 빼앗아

내게 주셨느니라. 그 양 떼가 새끼 밸 때에 내가
꿈에 눈을 들어 보니 양 떼를 탄 수양은 다
얼룩무늬 있는 것, 점 있는 것, 아롱진 것이었더라.
꿈에 하나님의 사자가 내게 말씀하시기를
'야곱아' 하기로 내가 대답하기를 '여기 있나이다'
하매 가라사대 '네 눈을 들어 보라. 양 떼를 탄
수양은 다 얼룩무늬 있는 것, 점 있는 것, 아롱진
것이니라. 라반이 네게 행한 모든 것을 내가
보았노라. 나는 벧엘 하나님이라. 네가 거기서
기둥에 기름을 붓고 거기서 내게 서원하였으니
지금 일어나 이 곳을 떠나서 네 출생지로 돌아가라'
하셨느니라."
라헬과 레아가 그에게 대답하여 가로되
"우리가 우리 아버지 집에서 무슨 분깃이나 유업이
있으리요? 아버지가 우리를 팔고 우리의 돈을 다
먹었으니 아버지가 우리를 외인으로 여기는 것이
아닌가? 하나님이 우리 아버지에게서 취하신
재물은 우리와 우리 자식의 것이니 이제 하나님이
당신에게 이르신 일을 다 준행하라."

창 31:1-16

운동 선수들이 한창 경기를 치를 때에는 정신적으로나 육체적으로 무척이나 긴장된 상태에 있습니다. 그래서 가끔씩 경기에서 벗어나 한 번쯤 푹 쉬고 싶을 때가 생깁니다. 그러나 막상 선수들이 부상이나 슬럼프 때문에 경기에 출전하지 못하고 부득불 쉬어야 할 경우가 되면, 몸은 좀 편할지 모르지만 정신적으로는 더 어렵고 힘듭니다. 선수의 생명은 육체가 편한 데 있는 것이 아니라 많은 사람들 앞에서 경기를 펼치는 데 있기 때문입니다.

선수가 행복을 느끼는 것은 집에서 아기를 보고 있을 때가 아닙니다. 수많은 사람들의 환호와 박수를 받으면서 실력을 발휘할 때 비로소 자신의 존재 의미를 발견하는 것입니다. 그래서 부상이나 슬럼프로 휴식중에 있는 선수에게 가장 중요한 것은 언제 다시 경기에 출전하느냐 하는 점입니다. 마음 속에 분명한 확신은 하나 있습니다. 그것은 운동장에서 경기하다가 죽겠다는 것입니다. 아니면 다시 한 번 화려한 재기에 성공한 후 모든 사람들의 환호 속에 떳떳하게 은퇴하겠다는 것입니다. 그러나 휴식 기간이 길어지면 길어질수록 점점 더 재기할 자신이 없어집니다.

믿는 사람들의 삶은 운동 선수들의 삶과 비슷합니다. 믿음의 사람들은 하루하루 그냥 사는 것이 아니라 경기를 펼치고 있는 것입니다. 그 경기가 무엇입니까? 아무것도 없는 가운데 하나님의 신실하심 하나만 믿고 이 세상에서의 위기를 극복하는 것입니다. 이것이 믿음의 사람들이 펼쳐 내는 신앙의 경기입니다.

우리는 야곱의 생애를 볼 때 가나안에서의 삶과 하란에서의 삶이 비교되는 것을 볼 수 있습니다. 하란에서 야곱이 계속 생각하고 있는 것이 무엇입니까? 언젠가는 가나안으로 돌아가야 한다는 것입니다. 지금 여기에서 잘먹고 잘살고 있지만 언젠가는 가나안으로 돌아가야 한다는 생각이 늘 그의 머리를 지배하고 있었습니다. 도대체 가나안 땅은 무엇이며 하란 땅은 무엇이길래 이렇게 꼭 돌아가야 한다는 것입니까?

가나안으로 가야 하는 이유

물론 가나안은 하나님의 약속이 있는 땅입니다. 하나님께서는 야곱의 할아버지 아브라함에게 가나안 땅을 유업으로 주겠다고 약속하셨습니다. 그런데 어떤 의미에서 그것 못지않게 중요한 이유가 하나 더 있었습니다. 가나안은 원래 아브라함의 가족들이 붙잡을 만한 것이 하나도 없는 땅이었습니다. 아브라함이 하란에 있을 때에는 땅이 있었고 동맹한 사람들이 있었고 어려울 때 기댈 수 있는 가족이 있었습니다. 그러나 가나안은 의지할 데 하나 없는 빈 땅으로서, 사방이 뻥 뚫려 숨을 데조차 없는 운동장 같은 곳이었습니다. 아브라함은 그 맨땅에서 믿음 하나로 수없는 위기를 뛰어넘었습니다. 거기서 그는 믿음으로 그돌라오멜의 연합군을 격파했고, 믿음으로 아들을 얻었으며, 믿음으로 그 아들을 제물로 바쳤습니다.

이것은 평범한 삶이 아닙니다. 경기입니다. 믿음의 연주입니다. 돈을 많이 벌어서 편안하게 사는 것은 경기가 아닙니다. 돈 많아서 잘사는 게 경기입니까? 머리 좋아서 좋은 대학 간 게 경기입니까? 진짜 경기는 붙들 것 하나 없는 가운데 하나님의 신실하심만을 붙들고 자신의 병을 극복하며 가난을 극복하고 위기를 극복하는 것입니다.

하란에는 긴장이 없다

하란에서의 야곱은 어떠했습니까? 마치 은퇴한 선수나 부상으로 쉬고 있는 선수 같았습니다. 하란에서 그는 믿음으로 살 여지가 없었습니다. 외삼촌 집에 얹혀 살면서 주는 밥이나 먹고 옷이나 입으면서 양치는 일이 전부였습니다. 거기에서 믿음으로 살 것이 뭐가 있고 믿음으로 결단내릴 일이 뭐가 있습니까? 야곱은 하란에서 긴장이나 갈등을 느낄 이유가 전혀 없었습니다.

물론 경기에 출전하지 않는 선수도 위기를 느낄 때가 있지요. 예를 들어서 아이가 밖에 나가서 놀다가 머리가 깨져서 들어온다든지 아내가 시어머니한테 꾸중을 듣고 속이 상해 있다든지 하면 긴장과 위기를 느낄 것입니다. 그러나 선수가 느껴야 할 스트레스는 그런 것이 아닙니다. 그가 정말 선수라면 경기를 하면서 상대팀의 작전을 간파하고, 어떻게 하면 수비진을 뚫고 들어가서 점수를 따낼 것인가를 고민하며 연구하는 과정에서 스트레스를 느껴야지요.

하란에서 야곱의 문제가 무엇입니까? 그가 겪고 있는 어려움은 믿음의 시련이 아니라는 것입니다. 기껏해야 남편을 더 차지하기 위한 두 아내 사이의 애정 싸움과 어떻게 하면 외삼촌의 양을 더 빼돌릴 것인가 하는 데서 나오는 긴장이 전부였습니다. 아무것도 없는 가운데 하나님의 신실하심 하나 붙들고 자신의 온몸을 던지는 짜릿한 믿음의 싸움이 하란에는 없었습니다.

이제 가나안 땅이 왜 그토록 중요한지 감이 오지 않습니까? 가나안 땅은 믿음의 사람들이 자신의 믿음을 연주할 수 있는 무대였던 것입니다. 믿음의 사람은 자신의 믿음을 사용해서 위기를 극복해야 합니다. 하나님을 모르는 사람들처럼 편안한 가운데서 잘먹고 잘사는 것은 그의 선수 생명이 끝났음을 의미하는 것입니다.

야곱은 돌아가고 싶었습니다. 다시 하나님의 신실하심을 붙들고 믿음으로 경기하고 싶었습니다. 그러나 재기하기에는 20년이라는 공백기간이 너무 긴 것 같습니다. 결혼을 위해 14년, 재산을 얻으려고 6년을 허비하고 나니 이제는 재기할 자신이 없습니다. 그런데 하나님께서 그를 믿음의 장으로 부르셨습니다. 이제는 결단의 시간이었습니다. 야곱은 가나안 땅으로 돌아가야 한다는 것을 머리로는 인정하고 있었습니다. 그러나 이 익숙한 생활을 떨쳐 버리겠다는 결단이 잘 서지 않았습니다. 오늘 본문을 보면 야곱이 결단을 내리지 않으면 안 될 상황으로 하나님께서 계속 몰아넣고 계신 것을 볼 수 있습니다.

믿음의 경기를 하고 있는가?

오늘 우리가 알아야 할 것이 무엇입니까? 이 세상은 우리의 무대이자 경기장이라는 것입니다. 돈을 많이 벌었기 때문에 이런 일도 하고 저런 일도 하는 것은 믿음의 연주도, 경기도 아닙니다. 그것은 은퇴한 군인이나 선수들이 하는 일입니다. 한창 때의 선수는 그렇게 하지 않습니다. 가진 것 하나 없어도 실력 하나로 어느 누구도 할 수 없는 엄청난 일을 해내는 사람이 진짜 선수입니다.

저는 우리 교인들을 보면서 너무 빨리 은퇴하려고 한다고 생각합니다. 어떻게 하면 빨리 운동장에서 벗어나 텔레비전이나 볼까 궁리하는 것 같아요. 내 안에 있는 믿음을 사용해서 어려움을 극복하는 이 엄청난 경기, 이 엄청난 기적을 체험하려 하기보다는 작은 부상을 핑계 삼아서 빨리 집에 돌아가 편안한 삶을 살려고 하는 것 같습니다.

여러분, 우리는 재기해야 합니다. 편안한 삶을 박차고 일어나서 내 목숨이 이 세상에서 없어질 때까지 오직 믿음의 사람만이 살 수 있는 그 고난도의 삶, 어느 누구도 흉내낼 수 없는 그 삶을 살아야 합니다. 이것이 바로 오늘 본문이 우리에게 말씀하시는 것입니다.

1. 환경의 변화

야곱은 일단 결혼을 위한 의무 복무 기간을 채운 후부터 엄청나게 돈을 벌기 시작했습니다. 라반과 임금 협상을 한 후, 그의 재산은 라반의 재산보다 엄청나게 많아졌습니다.

> 야곱이 들은즉 라반의 아들들의 말이 "야곱이 우리
> 아버지의 소유를 다 빼앗고 우리 아버지의 소유로
> 인하여 이같이 거부가 되었다" 하는지라(31:1).

라반 집안의 태도가 바뀌다

한번 생각해 보십시오. 어느 기업의 소유주가 전문경영인을 사장으로 고용했습니다. 그런데 어찌 된 일인지 그 전문경영인이 자기보다 더 돈을 잘 벌어서 재산이 더 많아졌다면 어떤 소유주가 그를 좋아하겠습니까? 회사를 이용해서 자기 장사만 했다고 생각하지 않겠습니까? 회사에 들어올 수익을 빼돌리지 않는 한 고용된 사람이 주인보다 더 부자가 될 수는 없습니다.

야곱이 바로 그런 경우였습니다. 라반이 양을 맡겼는데 야곱의 양 떼는 갈수록 많아지는 반면 라반의 양 떼는 갈수록 줄어들었습니다. 이것은 라반의 양을 빼돌리지 않는 한 불가능한 일입니다. 그런데 약속한 사항에는 조금도 어김이 없었기 때문에 뭐라고 말할 수도 없었습니다. 라반이 땅을 치고 후회한 것이 바로 이 부분입니다. 임금 협상을 할 때 '새로 태어나는 양 새끼 중 몇 퍼센트' 하는 식으로 계약을 했어야 했는데, 괜히 점박이, 얼룩이, 아롱진 것을 준다고 했다는 것입니다. 새로 태어나는 새끼들마다 분명히 점박이고 얼룩이인데 어쩌겠습니까?

지금 라반의 아들들이 불평하고 있는 것이 무엇입니까? 야곱이 분명히 무슨 사기를 쳐서 아버지의 재산을 빼돌린 것이 분명하니 무슨 수를 써야 한다는 것입니다. 즉 야곱의 재산을 다시 빼앗을 궁리를 하자는 것입니다. 이것은 얼마든지 가능한 일이었습니다. 야곱은 외국인이어서 보호받을 수 있는 권리가 거의 없었기 때문입니다.

이제는 안주할 수 없다

야곱은 자기 주위의 상황이 바뀌고 있다는 것을 느꼈습니다. 물론 지금까지도 고생이 아주 없었던 것은 아니었습니다. 그러나 믿음으로 살 일은 하나도 없었습니다. 모든 것을 라반이 다 결정했습니다. 야곱이 할 수 있는 일이라고는 라반의 양들을 돌봐 주고 그의 양 떼에서 자기 몫을 챙기는 것이 고작이었습니다. 그런데 챙기더라도 적당히 챙겼어야 했는데 너무 많이 챙긴 것이 문제가 되었습니다.

이럴 때 야곱이 취할 수 있는 조처가 무엇입니까? 타협입니다. 자기가 먹은 것의 일부를 토해 내면 타협이 가능할 수도 있습니다. "지금 제가 가지고 있는 재산은 적어도 법적으로는 하자가 없습니다. 그러나 그 동안 베풀어 주신 은혜를 생각해서 재산의 반을 드리겠습니다." 이러면 갈등이 없어질지도 모릅니다. 그러나 라반을 만나 본 야곱은 이런 식으로는 문제가 해결될 수가 없다는 것을 알았습니다. 2절을 보십시오.

야곱이 라반의 안색을 본즉 자기에게 대하여 전과
같지 아니하더라.

여기에서 라반의 안색이 전과 같지 않다는 것은 예전처럼 친밀하지 않고 약간 서먹서먹해졌다는 뜻이 아니라 거의 적대적이 되었다는 뜻입니다. 이것은 재산의 일부를 반납함으로 타협할 수 있는 그런 문제가 아니었어요. 라반은 야곱을 원수로 생각하고 있습니다. 지금 그가 아무 말 하지 않는 것은 사람이 워낙 교활하기 때문에 결정적인 시기를 노리고 있는 것일 뿐이라는 사실을 야곱은 알고 있었습니다.

우리는 야곱의 생애에서 이스라엘 백성들의 삶의 모형을 찾을 수 있습니다. 이스라엘 백성들이 그 편안하던 애굽의 삶을 버리고 거친 광야로 나선 이유가 무엇입니까? 무엇 때문에 그 기름진 땅을 버리고 모세를 따라 돌사막으로 따라나섰습니까? 그것은 애굽 왕 바로의 태도가 변했기 때문입니다. 바로가 계속 우호적으로 대해 주었다면 이스라엘 백성들은 절대로 애굽을 떠날 사람들이 아닙니다. 그만큼 애굽은

바로 때문에
애굽을 떠났듯이

살기 좋은 곳이었습니다. 그러나 바로가 이스라엘 백성들을 너무나도 증오해서 그들을 노예로 삼아 때리고 학대하며 남자아이들을 전부 나일 강에 던져 죽이게 함으로써 그들에 대한 미움을 노골적으로 표현했기 때문에 어쩔 수 없이 모세를 따라나선 것입니다. 이것은 하나님께서 하신 일입니다. 이스라엘 백성들로 하여금 애굽을 떠나서 하나님의 언약 백성이 되게 하기 위해서 바로의 태도를 바꾸신 것입니다.

야곱의 경우도 마찬가지입니다. 만약 라반이나 그의 아들들이 끝까지 야곱에게 우호적이었다면 야곱은 하란을 떠날 사람이 아닙니다. 그러나 라반과 그 아들들의 태도가 적대적으로 변한 것을 분명히 보았기 때문에 더 이상 타협이 불가능하다는 것을 인정하고 떠날 수밖에 없게 된 것입니다.

도시의 함정

지금 우리가 살고 있는 이 도시에서 믿음으로 살아야 할 일이 뭐가 있습니까? 돈 있고 직장 있으면 모든 문제가 저절로 해결되는데 굳이 힘들게 몸부림치면서 기도할 이유가 뭐가 있습니까? 이런 상황에서 신앙생활 잘 한다고 '믿음이 좋다'고 자랑하는 것은 정말 웃기는 일입니다. 주일에 한 번, 그것도 모든 시설이 잘 갖추어져 있는 교회에 나가 집사님, 장로님 소리 들어 가며 신앙생활 하는 것을 '믿음이 좋다'고 하면 지나가던 개도 웃을 것입니다. 자기 집 있고 자기 직장 있고 자기 멋대로 돈 잘 벌면서 잘살고 있는 사람한테 믿음으로 결단하고 씨름할 일이 뭐가 있습니까? 성경공부 한다고 잡아가는 사람이 있습니까, 교회 간다고 고문하는 사람이 있습니까? 자기 하고 싶은 일 다 하고 나서 남는 시간에 교회에 오는 것이 무슨 좋은 신앙입니까?

우리 나라 같은 자본주의 사회에서는 믿음을 쓸 여지가 없습니다.

돈이면 안 되는 일이 없어 보이기 때문입니다. 하지만 돈으로 해결되지 않는 문제도 있습니다. 자식 문제는 돈으로 해결이 안 됩니다. 어떤 병은 아무리 비싼 병원에서도 못 고칩니다. 결혼도 돈으로만 되는 것은 아닙니다. 또 인간 관계에도 돈으로 해결할 수 없는 부분들이 있습니다.

가나안으로 돌아가야 할 때

이렇게 돈으로 해결되지 않는 문제가 생겼을 때, 날고 기는 재주가 있어도 해결되지 않는 문제가 생겼을 때야말로 곧 원대복귀 해야 할 때라는 것을 알아야 합니다. 다시 하나님의 신실하심 하나만 붙들고 과감하게 자신의 삶을 던지는 믿음의 경기를 펼칠 시간이 다 된 것입니다. 이제 다시 가나안 땅으로 돌아가야 합니다. 가서 믿음의 삶을 시작해야 합니다.

라반이나 그의 아들들이 야곱에 대해 적대적인 태도로 변한 것이 좋은 일입니까, 나쁜 일입니까? 좋은 일입니다. 그들이 야곱에 대해 적대적인 감정으로 돌아서고, 협상으로는 도저히 회복될 수 없을 정도로 관계가 악화된 것은 좋은 일입니다. 왜냐하면 그것은 다시 믿음으로 살 수 있는 기회이기 때문입니다. 하나님께서 믿음의 전선에 복귀하라고 야곱을 부르고 계신 것입니다.

물론 저는 야곱이 굴욕적으로 타협했을 수도 있다고 생각합니다. 우리도 너무나 자주 타협함으로써 믿음을 사용할 기회를 외면해 버리지 않습니까? 밤 아홉 시나 열 시 넘어서 지하철을 타면 너무나도 가슴이 아플 때가 많습니다. 지하철에 왜 그렇게 술취한 사람들이 많습니까? 젊은이 늙은이 할 것 없이 입에서 술 냄새를 풍기면서 전철을 탑니다. 왜 술로 어려움을 풀려고 합니까? 왜 그 어려움을 정면으로 대면하지 못합니까? 자신이 없기 때문입니다.

하나님의 백성들이 이 세상에서 자기 머리와 능력으로 아무리 해결하려고 해도 안 되는 문제가 생겼을 때, 그 때야말로 가나안으로 돌아갈 때, 믿음을 사용할 때라는 것을 알아야 합니다. 이제는 더 이상 안정되고 편한 삶이나 예측할 수 있는 미래에 안주해서는 안 됩니다. 하나님의 말씀 하나 붙들고 일어서야 합니다.

하나님은 이 세상에서 편하게 잘살라고 자기 백성을 부르신 것이 아닙니다. 믿음의 경기를 하라고 부르신 것입니다. 이 세상에서 편안하게 사는 사람은 그만큼 믿음의 삶에서 도태된 것이고, 그만큼 상 받을 기회를 잃은 것입니다. 편안하게 산 사람들은 하나님 나라에서 아무도 기억해 주지 않습니다. 그 곳에는 잘먹고 잘산 사람들의 이름이 낄 자리가 없습니다.

야곱이 하란에서 20년이나 사는 동안, 하나님의 나라에서는 그의 이름이 거의 지워질 형편이 되었습니다. 모두가 야곱을 잊고 있습니다. 한때는 뭔가 믿음으로 살 것 같은, 장래가 촉망되는 선수라고 생각했는데, 이제는 한물 간 선수로 보고 있습니다. 그가 하란에서 결혼하고 부자가 된 것이 하나님 나라에서는 전혀 의미가 없었습니다. 그 때 하나님께서 다시 야곱을 불러서 믿음의 무대 위에 세우고자 하시는 것입니다.

그러나 우리는 환경의 변화만으로 하나님의 뜻을 알기에는 너무나도 미련한 사람들입니다. 그래서 하나님께서는 야곱에게 이렇게 직접 말씀하셨습니다.

여호와께서 야곱에게 이르시되
"네 조상의 땅, 네 족속에게로 돌아가라.
내가 너와 함께 있으리라" 하신지라(31:3).

이것은 단순히 약속의 땅으로 돌아가라는 뜻이 아닙니다. '그 동안 너무 오래 쉬었으니 이제는 더 이상 너의 재주를 믿지 말고 믿음의 싸움을 다시 시작하라'는 것입니다.

신앙은 모험이다

신앙은 모험의 연속입니다. 그러나 그 모험은 하나님께서 함께하시는 모험입니다. 이것이 신앙의 진수입니다. 보장된 것은 아무것도 없습니다. 돈도 없습니다. 도와 줄 사람도 없습니다. 그래도 어려움을 놀랍게 극복해 내며 삽니다. 이런 일들을 통해 하나님이 살아 계시며 아직도 모든 것을 주장하고 계시다는 것을 보여 주는 이것이 믿음의 경기입니다. 하나님은 이것을 기뻐하십니다.

우리는 하나밖에 없는 목숨이 두려워서 너무나도 오랫동안 쉬고 있습니다. 편안한 삶에 젖어서 하란에 너무 오래 머물고 있습니다. 하나님께서는 일어나서 떠나라고 하십니다.

2. 야곱이 경험한 것

이제 야곱에게 필요한 것이 무엇입니까? 아내들을 설득하여 가족들을 다 데리고 하란에서 도망치는 것입니다. 그러나 문제는 과연 아내들이 자기 아버지를 배반해 가면서까지 고향을 떠나려 하겠느냐는 것입니다. 우리는 여기에서 야곱의 현실적인 문제를 볼 수 있습니다.

야곱은 혼자가 아닙니다. 혼자라면 밤에 도망칠 수도 있어요. 그러나 그는 가족 때문에 쉽게 결단을 내릴 수가 없었습니다. 그는 아내들 때문에 무려 14년 동안 종살이를 했고 그 후에도 자식들을 부양하기 위해 양을 쳤습니다. 그리고 지금 이 결정적인 순간에도 아내들이 과연 따라올 것인지가 문제 되고 있습니다. 만약 아내들이 자신을 따라 도망치지 않겠다고 할 경우 그는 양자택일을 해야 합니다. 즉 혼자 도망을 치든지 아니면 도망치는 일을 포기해야 하는 것입니다.

믿음의 결단과 가족 사이에서

존 번연의 〈천로역정〉에 나오는 '크리스천' 은 한 작은 책을 읽고 난 후 고민에 빠졌습니다. 그 책에는 '이 곳은 장차 멸망할 죄의 도성이니 떠나야 한다' 고 쓰여 있었습니다. 그는 이 책을 읽고 하루 종일 울고 웃다가 결국은 아내와 아이들을 두고 혼자서 짐을 지고 영적 순례의 길을 떠납니다.

예수를 믿을 때 우리는 가족의 반대나 친척들의 만류를 무릅쓰고 결단을 내려야 합니다. 그러나 천로역정의 '크리스천' 처럼 한 가정을 책임지고 있는 사람이 그렇게 쉽게 가정을 포기하고 혼자 신앙의 길을 가는 것이 과연 옳은 일입니까? 번연이 〈천로역정〉을 쓰던 당시에는 신앙을 핑계로 가장이 가족을 돌보지 않고 혼자 신비적인 체험에 빠지는 경우가 많았습니다.

그래서 번연은 〈천로역정〉 후편을 쓰게 됩니다. 후편에서는 '크리스천' 의 아내와 자식들도 아버지의 뒤를 따라서 영적 순례의 길을 떠납니다. 그들은 길을 가다가 만난 성도들을 통해 그들의 남편이자 아버지인 '크리스천' 이 얼마나 영광스럽게 믿음의 싸움을 싸웠는지에 대해 듣습니다. 이것은 〈천로역정〉을 수정할 수밖에 없었던 당시의 현실적인 상황을 보여 줍니다.

가장이라면 생각해야 할 것

여기서 우리는 집안을 책임지지 않아도 되는 한 개인과 집안을 책임져야 하는 가장의 문제가 다르다는 것을 볼 수 있습니다. 아무런 책임이나 능력이 없는 한 개인이 하나님의 부르심을 받았을 때에는 집안의 반대나 친척들의 반대를 무릅쓰고 혼자서라도 결단을 내려야 합니다. 그러나 온 집안을 책임지고 있는 사람으로서 집안에 영향을 끼치는 중요한 결정을 내릴 수 있는 사람이 하나님의 부르심을 받았을 때에는 할 수 있는 한 다른 식구들을 설득해서 함께 떠나야 합니다.

이러한 원리에서 착안된 것이 도널드 맥가브란의 교회 성장 이론입니다. 이 성장 이론은 원래 선교 이론에서부터 나온 것인데, 개인 한 사람 한 사람을 전도하기보다는 가정을 책임지고 있는 사람이나 사회에서 책임있는 위치에 있는 사람을 집중적으로 전도할 때 복음 전파의 속도가 더 빠르다는 것입니다. 왜냐하면 그 한 사람의 회심을 통해 가정이나 사회 전체를 기독교 안으로 끌고 들어올 수 있기 때문입니다.

물론 개인을 전도하는 것과 가장을 전도해서 가정 전체를 전도하는 데에는 각각 장단점이 있다고 생각합니다. 지난번 제가 갔던 농촌 교회의 목회자는 그 마을 어른과 아주 좋은 관계를 맺고 있었습니다. 그 결과 적어도 그 어른은 교회를 반대하거나 핍박하지 않았고, 그것은 목회에 도움이 되었습니다.

그러나 이런 장점이 있을 수 있음에도 불구하고 우리는 이 문제에 갈등이 있음을 솔직하게 인정하지 않을 수 없습니다. 왜냐하면 지도층이 기독교화 되었을 때 기독교가 변질될 우려가 크기 때문입니다. 지도층이 회심한 경우 지속적으로 그들과 좋은 관계를 유지하기 위해서 복음의 참된 사명을 잃게 될 가능성이 있습니다. 이런 문제는 교회가 구약 시대부터 겪었던 어려움이기도 했습니다.

최초의 결단

그러나 일단 야곱의 경우, 그가 네 명의 아내와 열두 명의 아이들을 거느린 가장으로서 하나님의 말씀이 있는 곳으로 돌아가자고 설득했을 때 그 가정 전체가 하나님께 돌아오는 모습을 보게 됩니다. 오늘 중요한 것은 야곱이 이렇게 혼자 떠나지 않고 아내들을 설득해서 온 가족과 함께 길을 떠나게 된 이 일이야말로 그가 믿음으로 결단을 내린 최초의 일이라는 것입니다.

지난 20년 동안 야곱은 믿음으로 한 일이 아무것도 없었습니다. 14년은 아내를 얻기 위해 종살이를 했고, 6년은 돈 번다고 정신이 없었습니다. 지금에 와서 그 세월을 무를 수는 없습니다. 그는 이 상태에서 온 가족과 함께 하나님의 부르심에 따라 움직이기로 결단했습니다. 그 때 하나님께서는 그들의 형편과 처지를 모두 다 받으셔서 합력하여 선을 이루게 하셨습니다.

하나님의 백성들은 과거로 돌아갈 필요가 없습니다. "그 때 이런 일만 없었더라면 얼마나 좋았을까?", "내가 저 사람과 결혼하지만 않았더라면 얼마나 좋았을까?" 하고 후회할 필요가 없습니다. 과거에 어떻게 살아왔든지 간에 지금 이 모습 이대로 나아갈 때, 하나님께서는 그 모든 것을 돌이켜서 마치 처음부터 그 일을 계획하셨던 것처럼 온전한 구원을 이루시는 것입니다. 나의 삶 가운데 너무나도 후회스러워서 지웠으면 좋겠다고 생각하는 부분이 있습니까? 그렇게 생각할 필요가 없습니다. 그냥 지금 있는 모습 그대로 하나님께 나아가십시오. 그러면 고통스러웠던 과거의 그 일이 오히려 축복이 되도록 하나님께서 회복시켜 주십니다.

야곱은 어떤 식으로 자기 아내들을 설득했습니까?

> 야곱이 보내어 라헬과 레아를 자기 양 떼
> 있는 들로 불러다가 그들에게 이르되
> "내가 그대들의 아버지의 안색을 본즉 내게 대하여
> 전과 같지 아니하도다. 그러할지라도 내 아버지의
> 하나님은 나와 함께 계셨느니라"(31:4, 5)

아내들에게 하나님을 소개하다

야곱은 지금 하나님에 대해 이야기를 해야 합니다. 말하자면 아내들을 전도해야 하는 것입니다. 야곱은 지금까지 하나님에 대하여 별로 이야기하지 않았던 것 같습니다. 그러나 이제는 말을 해야 합니다. 왜냐하면 상황을 이토록 어렵게 만드신 분이 하나님이시요, 이제 이 곳을 떠나라고 말씀하신 분도 하나님이시기 때문입니다. 하나님에 대해 이야기하지 않으면 이 곳을 떠나야 할 이유를 설명할 수가 없어요.

그래서 어떻게 하나님을 소개합니까? 아내들의 아버지 라반과 대비해서 설명하고 있습니다. 그는 "그대들의 아버지"인 라반이 얼마나 이기적이고 변덕스러운 사람인지, 그에 비해 "내 아버지의 하나님"은 얼마나 신실한 분이신지를 비교해서 설명합니다. 그는 먼저 라반의 안색이 전과 다르다고 말합니다. 즉 그가 자신이 부자가 된 것을 불쾌하게 여기고 있으며 적대적인 감정을 나타내고 있음을 알렸습니다. 그 다음을 계속 보십시오.

"그대들도 알거니와 내가 힘을 다하여 그대들의 아버지를
섬겼거늘 그대들의 아버지가 나를 속여 품삯을 열 번이나
변역하였느니라. 그러나 하나님이 그를 금하사 나를 해치
못하게 하셨으며, 그가 이르기를 '점 있는 것이 네 삯이
되리라' 하면 온 양 떼의 낳은 것이 점 있는 것이요
또 '얼룩무늬 있는 것이 네 삯이 되리라' 하면
온 양 떼의 낳은 것이 얼룩무늬 있는 것이니,
하나님이 이같이 그대들의 아버지의 짐승을 빼앗아
내게 주셨느니라"(31:6-9).

해석의 난제

우리는 여기에서 해석상 조금 어려운 문제에 봉착하게 됩니다. 여기에 나오고 있는 내용과 이전에 살펴보았던 30장의 내용이 일치하지 않기 때문입니다. 30장에서는 품삯이 한 번만 정해진 것으로 되어 있고 얼룩무늬 있는 것이나 점 있는 것은 모두 야곱의 소유로 삼기로 되어 있습니다. 그러나 31장에서 야곱은 무려 열 번이나 품삯의 변동이 있었다고 말합니다. 어떤 때에는 얼룩 있는 양으로 정했다가 또 어떤 때에는 점 있는 양으로 정했다는 것입니다.

또 30장에서는 양들이 교미를 할 때 그 눈 앞에 얼룩진 나뭇가지를 놓아서 시신경을 자극함으로써 점 있고 얼룩진 양을 낳았다고 말하고 있는데, 31장에서는 교미하는 수양이 전부 얼룩지고 점 있고 아롱져 있는 꿈을 꾸었다고 합니다. 그리고 하나님의 사자가 이 모든 것을 다 줄 것을 약속했다고 덧붙이고 있습니다. 즉 30장은 야곱이 인간적인 방법을 써서 부자가 되었다고 말하고 있는데, 31장에서는 그것이 하나

님의 축복이었다고 말하고 있는 것입니다. 그래서 어떤 학자들은 야곱에 대한 기록이 두 가지가 있었으며, 따라서 30장과 31장은 서로 다른 문헌에서 나온 것이라고 주장하기도 합니다.

그러나 30장과 31장 사이의 모순은 그렇게 큰 문제가 아닙니다. 처음에 품삯을 계약할 때에는 분명히 점 있거나 아롱지거나 얼룩무늬가 있는 것은 다 주기로 약속했습니다. 그런 양이 몇 마리 되지 않았기 때문입니다. 그런데 매번 점박이에 얼룩이인 새끼들이 태어나면서 야곱이 갑자기 부자가 되어 버리자, 라반이 계약을 바꾸어 점 있는 것만 가져가라고 한 것입니다. 그랬더니 이제는 전부 점 있는 것만 나왔습니다. 약이 오른 라반이 이번에는 얼룩진 양만 가지라고 했습니다. 그랬더니 또 하나같이 얼룩진 것들만 나왔습니다.

해석의 열쇠

무슨 말입니까? 처음에는 야곱이 하나님의 신실하심을 믿지 못해서 나뭇가지를 사용하는 인간적인 방법을 썼습니다. 그러나 나중에는 이런 인간적인 방법을 쓸 필요가 없었습니다. 말이 떨어지기가 무섭게 그대로 되었기 때문입니다. 라반이 "점!" 하면 전부 점박이가 나옵니다. "얼룩무늬!" 하면 전부 얼룩이가 나옵니다. 나뭇가지를 세워 둘 필요가 없었어요. 하나님이 직접 복을 주고 계셨습니다.

즉 하나님의 능력을 믿지 못해서 인간적인 방법을 쓰는 야곱에게 하나님께서 "얘야, 그럴 필요 없다. 지금 네가 환상으로 보지 않았느냐? 라반이 어떤 기준을 세우더라도 전부 네 것이 될 테니 이젠 인간적인 방법을 쓸 필요가 없다"고 말씀하시는 것입니다. 야곱은 처음에 자기 머리로 재산을 모은다고 생각했습니다. 그런데 조금 지나고 보니 그게 아니었습니다. 하나님께서 복을 쏟아부어 주고 계셨습니다.

야곱이 자기 아내들을 설득한 내용이 무엇입니까? "당신들 아버지니 당신들이 더 잘 알지 않소? 당신들 아버지는 품삯을 열 번이나 바꾸었소. 그렇게 변덕스럽고 이기적인 사람이 어디 있단 말이오? 그러나 내 아버지의 하나님은 지금까지 한 번도 속이시거나 약속을 어기신 적이 없었소"라는 것입니다. 그는 이렇게 말하면서 하나님의 말씀을 인용합니다.

> "'나는 벧엘 하나님이라. 네가 거기서 기둥에 기름을 붓고 거기서 내게 서원하였으니 지금 일어나 이 곳을 떠나서 네 출생지로 돌아가라' 하셨느니라"(31:13).

이것이 야곱의 전도였습니다. 하나님은 참으로 신실하시며 믿을 수 있는 분이라는 것입니다. 그런 분이 우리를 부르고 있으니 가야 한다는 것입니다. 이 변덕스럽고 이기적인 라반을 믿고 언제까지나 여기 머물 것이 아니라 신실하신 하나님께 돌아가자는 것입니다.

결단의 근거

우리가 하나님의 부르심을 따라갈 수 있는 이유가 무엇입니까? 그 분은 참으로 신실한 분이시기 때문입니다. 참으로 믿을 수 있는 분이시기 때문입니다. 우리가 살고 있는 이 세상은 너무나도 불확실합니다. 언제 무슨 일이 일어날지 모릅니다. 그러나 하나님은 신실한 분이십니다. 그 하나님이 우리와 함께하겠다고 말씀하시면서 우리를 부르고 계십니다.

오늘날 많은 사람들이 결단을 내리지 못하는 것은 하나님을 오해하고 있기 때문입니다. 그들은 예수 믿는 것을 이 세상 모든 재미를 포기하고 수도승처럼 채소나 먹으면서 사는 일로 생각합니다. 어떤 점에서는 그런 부분도 없지 않을 것입니다. 그러나 성경이 말씀하고 있는 것이 무엇입니까? 예수님은 "내가 온 것은 양으로 생명을 얻게 하고 더 풍성히 얻게 하려는 것이라"(요 10:10)고 하셨습니다. '이 세상이 말하는 것은 도적질하고 빼앗고 죽이려는 것뿐이지만 내가 온 것은 참으로 풍성한 삶을 주기 위한 것' 이라는 뜻입니다. 야곱이 아내들을 설득하고 있는 부분이 바로 이 부분입니다. 즉 '하나님은 신실하신 분이며 반드시 풍성한 삶을 주신다. 그 하나님이 우리를 부르고 계신다' 는 것입니다.

3. 아내들의 반응

야곱의 이 설득에 아내들은 어떤 반응을 보였습니까? 야곱의 말을 인정하고 그와 함께 새로운 길을 떠나기로 결정했습니다. 14절부터 16절까지 보십시오.

> 라헬과 레아가 그에게 대답하여 가로되
> "우리가 우리 아버지 집에서 무슨 분깃이나 유업이나
> 있으리요? 아버지가 우리를 팔고 우리의 돈을 다 먹었으니
> 아버지가 우리를 외인으로 여기는 것이 아닌가? 하나님이
> 우리 아버지에게서 취하신 재물은 우리와 우리 자식의
> 것이니 이제 하나님이 당신에게 이르신 일을 다

준행하라."

라헬과 레아는 아버지 집에 더 있어 봐야 얻을 것이 없으며 오히려 더 머뭇거리다가는 있는 재산도 빼앗길 것이라고 하면서 아무 미련 없이 함께 떠나겠다고 말하고 있습니다.

두 아내의 지혜로운 판단

우리는 여기에서 묘한 아이러니를 느낄 수 있습니다. 이 아내들이 아버지 집을 떠나려고 하는 이유가 무엇입니까? 물론 아버지 라반보다 여호와 하나님이 더 신실하시다는 야곱의 말도 영향을 주었을 것입니다. 그러나 이 두 사람이 야곱을 따라나선 데에는 현실적인 이유가 더 크게 작용했습니다. 즉 하란에 있으면 재산을 다 빼앗길 것 같다는 두려움 때문에 선뜻 따라나서게 된 것입니다.

대개 사람들은 완전히 빈털터리가 되었을 때 하나님께 돌아갑니다. 예를 들어 사업이 망했거나 건강을 잃었을 때 돌아가는 것입니다. 그러나 야곱과 그 아내들은 반대로 오히려 재산이 있기 때문에 하나님께 돌아가려고 합니다. 즉 하란에 계속 머무르면 이 재산을 다 빼앗길 것이 분명한데 신실하신 하나님께 돌아가면 적어도 이 재산만큼은 지킬 수 있을 테니까 돌아가려는 것입니다.

저는 이것을 보면서 라헬과 레아가 참 지혜롭다는 생각을 합니다. 끝장을 보고 난 후에야 하나님께 돌아가는 것은 너무나도 어리석은 짓입니다. 하나님이 매를 드시면 너무나 아프게 때리십니다. 물론 재산이나 명예나 건강을 다 잃고 난 후에 빈손 들고 '천부여 의지 없어서' 찬송하면서 돌아오는 것도 감격스럽기는 하지요. 하지만 그 과정이 너무 힘듭니다. 자기의 형편과 주위의 세상을 돌아보고 '내가 이렇게 내 삶을 움켜쥐다가는 다 거덜나고 말겠구나, 나의 젊음을 다 망치겠구나, 그나마 가지고 있는 지식과 능력을 다 잃고 말겠구나' 생각해서 그것이라도 건지기 위해 하나님께 돌아가는 사람이 현명한 것입니다. 그러면 하나님께서 굉장히 귀하게 받아 주십니다.

망하기 전에 돌아가라

제가 젊은이들에게 하고 싶은 말이 이것입니다. 모든 것을 다 경험한 후에, 재산 다 날아가고 건강 다 잃어버리고 맨바닥에 앉아서 돌아가는 것도 귀하고 은혜가 있어요. 그러나 아무것도 잃지 않은 상태에서 지금 가지고 있는 것을 빼앗기지 않을 생각으로, 하나님의 말씀만 듣고 시행착오 없이 자신을 하나님께 드리는 것도 귀한 일입니다. 그럴 때 하나님은 어떻게 하십니까? 우리의 모든 것을 지켜 주시고 우리의 모든 것을 유효하게 하십니다. 자신의 삶에 아직 가능성이 있고 세상적으로 자랑할 만한 것도 아직 있지만, 그것을 가지고 그대로 세상에 머문다면 전부 빼앗길 수밖에 없다는 것을 깨닫고 젊음과 직장과 가정과 가능성을 하나님께 다 맡기는 사람이 현명한 사람입니다. 우리 청년들 가운데 야곱처럼 약은 사람들이 많이 있기를 바랍니다.

모든 일은 반드시 성경대로 이루어지게 되어 있습니다. 두고 보십시오. 말씀대로 살지 않으면 반드시 그 결과를 보게 되어 있습니다. 물론 모든 것을 다 경험하고 난 후에 인생 밑바닥에 던져져서 '왜 진작 하나님의 말씀을 깨닫지 못했을까' 하면서 땅을 치며 회개하고 나아오는 것도 나쁜 것은 아닙니다. 끝까지 장렬하게 지옥으로 달려가는 것보다는 훨씬 나은 일이에요. 그러나 자기 하고 싶은 것 다 해 보고 인생 밑바닥에 떨어지고 나서야 하나님께 돌아오는 사람은 아무래도 두 번째 자리로 밀려날 수밖에 없습니다. 일단 나이가 너무 들었어요. 좋은 기회는 이미 다 탕진해 버리고 마지막 불꽃만 남아 있습니다. 이 마지막 불꽃을 하나님을 위해 태우는 것도 귀한 일입니다. 그러나 하나님은 공평한 분이십니다. 자기 일보다 하나님을 첫번째로 생각하는 사람을 먼저 사용하십니다. 아직 시간도 남아 있고 이런 저런 일들을 할 수 있는 가능성도 남아 있는데 그것을 세상에서 쓰지 않고 미리 하나님께 드릴 때, 몇십 년의 시행착오를 줄일 수 있습니다.

두 아내의 화해

두번째 아이러니는 야곱이 하나님께로 돌아가려고 결단하자, 지금까지 그렇게 다투던 두 아내가 화해하게 되었다는 것입니다. 우리가 살펴보았듯이 지금까지 레아와 라헬은 칼만 들지 않았지 원수지간이나 마찬가지였습니다. 그런데 어떻게 이들이 이 어려운 시점에서 하나가 될 수 있었을까요?

이것은 우연의 일치가 아닙니다. 하나님의 백성이 하나님께로 돌아가기로 결단하기만 하면, 지금까지 복잡하게 얽혀 있던 주변의 모든 일들을 하나님께서 정리해 주십니다. 지금까지 왜 모든 것이 얽히고설켜 있었습니까? 야곱이 하나님께서 기뻐하시는 삶으로 돌아가지 않았기 때문입니다. 그러나 그가 하나님께로 돌아가기로 결단하자 헝클어진 서랍이 정리되듯이 모든 삶이 제자리로 돌아가고, 모든 관계가 바르게 회복되고 있습니다. 하나님의 백성의 삶이 복잡한 이유는 하나밖에 없습니다. 하나님께 돌아가겠다는 결단을 내리지 않았기 때문입니다. 그러면 모든 일과 인간관계가 실타래같이 얽혀서 도저히 해결되지 않습니다.

오늘 말씀이 우리에게 이야기하는 것이 무엇입니까? 신앙은 그냥 잘먹고 잘사는 것이 아니라는 것입니다. 신앙은 경기요 연주입니다. 아무것도 없는 가운데 믿음으로 위기를 극복함으로써 하나님의 살아계심을 나타내는 것입니다. 하란에서 다른 사람이 주는 밥이나 먹고 편안하게 사는 것은 믿음이 아닙니다. 아무것도 없는 가나안에서 하나님의 신실하심 하나 붙들고 어려움을 헤쳐 나가는 것이 믿음입니다.

우리가 살고 있는 이 곳은 하란입니다. 모든 것이 보장되어 있습니다. 좋은 직장과 학벌만 있으면 두려울 것이 없는 곳입니다. 그러나 여기에서 일어나야 합니다. 일어나서 라반을 배신하고, 하란이 제공하는 편안한 삶을 거부하고, 이 세상이 주는 보장된 미래를 떨쳐 버리고, 다시 믿음의 걸음을 걸어 나가야 합니다.

하나님의 신실하심을 붙들고 하나님께서 기뻐하시는 삶을 향해 나아갑시다. 그럴 때 내 모든 복잡한 문제가 저절로 해결될 것이며, 내가 인간적인 방법을 쓸 여지 없이 하나님께서 나의 삶에 개입하시는 것을 보게 될 것입니다.

7 영광의 탈출

야곱이 일어나 자식들과 아내들을 약대들에게 태우고 그 얻은 바 모든 짐승과 모든 소유물, 곧 그가 밧단 아람에서 얻은 짐승을 이끌고 가나안 땅에 있는 그 아비 이삭에게로 가려 할새 때에 라반이 양털을 깎으러 갔으므로 라헬은 그 아비의 드라빔을 도적질하고 야곱은 그 거취를 아람 사람 라반에게 고하지 않고 가만히 떠났더라. 그가 그 모든 소유를 이끌고 강을 건너 길르앗 산을 향하여 도망한 지 3일 만에 야곱의 도망한 것이 라반에게 들린지라. 라반이 그 형제를 거느리고 7일 길을 쫓아가 길르앗 산에서 그에게 미쳤더니 밤에 하나님이 아람 사람 라반에게 현몽하여 가라사대 "너는 삼가 야곱에게 선악간 말하지 말라" 하셨더라. 라반이 야곱을 쫓아 미치니 야곱이 산에 장막을 쳤는지라. 라반이 그 형제로 더불어 길르앗 산에 장막을 치고 라반이 야곱에게 이르되 "네가 내게 알리지 아니하고 가만히 내 딸들을 칼로 잡은 자같이 끌고 갔으니 어찌 이같이 하였느냐? 내가 즐거움과 노래와 북과 수금으로 너를 보내겠거늘 어찌하여 네가 나를 속이고 가만히 도망하고 내게 고하지 아니하였으며 나로 내 손자들과 딸들에게 입맞추지 못하게 하였느냐? 네 소위가 실로 어리석도다. 너를 해할 만한

능력이 내 손에 있으나 너희 아버지의 하나님이
어제 밤에 내게 말씀하시기를 '너는 삼가 야곱에게
선악간 말하지 말라' 하셨느니라. 이제 네가 네
아비 집을 사모하여 돌아가려는 것은 가하거니와
어찌 내 신을 도적질하였느냐?"
야곱이 라반에게 대답하여 가로되
"내가 말하기를 외삼촌이 외삼촌의 딸들을 내게서
억지로 빼앗으리라 하여 두려워하였음이니이다.
외삼촌의 신은 뉘게서 찾든지 그는 살지 못할
것이요, 우리 형제들 앞에서 무엇이든지 외삼촌의
것이 발견되거든 외삼촌에게로 취하소서" 하니
야곱은 라헬이 그것을 도적질한 줄을 알지
못함이었더라. 라반이 야곱의 장막에 들어가고
레아의 장막에 들어가고 두 여종의 장막에
들어갔으나 찾지 못하고 레아의 장막에서 나와
라헬의 장막에 들어가매 라헬이 그 드라빔을 가져
약대 안장 아래 넣고 그 위에 앉은지라. 라반이 그
장막에서 찾다가 얻지 못하매 라헬이 그 아비에게
이르되 "마침 경수가 나므로 일어나서 영접할 수
없사오니 내 주는 노하지 마소서" 하니라. 라반이
그 드라빔을 두루 찾다가 얻지 못한지라.

창 31:17-35

요즘 많은 북한 동포들이 목숨을 걸고 북한을 탈출하여 중국을 거쳐 한국으로 넘어오고 있습니다. 얼마 전에는 열 명이 넘는 가족이 집단으로 두만강을 건너고 중국 대륙을 가로질러 홍콩을 통해 귀순한 경우도 있었습니다. 이들 중에는 중풍에 걸려서 거동이 불편한 노인도 있었고 아직 초등학교도 들어가지 못한 어린아이들도 있었습니다. 만일 그들이 국경을 넘다가 발각이라도 되는 날에는 죽임을 당할 수밖에 없습니다. 그리고 국경을 넘는다고 해서 모든 것이 보장되는 것도 아닙니다. 실제로 중국에서 체포되어 압송되는 사람들도 많다고 합니다.

그럼에도 불구하고 그들이 목숨을 건 탈출을 시도하는 이유가 무엇입니까? 그것은 그들이 자유 세계에 대한 소문을 들었기 때문입니다. 만일 자유에 대한 소문을 듣지 못하고 자신에게 주어진 삶을 운명으로 여겼다면, 한두 명도 아닌 온 가족의 목숨을 걸고 그렇게 탈출할 리가 없습니다. 그들은 자유 세계에 대한 소문을 들었습니다. 그 소문을 듣고 나니 지금 자신들이 사는 세계에서 산다는 것은 사실 사는 것이 아니라 죽은 것이었습니다.

이렇게 목숨을 걸고 탈출하는 일은 북한에만 있는 현상이 아닙니다. 독일이 통일되기 전에도 많은 동독 사람들이 자유의 세계를 향해 목숨을 건 탈출을 시도했습니다. 지금도 쿠바 같은 곳에서는 형편없는 뗏목을 타고 바다로 나갔다가 강한 파도에 휩쓸려 목숨을 잃는 사람들이 있습니다. 그럼에도 불구하고 자유를 향한 탈출은 중단되지 않고 있습니다.

무엇을 위한 탈출인가?

우리는 오늘 본문에서 야곱이 자기 가족들을 데리고 목숨을 건 탈출을 시도하는 것을 보게 됩니다. 이 경우에 특이한 점은 이것이 자유를 향한 탈출이 아니라는 것입니다. 물론 야곱은 그 동안 외삼촌 라반의 집에서 종으로 일을 했습니다. 그러나 처음에는 어디까지나 자신이 자원해서 일을 했고, 그 후에는 엄연히 품삯을 받는 노동자로서 일을 했습니다. 야곱은 하란에서 이미 많은 재산을 모았고 아무 걱정 없이 먹고 살 만큼 부자가 되었습니다. 그럼에도 불구하고 그는 가족들을 다 데리고 목숨을 건 탈출을 시도하고 있습니다. 이것은 자유를 향한 탈출이 아닙니다. 자유 이상의 목표를 향한 탈출입니다.

그 목표가 무엇입니까? 하나님의 영광을 다시 체험하는 것입니다. 만약 야곱이 아버지 집에서 도망치다가 벧엘에서 하나님을 만나는 경험을 하지 않았더라면 그는 이 곳에서 탈출해야 할 이유를 몰랐을 것입니다. 야곱은 아버지 집에서 형을 피해 목숨을 걸고 탈출했습니다. 그러나 지금은 목숨을 위협하는 사람이 없는데도 탈출을 시도하고 있습니다. 그 이유가 무엇입니까?

그는 이미 엄청난 것을 맛보았기 때문입니다. 벧엘에서 하나님을 만났던 체험이 마음 속 깊이 새겨져 있어서 도저히 지워지지가 않았습니다. 그 곳으로 돌아가지 않으면 만족되지 않는 갈급함이 늘 가슴 속에 있었습니다. '이건 사는 게 아니야. 나는 돌아가야 해. 그 영광의 자리로 돌아가야 해.' 야곱의 머리 속을 늘 지배하고 있는 것은 벧엘에서 만난 바로 그 영광의 하나님이었습니다. 그는 자신이 벧엘로 돌아가야 한다는 것을 알고 있었습니다.

그러나 현실적인 여건들이 그의 발목을 잡았습니다. 그것이 무엇입니까? 사랑하는 여인과의 결혼이었습니다. 그는 라헬을 놓치고 싶지 않았습니다. 그래서 그와 결혼하려고 7년 동안 종살이를 했습니다. 그러나 그 7년은 7년으로 끝나지 않았습니다. 외삼촌 라반에게 속아서 레아까지 떠맡게 되었고 첩까지 두 명 더 생겼기 때문입니다. 그 사이에 무려 열두 명의 아이들이 태어났고 그 아이들을 먹여 살리려면 재산이 필요했습니다. 그래서 품삯을 벌기 위해 또다시 6년을 일했습니다. 눈 깜짝할 사이에 20년이 지나가 버렸습니다.

20년의 지체

그러나 이제는 도저히 참을 수가 없었습니다. 그래서 그는 탈출을 시도했습니다. 무엇을 위한 탈출입니까? 먹고 살기 위한 탈출도 아니고 자유를 위한 탈출도 아닙니다. 하나님의 영광을 회복하기 위한 탈출입니다. 이것은 이 세상에서 인간이 할 수 있는 최고로 가치 있는 탈출입니다.

공산 정권 아래서 압제에 신음하다가 자유의 세계로 탈출했을 때 그 자유가 얼마나 소중하겠습니까? 우리는 늘 자유를 누려 왔기 때문에 그 소중함을 잘 모르지만 공산정권에서 탈출한 사람들은 숨쉬는 공기까지 그렇게 편안할 수 없습니다. 사람이 자기가 하고 싶은 말을 할 수 있다는 것이 얼마나 귀한 일입니까? 그러나 그보다 더 중요한 것은 자기가 알고 있는 하나님을 마음껏 예배하고 마음껏 찬양하며 그 하나님께 온전히 헌신할 수 있는 특권입니다.

어렸을 때 어떤 가톨릭 신부가 개종한 수기를 읽은 적이 있습니다. 그는 더 거룩해지기 위해서 날마다 채찍으로 자신의 등을 때렸고, 더 거룩해지기 위해서 잠도 자지 않고 식사도 하지 않았으며, 더 거룩해지기 위해서 수많은 시간을 기도했고 수많은 기도문을 외웠습니다. 그러나 그는 진정한 양심의 평안을 얻을 수 없었고, 늘 죄의식에 시달려야 했습니다. 그러던 어느 날 그는 개신교로 개종하기로 결심했습니다. 그에게 이런 생각이 있다는 것을 알아챈 주위 친구들은 그를 철저히 감시하기 시작했습니다. 드디어 탈출하기로 한 날이 되었습니다. 그는 입고 있던 성직자의 옷을 벗고 묵주를 버린 채 하수구와 담을 넘어서 자기가 알고 있는 목사에게로 도망을 쳤습니다. 그것은 목숨을 건 탈출이었습니다.

이제는 그 영광을 되찾고 싶다!

지금 야곱의 탈출은 먹고 살기 위한 탈출이 아닙니다. 하나님의 영광을 되찾기 위한 탈출입니다. 그는 벧엘에서 하나님이 어떤 분인지 보았습니다. 먹을 것도 없었고 입을 것도 없었지만 자기 영혼을 충만함으로 가득 채우던 기쁘고 평안한 밤을 경험했습니다. 그러나 지금까지 그는 전심으로 하나님을 사랑할 수 없었습니다. 마음의 일부는 아내가 차지하고 있었고 또 다른 일부는 재산에 대한 욕심이 차지하고 있었습니다. 많은 재물이 있었고 많은 아내가 있었고 많은 자식이 있었음에도 불구하고 그는 결코 행복하지 않았습니다. 그의 마음 속에는 도저히 채워지지 않는 영혼의 갈급함이 있었습니다. 그는 마치 열병에 걸린 사람 같았습니다. 벧엘로 돌아가지 않으면 죽을 것 같았습니다. 그래서 그 영광의 하나님을 다시 만나기 위하여 가족들과 함께 목숨을 건 탈출을 시도합니다.

예배의 가치를 아는가?

우리가 만약 예배를 드리지 못하도록 억압하는 가정이나 우상 숭배를 강요하는 사회 분위기 속에서 교회에 다니고 있다면, 예배드릴 때 너무나 감격스러운 나머지 찬송도 제대로 부르지 못할 것입니다. 그러나 우리는 이미 하나님을 예배할 자유를 누리고 있기 때문에 그 중요성을 깨닫지 못하고 있습니다.

남자분들은 아마 훈련소에서 처음 예배드렸던 날을 기억할 것입니다. 군대에는 자유가 없고 모든 부분에서 구속이 많습니다. 어떤 주일에는 도저히 교회에 못 갈 상황인데 어찌어찌해서 간신히 예배를 드릴 수 있게 되는 경우도 있습니다. 그 날은 목사님이 무슨 설교를 해도 은혜 받게 되어 있습니다. 이런 경험이 있는 분들은 눈물범벅이 되어 예배드리는 것이 어떤 것인지 조금은 알 겁니다.

만약 속박당하고 억압받는 가운데 딱 한 시간이나 두 시간 정도 마음껏 예배드릴 기회가 주어진다면 우리는 과거에 경험했던 그 영광을 되찾기 위해서 몸부림칠 것입니다. 그러나 우리에게는 선택의 자유가 주어져 있기 때문에 예배의 소중함을 제대로 느끼지 못하고 있습니다.

1. 야곱의 소유

아마 다른 사람들은 도저히 야곱의 탈출을 이해하지 못할 것입니다.

왜냐하면 그는 여기에 머물러 있어도 어느 것 하나 답답할 것이 없는 사람이었기 때문입니다. 그는 밧단 아람에서 가장 부자에 속하는 사람이었습니다. 그에게는 이미 두 명의 아내와 두 명의 첩이 있었으며 열두 명의 아이와 많은 재산이 있었습니다. 그는 새로운 탈출을 시도할 이유가 없는 사람이었습니다. 그러나 그에게는 이런 것만으로는 도저히 만족될 수 없는 영혼의 갈급함이 있었습니다.

31장 17절부터 18절까지 보십시오.

야곱이 일어나 자식들과 아내들을 약대들에게 태우고
그 얻은 바 모든 짐승들과 모든 소유물, 곧 그가
밧단 아람에서 얻은 짐승을 이끌고 가나안 땅에 있는
그 아비 이삭에게로 가려 할새

재산을 포기하지 않은 이유

여기서 중요한 것은 야곱이 자기 재산을 다 가지고 탈출하려 했다는 것입니다. 그 많은 양 떼와 소 떼를 이끌고 탈출한다는 것은 쉬운 일이 아닙니다. 하나님의 영광을 위하여 탈출한다고 하면서 굳이 이 재산을 다 가지고 탈출해야 하겠습니까? 그 정도 재산쯤은 포기할 수도 있는 것 아닙니까? 그러나 야곱은 자기 재산을 전혀 포기하지 않고 전부 다 가지고 나왔습니다. 그 이유가 무엇입니까?

무엇보다 먼저 야곱에게는 '재산은 하나님이 주신 선물' 이라는 확고한 믿음이 있었습니다. 따라서 절대로 포기할 수 없고 빼앗길 수 없다는 것입니다. 그뿐만 아니라 구약 시대 사람들에게 하나님을 섬긴다는 것과 생활은 별개의 것이 아니었습니다. 이스라엘 백성들이 애굽을 떠나겠다고 했을 때 바로는 가축들은 두고 가라고 했습니다. 그 때 이스라엘 백성들의 대답이 '우리는 반드시 가축으로 제사를 드려야 하는데 어느 것을 제물로 드릴 것인지 미리 정해져 있지 않다'는 것이었습니다. '예배용 가축'이 따로 정해져 있지 않다는 말입니다. 그러므로 일단 다 데리고 갔다가 하나님이 바치라고 하는 짐승을 바쳐야 한다고 대답했습니다.

물론 어떻게 들으면 재산을 다 가지고 떠나기 위한 핑계라고 생각할 수 있습니다. 그러나 다른 한편으로 이것은 사실이었습니다. 이스라엘 백성들에게는 '예배용'이라는 것이 따로 구별되어 있지 않았습니다. 예배용 옷, 예배용 가축, 예배용 헌금이 따로 없었어요. 그들의 삶 전체가 예배였고 그들의 소유 전체가 하나님의 것이었습니다.

모든 것을 그분 앞으로 가져가리라

야곱에게 신앙이란 처자식과 재산은 그대로 내버려 둔 채 자기 몸만 가서 한 번 예배드리고 오는 것이 아니라, 하나님 앞에 전부 다 끌고 가서 그 앞에서 먹고 자고 사는 것이었습니다. 지금 야곱은 일거수 일투족까지 라반의 감시를 받으며 살고 있습니다. 그런데 자신의 모든 것을 하나님 앞으로 끌고 가서 라반 대신 하나님 앞에서 살겠다는 것입니다. 이처럼 자신의 일거수 일투족을 하나님 앞에서 하는 것, 취미생활과 인간관계를 다 하나님 앞에 다 가지고 가서 그 앞에서 사는 것이 곧 신앙이고 예배입니다.

예를 들어 어떤 그리스도인이 장사를 한다고 합시다. 그는 주일 예배 시간이 되면 가게 문을 닫고 교회에 가서 예배드리고 난 후 돌아와서 다시 가게 문을 엽니다. 물론 그것도 그런 대로 좋은 신앙입니다. 그러나 지금 야곱이 하려는 일은 그런 것이 아닙니다. 그가 하려는 일은 가게를 통째로 하나님 앞으로 들고 가서 벧엘에서 장사를 하는 것입니다. 하나님 앞에서 물건 팔고 사람 만나고 잠 자고 먹고 사는 것, 이것이 야곱의 신앙이었습니다. 도서관에서 공부하던 학생이 예배시간을 지키기 위해 가방을 둔 채 성경책만 가지고 가서 예배드리고 다시 도서관에 와서 공부하는 것도 귀한 일입니다. 그러나 이스라엘 백성들이 생각하는 신앙은 그것이 아닙니다. 도서관을 통째로 하나님 앞에 옮겨다 놓고 그 앞에서 공부도 하고 예배도 드리고 잠도 자고 사람도 만나는 것이 그들의 신앙이었습니다.

신앙은 삶 전체를 포괄한다

참된 신앙은 생활과 별개의 것이 아닙니다. 참된 신앙이란 하나님은 특정 지역에 한정되어 계시고 나는 내 나름대로 생활하다가 일주일에 한 번씩 그 앞에 나가서 예배드리는 것이 아닙니다. 이스라엘 백성들이 가장 타락했을 때, 하나님을 가장 업신여겼을 때 나타난 현상이 바로 그런 것이었습니다. 하나님을 성전이나 어느 지역에만 제한시켜 놓고 자기는 제멋대로 살다가 예배시간에만 얼굴 말끔하게 씻고 나와서 예배드리고 가는 것입니다.

야곱은 자기의 모든 것을 하나님의 영광의 빛 앞으로 끌고 가서 거기에서 하나님이 좋아하시는 것은 하고 하나님이 싫어하시는 것은 얼마든지 포기하겠다는 마음으로 온 가족과 전 재산을 끌고 벧엘로 가고 있습니다.

하나님께서 우리에게 원하시는 것이 무엇입니까? 한두 시간의 예배가 아닙니다. 우리의 삶 전체를 말씀의 빛 아래로 끌고 오는 것입니다. 내가 지금 살고 있는 것, 돈 벌고 있는 것, 만나고 있는 사람들, 취미생활, 텔레비전, 다리미, 전부 다 들고 와서 하나님의 말씀의 빛 아래에서 사는 것입니다. 그리하여 우리의 삶 전체가 하나님께서 기뻐하시는 것이 되도록 만드는 것입니다. 이것이 부흥이요 하나님의 영광이 우리의 삶 가운데서 회복되는 길입니다.

회사 문제를 가지고 혼자서 고민하고 있습니까? 회사에서 내가 하고 있는 일 전체를 하나님 앞으로 가지고 오는 것이 신앙입니다. 내가 만나는 사람과 돈 버는 목적과 직장에서 일하는 방식을 전부 말씀의 빛 아래 다 가지고 와서 하나님께 물어 보십시오. 그리고 하나님이 기뻐하시는 것은 하고 싫어하시는 것은 버리십시오. 거기에 영광이 있습니다.

예배의 영광을 회복하려면

오늘날 왜 우리 예배에 영광이 없습니까? 왜 그렇게 기쁨이 없고 눈물이 없습니까? 몸만 왔기 때문입니다. 내가 좋아하는 것은 다 뒤에 숨겨 놓고 몸만 달랑 와 있기 때문에 영광이 없는 것입니다. 생활이 뒤따르지 않는 예배는 자기 기만입니다. 하나님을 바로 섬기기 위해서는 지금 나에게 속해 있는 모든 것을 말씀의 빛 아래 가지고 와야 합니다. 나의 생활 전부를 다 가지고 와야 합니다. 돈 버는 것과 취미생활하는 것과 만나는 사람들 전부를 하나님 앞에 가지고 와서 "하나님이 원하시는 것을 하겠습니다. 그렇지 않은 것은 포기하겠습니다" 하고 결심해야 합니다. 이럴 때 그의 마음은 이미 하나님을 향한 사랑으로 불타오르고 있는 것이며, 그 때부터 하나님의 영광은 쏟아지기 시작하는 것입니다.

2. 떠나는 방법

왜 탈출을 택했을까?

야곱이 라반의 집을 떠나는 방법에는 여러 가지가 있었을 것입니다. 그는 정중하게 미리 통보하고 모든 예의를 갖춘 후에 송별식까지 하고 떠나는 대신 탈출하는 방법을 택했습니다. 그 이유가 무엇입니까? 라반이 절대로 자기를 보내 주지 않을 것을 알았기 때문입니다. 나중에 라반은 이 부분을 두고서 이렇게 야곱을 책망합니다.

> 라반이 야곱에게 이르되 "네가 내게 알리지 아니하고
> 가만히 내 딸들을 칼로 잡은 자같이 끌고 갔으니
> 어찌 이같이 하였느냐? 내가 즐거움과 노래와 북과
> 수금으로 너를 보내겠거늘 어찌하여 네가 나를 속이고
> 가만히 도망하고 내게 고하지 아니하였으며 나로
> 내 손자들과 딸들에게 입맞추지 못하게 하였느냐?
> 네 소위가 실로 어리석도다"(31:26-28).

이것은 거짓말입니다. 무려 20년 동안이나 라반의 집에서 살아온 야곱은 그의 됨됨이를 잘 알고 있었습니다. 라반은 야곱을 보낼 사람이 아닙니다. 야곱은 황금알을 낳는 거위입니다. 이 사람만 붙들고 있으면 저절로 돈이 생기는데 순순히 보낼 턱이 없습니다. 야곱이 처음 라헬과 결혼하려고 했을 때 라반은 레아를 끼워팔기 식으로 떠안겼습니다. 또 야곱이 요셉을 낳은 후 떠나겠다고 하자 하나님의 축복 운운하면서 품삯을 가지고 야곱을 붙들었습니다. 이번에도 분명히 라반은

야곱이 외국인이라는 약점을 이용해서 모든 재산을 빼앗고 그를 붙들어 둘 것입니다. 야곱은 탈출 외에는 이 곳을 떠날 길이 없으며, 라반과 좋은 관계를 맺고 있는 상태에서는 결코 그의 집을 떠날 수 없다는 것을 깨달았습니다.

야곱은 탈출을 위해서 상당한 준비를 했습니다. 우선 그는 낙타를 여러 마리 사 두었습니다. 이 더운 곳에서 부녀자들을 빨리 이동시키기 위해서는 낙타가 최적의 운송 수단이었기 때문입니다. 그리고 탈출의 시기로 라반이 양털 깎는 때를 택했습니다. 목축업자들에게 양털 깎는 때라는 것은 농민들의 추수 때와 같습니다. 이 때는 큰 축제나 다름없는 시기이기 때문에 아무래도 야곱에 대한 감시가 소홀해질 수밖에 없었습니다.

정상적인 방법으로는 하나님께 돌아갈 수 없습니다. 예의 차릴 것 다 차리고 갖출 것 다 갖추려 들면 절대로 하나님께 돌아갈 수 없습니다. 특히 하나님께 돌아가는 데 가장 큰 걸림돌은 가까운 사람들입니다. 나를 사랑해 주고 아껴 주고 키워 준 사람들이 길을 막는 경우가 많습니다. 그래서 예수님께서는 누구든지 자기 부모나 형제를 미워하지 않고서는 그분의 제자가 될 수 없다고 말씀하셨습니다.

정상적인 방법으로는 돌아갈 수 없다

야곱의 탈출에는 많은 장애가 있었습니다. 무엇보다 가족들의 동의를 얻어야 했고 유브라데스 강이라는 만만치 않은 장애도 가로놓여 있었습니다. 그뿐만 아니라 라반이 곧 추격해 올 것입니다. 본문에서는 야곱이 이 강을 어떻게 건넜는지 설명하고 있지 않습니다. 여하튼 야곱은 유브라데스 강을 건너 길르앗을 목표로 죽어라고 달려갔습니다. 길르앗을 통과해서 얍복 강만 건너면 가나안이고, 거기로만 들어가면 라반이 더 이상 추격하지 못할 것이기 때문입니다. 21절을 보십시오.

> 그가 그 모든 소유를 이끌고 강을 건너 길르앗 산을
> 향하여 도망한 지

이스라엘 백성들이 애굽을 떠날 때 하나님께서는 허리에 띠를 띠고 손에 지팡이를 잡고 급히 음식을 먹으라고 명령하셨습니다. 원래 이스라엘 백성들은 먹는 것 하나만큼은 여유가 있는 사람들이었습니다. 길게 드러누워서 소화시켜 가면서 먹었어요. 그러나 애굽을 떠날 때에는 서서 급히 먹게 하셨습니다. 그 이유가 무엇입니까? 하나님께 돌아가는 것보다 급한 일이 없기 때문입니다. 죄에서 떠나는 것보다 급한 일이 없기 때문입니다.

배신이 필요한 때

그럴 때 해야 하는 일이 배신입니다. 가까운 사람들의 기대를 배신하지 않으면 절대로 하나님께 돌아가지 못합니다. 병원 앰뷸런스가 환자들을 수송할 때 신호동 다 지키는 것 봤습니까? 사람이 죽어가고 있는데 앰뷸런스가 신호등마다 다 기다리면서 여유부리며 간다면 그 안에 있는 환자는 아마 죽어도 몇 번은 죽을 것입니다. 앰뷸런스는 법규를 위반하고서라도 빨리 가야 합니다. 죄에서 떠날 때에도 마찬가지입니다. 하나님께 돌아가려고 할 때 인정 찾고 체면 찾으면 절대로 못 돌아갑니다.

지금 내가 새장에 갇힌 새처럼 악의 세력에 걸려 들었다는 생각이 들었다면, 무슨 수를 써서라도 빠져나와야 합니다. 온갖 지혜를 다 짜내서 빠져나와야 해요. 그럴 때 그들과의 신뢰관계를 생각한다든지 그

들의 은혜에 감사하려고 한다든지 의리를 지키려고 들면 절대로 못 빠져나옵니다. 내가 무언가 잘못된 관계에 얽혀 들었다고 생각될 때에는 무조건 도망쳐야 합니다. 이러한 배신과 탈출의 방법 외에는 하나님께 돌아갈 수 있는 길이 없습니다.

3. 라반의 추격

라반의 반응

야곱이 도망친 지 사흘 후에 라반은 이 사실을 알게 되었습니다. 그가 어떤 반응을 보였을 것 같습니까? 처음에는 아마 불같이 화를 냈을 것입니다. "제까짓 게 감히 도망을 쳐? 20년 동안이나 나를 섬긴 종 주제에 감히 도망을 치다니!" 그리고 나서 자기 재산을 확인해 보았을 것입니다. 재산 중에는 별로 손해본 것이 없는 것 같습니다. 양이나 소가 대충 다 있습니다. 그런데 가장 중요한 것이 하나 없어졌습니다. 자기 집의 수호신인 드라빔이 없어진 것입니다. 이것을 안 라반은 더 엄청나게 화가 났을 것입니다. 드라빔은 라반이 이 세상에서 가장 아끼는 물건이었기 때문입니다. 라반은 추격대를 만들어서 야곱을 좇아갔고, 결국 그의 덜미를 잡았습니다.

라반이 그 형제를 거느리고 7일 길을 쫓아가
길르앗 산에서 그에게 미쳤더니(31:23)

하란에서 길르앗까지는 약 400킬로미터 이상이 되는 것으로 알려져 있습니다. 그 옛날에 이렇게 빨리 간 것을 보면 야곱이 얼마나 결사적으로 도망쳤는지 알 수 있습니다. 라반이 추격대를 조직하는 데 하루 이틀 정도는 걸렸을 것이고 7일 간 추격했다고 했으니 야곱은 약 열흘 만에 길르앗까지 도망친 것입니다. 이제 요단 강만 건너면 가나안이고 그러면 자유의 몸이 됩니다. 그런데 그 직전에서 야곱은 덜미를 잡히게 되었습니다.

"너의 배신을 용납할 수 없다"

야곱이 하나님만을 전심으로 섬기고 그 영광을 되찾기 위해 탈출했을 때 어떤 일이 일어났습니까? 라반이 주위 사람들을 다 이끌고 추격해 왔습니다. 왜 추격했습니까? 야곱을 영원한 자기의 종으로 여겼기 때문입니다. 얼마든지 부려먹을 수 있다고 생각했던 야곱이 도망을 치자, 라반은 극도의 배신감을 느끼지 않을 수 없었습니다.

세상은 우리가 이 세상만 생각하면서 이 세상을 위해 한평생 봉사하기를 바랍니다. 그런데 세상을 위해 살지 않고 하나님만을 위하여 살려고 할 때 이 세상은 우리에게 배신감을 느낍니다. 세상은 결코 중립적이지 않습니다.

학교에 다니는 자녀를 둔 부모님은 아이들이 공부만 하기를 바랍니다. 아이가 시험공부 하다가 중간에 예배드리러 가면 그렇게 화가 날 수가 없어요.

"공부만 해도 시간이 모자랄 텐데 피곤하게 꼭 교회까지 가야겠니?"

"저는 안 피곤해요."

"피곤하다면 피곤한 줄 알아!"

또 교회 간다고 친척 모임에 가지 않으면 친척들이 막 화를 내면서 믿어도 더럽게 믿는다고 욕을 합니다. 왜 그렇습니까? 친척들은 자신들을 우선적으로 생각해 주기를 바라기 때문입니다. 자신들을 먼저 챙긴 다음에도 시간이 남으면 예배를 드리든지 텔레비전을 보든지 잠을 자든지 마음대로 하라는 것입니다.

세상은 대적한다

이것은 그들 자체에게 문제가 있어서라기보다는 그들 뒤에 어떤 영이 있기 때문에 일어나는 일입니다. 마귀는 세상이라는 미끼로 모든 사람을 묶어 놓았습니다. 그래서 늘 이 세상만 바라보고 이 세상과 좋은 관계를 맺고 지내면서 하나님께 돌아가지 못하도록 막고 있습니다. 그런데 우리가 이 세상이 주는 것들이 아무것도 아니라는 사실을 알고 하나님께 돌아가려고 결단할 때, 세상의 모든 것을 동원해서 우리를 대적하는 것입니다. 무엇보다 우리 몸이 먼저 거부반응을 일으킵니다. 하나님만 전심으로 섬기려고 하면 마음 속에 불안이 올라와요. '그러면 도대체 나는 뭐가 되는 거야? 세상에서 재미있는 것들은 하나도 누리지 못하고 완전히 중이나 수도사처럼 살게 되는 거 아니야?' 그리고 갑자기 가족들과의 관계가 악화됩니다. 회사나 친구들로부터도 반대가 옵니다.

왜 이런 일이 일어납니까? 이 세상 전체가 사탄의 지배 아래 있기 때문입니다. 세상은 자기를 떠나는 자를 절대로 그냥 두지 않습니다. 미워해도 그렇게 미워할 수가 없습니다. 세상만 바라보고 살면 승진도 시켜 주고 돈도 주고 편안한 생활도 보장해 줄 텐데 왜 자꾸 딴 짓을 하느냐는 것입니다. 세상과 타협만 하면 위기가 없습니다. 그러나 전심으로 하나님을 섬기고 그 영광을 되찾겠다고 결심하는 순간부터 난리가 납니다.

하나님의 개입

라반이 야곱을 추격했을 때 하나님이 어떻게 하셨습니까? 라반에게 나타나셔서 절대로 야곱을 해치지 못하게 하셨습니다.

> 밤에 하나님이 아람 사람 라반에게 현몽하여 가라사대 "너는 삼가 야곱에게 선악간 말하지 말라" 하셨더라 (31:24).

성경은 간단하게 '밤에 하나님이 라반에게 나타나셨다' 고 기록하고 있습니다. 그러나 실제로 라반이 경험한 일은 그렇게 간단한 것이 아니었을 것입니다. 하나님의 선지자들도 꿈에 하나님의 계시를 받을 때에는 초주검이 되곤 했습니다. 하나님께서 꿈에 라반에게 나타나셨다는 것은 라반의 꿈 속에 나와서 그냥 듣기 좋게 이야기하신 것이 아니라 그를 거의 초주검으로 만들어 놓으셨다는 뜻입니다. 라반은 '사람이 이렇게 죽을 수도 있겠구나' 라고 생각할 정도로 엄청난 계시의 무게를 체험했습니다. 그렇지 않았다면 야곱을 이렇게 호락호락 보내 줄 리가 없습니다.

이 세상에서 가장 고귀한 결단이 무엇입니까? 하나님을 온전히 섬기겠다는 결단입니다. 먹고 사는 문제에 매여 있고 직장에 매여 있던 사람이 이제는 온전히 하나님을 섬기겠다는 결단을 내릴 때, 그의 길을 막을 수 있는 것은 아무것도 없습니다. 이스라엘 백성들이 하나님을 예배하기 위해서 애굽을 떠날 때 모세가 바로에게 계속 말한 것이 무엇입니까? '내 백성을 가게 하라' 는 것입니다. '그들을 막으면 너는 죽는다' 는 것입니다.

이 세상에서 가장 영광스럽고 복된 걸음이 무엇입니까? 죄에 빠져 있다가, 하나님과 사람과 돈으로 마음이 나뉘어 있다가, 이제는 온전히 하나님을 섬기겠다고 결단하며 내딛는 걸음입니다. 그 걸음은 어느 누구도 막을 수가 없습니다. 우리가 온전히 하나님을 따르기 위해 결단을 내릴 때 하나님의 능력이 함께합니다. 아주 작은 결심에도 하나님의 능력이 나타납니다.

지난 주에 저는 하나님을 더 온전히 사랑하기 위하여 말하기도 부끄러울 정도로 아주 작은 결심을 몇 가지 했습니다. 그런데 하나님께서 모든 환경에까지 섭리하시는 것을 느낄 수 있었습니다. 저는 이것을 보면서 하나님이 이런 결심을 얼마나 기뻐하시는지 절감할 수 있었습니다. 그 다음에 나타난 축복이 얼마나 컸는지는 말로 표현할 수가 없습니다.

우리가 하나님의 능력을 체험하지 못하는 이유가 무엇입니까? 자신의 형편이나 주위 사람들만 생각하기 때문입니다. 내가 하나님을 온전히 사랑하기 위해 내리는 작은 결단을 하나님께서 얼마나 기뻐하시며 얼마나 큰 능력으로 지켜 주시는가를 믿지 못하기 때문입니다. 첫걸음을 뗄 생각은 하지 않고 자꾸 엄청난 일을 하려고 하기 때문입니다.

그러나 여러분, 하나님께서 우리에게 원하시는 것은 엄청나게 큰 일이 아닙니다. 아주 작은 결심입니다. 우리가 하나님을 향해 아주 작은 첫걸음만 옮겨도 우리가 알지 못하는 사이에 그분의 능력이 나타나기 시작합니다.

4. 무서운 함정과 야곱의 경솔함

야곱의 탈출에는 아주 무서운 함정이 있었습니다. 그것은 야곱의 모든 탈출 계획을 완전히 수포로 돌아가게 만들 뻔한 함정이었습니다. 그것이 무엇입니까? 라헬이 훔친 라반의 작은 신상이었습니다. 19절 하반절을 보십시오.

라헬은 그 아비의 드라빔을 도적질하고

라헬의 욕심

'드라빔'이 무엇인지는 정확하게 알 수 없습니다. 단지 사람의 모양으로 만들어진 가정의 수호신상으로서, 숭배의 목적으로 사용되기도 하고 마스코트처럼 행운을 안겨다 주거나 재앙에서 지켜 준다고 믿었던 작은 인형이었던 것 같습니다. 라반은 이 드라빔을 무척이나 아꼈습니다. 또 라헬이 도망쳐 나오면서 하필 이 드라빔을 훔친 것을 보면 그 역시 평소에 이것을 무척이나 가지고 싶어했던 것 같습니다.

올림픽이나 큰 행사에는 마스코트가 등장합니다. 대개 짐승을 형상화한 이 마스코트들은 그 행사에 대한 친근감이나 그 행사가 잘 치러질 것 같은 기대감을 불러일으킵니다. 군인들도 작전을 수행하러 가거나 전쟁터에 나갈 때 이런 마스코트를 꼭 가지고 갑니다. 자신을 위험으로부터 지켜 주기를 기대하면서, 아내나 애인이 준 반지라든지 여배우의 사진 같은 것을 생명처럼 품고 가는 것입니다. 아마 라헬도 이런 이유에서 드라빔을 훔쳤을 것입니다.

라헬이 '아버지, 제가 이 우상을 가져갈 테니 더 이상 우상 숭배하지 마세요' 하는 의미에서 가져갔다고 보는 사람도 간혹 있지만, 이것은 전혀 믿을 만하지 못한 이야기입니다. 그보다는 라헬 또한 우상 숭배에 감염이 되었다고 보는 편이 더 설득력이 있습니다. 즉 '아버지가 평소에 저걸 그렇게 애지중지했지. 내가 저걸 가져가면 위험한 상황이 닥치더라도 보호받을 수 있을 테고 행운도 찾아올 거야' 하는 마음으로 훔친 것입니다.

라반은 야곱에게 무엇이라고 말하고 있습니까?

"너를 해할 만한 능력이 내 손에 있으나
너희 아버지의 하나님이 어제 밤에 내게 말씀하시기를
'너는 삼가 야곱에게 선악간 말하지 말라' 하셨느니라.
이제 네가 네 아비 집을 사모하여 돌아가려는 것은
가하거니와 어찌 내 신을 도적질하였느냐?"(31:29, 30)

라반의 말에서 추리할 수 있는 것이 무엇입니까? 라반이 야곱의 뒤를 쫓아온 것은 정말 그를 해치기 위해서였다는 것입니다. '너를 해할 만한 능력이 있다'는 것은 '나는 너를 죽이려고 왔다'는 뜻이에요. 그런데 하나님께서 자기를 막으셨다는 것입니다. 야곱은 라반의 말을 통해, 자신이 걱정했던 것이 모두 사실이며 자신도 모르는 가운데 하나님께서 지켜 주셨다는 사실을 깨닫게 되었습니다.

그런데 문제는 야곱이 여기에서 방심을 했다는 데 있습니다. 그는 하나님께서 라반을 막으셨다는 것을 알고 이제야말로 모든 것이 끝났다고 생각했습니다. 그래서 라반이 자기 신상을 도둑맞았다고 했을 때 방심(放心)

뭐라고 대답했습니까?

> 야곱이 라반에게 대답하여 가로되 "내가 말하기를 외삼촌이 외삼촌의 딸들을 내게서 억지로 빼앗으리라 하여 두려워하였음이니이다. 외삼촌의 신은 뉘게서 찾든지 그는 살지 못할 것이요, 우리 형제들 앞에서 무엇이든지 외삼촌의 것이 발견되거든 외삼촌에게로 취하소서" 하니 야곱은 라헬이 그것을 도적질한 줄을 알지 못함이었더라 (31:31, 32).

도둑은 멀리 있지 않았습니다. 가장 가까이에 있는 사랑하는 여자가 도둑이었습니다. 그러나 야곱은 누구든지 드라빔을 훔친 자는 죽임을 당할 것이라고 아주 자신있게 맹세하고 있습니다. "신상이 발견되면 돌려드리겠습니다"라고 하면 될 것을 왜 이렇게까지 과격하게 말하는 것입니까? 방심했기 때문입니다. 이제 다 끝났다고 생각했기 때문입니다. 만약 라헬이 드라빔을 훔쳤다는 사실이 발각되었다면 어떻게 되었을까요? 물론 야곱의 말대로 라헬을 죽이지는 않았겠지만 탈출은 실패했을 것입니다.

위기를 모면하다

다행히 라반은 라헬에게서 드라빔을 찾아내지 못했습니다. 그는 야곱의 짐을 이 잡듯이 샅샅이 뒤졌습니다. 그리고 마침내 라헬의 장막에 이르렀을 때, 라헬은 낙타 안장 밑에 드라빔을 감추고 그 위에 앉아서 생리중이기 때문에 일어나지 못하겠다고 말했습니다. 동방 사람들은 생리중인 여성이 접촉한 것을 만지거나 그것에 닿는 일을 아주 부정하게 여겼습니다. 라헬은 그 점을 이용해서 간단히 아버지를 물리쳤습니다.

그러나 한번 생각해 보십시오. 아무것도 아닌 이 마스코트 하나 때문에 목숨을 건 이 탈출이 실패로 끝난다면 얼마나 억울하고 답답하겠습니까? 라헬이 드라빔을 훔친 것은 욕심입니다. '물론 하나님이 지켜 주시겠지만 수호신까지 가져가면 아무래도 더 낫지 않겠느냐' 는 것입니다. '이왕이면 완벽하게 도망치자. 하나님도 지켜 주고 드라빔도 지켜 주면 얼마나 더 행복하겠냐' 는 것입니다. 하지만 그 결과는 엄청난 재앙이었습니다. 아마도 라헬은 이 사건을 통해 드라빔 같은 것을 가지고 다니면 결국 큰 재앙이 임한다는 사실을 깨닫게 되었을 것입니다.

오직 그 은혜로 저를 지키소서

야곱은 끝까지 긴장했어야 합니다. 다 성공한 것 같아도 전혀 예기치 못한 사고로 모든 노력이 실패로 돌아가는 경우가 많기 때문입니다. 드라빔 사건은 야곱으로서는 전혀 예기치 못한 일이었습니다. 드라빔은 야곱을 지켜 주기는커녕 오히려 위태롭게 만들었고, 정말 그를 지켜 준 것은 드라빔이 아니라 하나님의 은혜였습니다.

오늘 본문이 우리에게 말씀하고 있는 것이 무엇입니까? 사람들은 짐승과 달리 먹고 사는 것만으로 만족할 수 없습니다. 사람은 영혼이 만족되지 않는 이상 다른 것으로 절대 완전한 만족을 얻을 수 없습니다. 좋은 집이나 좋은 차나 아름다운 여자를 얻으면 행복할 것 같아도 그 행복은 일시적인 것입니다. 자녀가 없을 때는 자녀만 생기면 행복할 것 같아도 막상 자녀를 낳고 보면 그렇게 마냥 행복하지가 않습니다.

그렇다면 우리의 영혼은 언제 만족을 얻습니까? 하나님을 온전히 사랑하는 마음으로 충만해질 때, 내 마음과 뜻과 정성을 다하여 하나님을 사랑할 때 만족을 얻습니다. 야곱은 돈도 없고 집도 없고 가족도 없었을 때 이런 만족과 영광을 체험했습니다. 그는 그 영광을 되찾기 위해 라반의 집에서 탈출했습니다. 이 때 그는 자신이 가지고 있던 모든 것을 다 가지고 갔습니다. 그는 하나님 앞에서 이 모든 것을 다시 보고자 했습니다. 자신의 모든 삶을 하나님의 말씀의 빛 앞에 끌고 가고자 했습니다. 또한 그는 정상적인 방법으로는 절대로 하나님 앞으로 돌아갈 수 없다는 것을 알았습니다.

이 세상이 들려 주는 달콤한 소리에 속지 마십시오. 마귀는 자기에게 절하기만 하면 이 세상에 있는 모든 것을 다 주겠다는 말로 하나님의 아들을 속이려고 했습니다. 마귀는 대학만 들어가고 나면 그 때부터 얼마든지 하나님을 섬기라고 합니다. 또 취직만 하고 나면 그 때부터 얼마든지 신앙생활 제대로 하라고 합니다. 그러나 대학에 계속 떨어지면 어떡할 겁니까? 계속 취직이 안 되면 어떡할 겁니까?

어떤 사람은 결혼만 하고 나면 하나님께 돌아가겠다고 하지만, 결혼해서 애가 하나 둘 생기고 나면 신앙생활 하기가 더 힘들어집니다. 그래서 저는 부인들한테 임신했을 때 기도 많이 하라고 합니다. 아기가 태어나고 나면 설교를 못 들어요. 애가 여기저기 돌아다니고 물 달라고 칭얼거리는데 어떻게 설교를 듣습니까? 그래서 현명한 부인은 배불러 올 때부터 기도를 굉장히 많이 합니다. '앞으로 환난의 시간이 올 것이다. 제대로 예배드리지 못할 때가 올 것이다. 적어도 3, 4년은 하나님의 영광 없이 버텨야 할지도 모른다'는 것을 알기 때문에 애가 생기면서부터 더 열심히 기도하는 것입니다.

'더 높은 자리로 승진하고 난 뒤에 하나님을 섬겨라' 같은 거짓말에 왜 속아 넘어갑니까? 한번 돈을 벌면 더 벌고 싶고, 한번 승진하면 더 높은 자리로 승진하고 싶고, 대학교에 들어가면 대학원에 가고 싶어질 것입니다.

지금까지 야곱은 속아서 살아왔습니다. 결혼한다고 돌아가지 못했고 애들 키운다고 잡혀 있었고 재산 모은다고 붙들려 있었습니다. 그러나 이제는 도저히 더 이상 기다릴 수 없었습니다. 무조건 떠나야 했습니다. 그의 영혼은 목말라 죽을 지경이 되었고, 하나님께 돌아가지 않으면 이 모든 것이 의미를 잃을 단계에 와 있었습니다.

여러분, 살아 계신 하나님께 돌아와야 기쁨이 있고 나의 온전한 가치가 회복됩니다. 어떤 목표를 세워 놓고 그것을 이룬 후에야 돌아오겠다고 생각하는 사람은 절대 못 돌아옵니다. 세상이 그렇게 호락호락하지가 않아요. '돈 좀 벌고 난 후에', '집 장만 하고 난 후에', '대학 가고 난 후에' 돌아오려고 합니까? 절대 못 돌아옵니다. 지금 돌아오십시오. 하나님이 말씀이 나에게 임할 때 돌아오십시오. 무조건 돌아오십시오. 그럴 때 하나님의 능력을 체험할 수 있습니다. 그럴 때 하나님이 나타나셔서 내 덜미를 잡는 사람들을 치기 시작하십니다. "이 사람을 건드리지 마라. 건드리면 너는 죽는다. 내 백성을 가게 하라!"

우리가 지금 압제와 핍박 아래 있다면 이 예배 시간이 정말 감격과 눈물의 시간이 될 것입니다. 그런데 예배를 드릴 수도 있고 드리지 않을 수도 있는 선택권이 마치 우리에게 있는 것처럼 생각하니까 예배의 감격을 누리지 못하는 것입니다. 하나님을 전심으로 섬기지 못하고 한 손에는 하나님을, 한 손에는 드라빔을 붙들려 하니까 그 기쁨을 맛보지 못하는 것입니다.

지금 하나님께 전심으로 돌아가지 못하도록 나를 막고 있는 것이 무엇입니까? 무엇에 매여서 예배의 기쁨을 누리지 못하고 있습니까? 죽음을 각오하고 탈출하십시오. 북한을 탈출하는 사람처럼 탈출하십시오. 도망치십시오. 마귀의 소리를 듣지 마십시오. 예기치 못한 일들을 두려워하지 마십시오. 하나님께서 탈출하는 여러분의 길에 함께하실 것입니다.

8 야곱의 반박

야곱이 노하여 라반을 책망할새
야곱이 라반에게 대척하여 가로되
"나의 허물이 무엇이니이까?
무슨 죄가 있기에 외삼촌께서 나를 불같이
급히 쫓나이까?
외삼촌께서 내 물건을 다 뒤져 보셨으니
외삼촌의 가장집물 중에 무엇을 찾았나이까?
여기 나의 형제와 외삼촌의 형제 앞에 그것을
두고 우리 두 사이에 판단하게 하소서.
내가 이 20년에 외삼촌과 함께하였거니와
외삼촌의 암양들이나 암염소들이 낙태하지
아니하였고, 또 외삼촌의 양 떼의 수양을 내가
먹지 아니하였으며, 물려 찢긴 것은 내가
외삼촌에게로 가져가지 아니하고 스스로 그것을
보충하였으며, 낮에 도적을 맞았든지 밤에 도적을
맞았든지 내가 외삼촌에게 물어 내었으며,
내가 이와 같이 낮에는 더위를 무릅쓰고 밤에는
추위를 당하며 눈 붙일 겨를도 없이 지내었나이다.
내가 외삼촌의 집에 거한 이 20년에 외삼촌의
두 딸을 위하여 14년, 외삼촌의 양 떼를 위하여
6년을 외삼촌을 봉사하였거니와 외삼촌께서 내
품값을 열 번이나 변역하셨으니, 우리 아버지의

하나님, 아브라함의 하나님, 곧 이삭의 경외하는
이가 나와 함께 계시지 아니하셨더면 외삼촌께서
이제 나를 공수로 돌려 보내셨으리이다마는
하나님이 나의 고난과 내 손의 수고를 감찰하시고
어제 밤에 외삼촌을 책망하셨나이다."

창 31:36-42

얼마 전 북한의 한 주요 인사가 중국에 있는 한국 대사관을 통해 우리 나라에 망명을 신청했습니다. 그는 북한에서 너무나 중요한 위치를 차지하고 있는 사람이었기 때문에 전세계는 그의 망명 사실에 충격을 받았습니다. 또 북한측은 그 사람의 망명 사실을 인정하지 않고, 오히려 그는 남한에 납치된 것으로서 당장 되돌려 보내지 않으면 크게 보복하겠다고 위협했습니다. 그래서 그 즈음에는 베이징에 있는 한국 대사관 주위를 수상한 사람들이 늘 감시하고 있었고, 그 망명 인사가 비행기를 타기 전에 테러를 당하리라는 소문도 나돌았습니다. 그러나 정작 본인은 자신의 망명 사실을 거듭 밝히면서 북한으로는 돌아가지 않겠다는 의사를 분명히 했습니다. 결국 북한은 "반역자는 갈테면 가라"면서 더 이상 그 사람을 붙들고 늘어지지 못했고, 그는 무사히 우리 나라에 올 수 있었습니다.

우리는 오늘 본문에서 야곱이 무려 20년 동안 종살이하던 라반의 집에서 도망쳐 자유의 세계로 탈출을 시도하는 것을 보게 됩니다. 그런데 라반은 야곱을 절대로 호락호락하게 보내지 않았습니다. 그는 야곱을 다시 종으로 삼기 위해서 무장한 추격대를 이끌고 쫓아왔고, 야곱은 자유의 세계로 넘어가는 문턱에서 그에게 덜미를 잡혔습니다. 그때 야곱은 라반에게 분명하게 이야기합니다. "나는 당신에게 진 빚이 없습니다. 나는 다시 당신에게로 돌아가지 않겠습니다."

야곱의 자유선언

지금까지 야곱은 라반 앞에 서기만 하면 이상하게 자신을 잃었습니다. 마치 고양이 앞에 선 쥐처럼 겁을 집어먹고 할 말을 못 했습니다. 그런데 이번에는 어디에서 그런 용기와 힘이 생겼는지, 다시는 라반의 종이 되지 않겠노라고 분명히 선언하고 있습니다. "Never Again!"이라는 것입니다. 그러자 라반은 꼼짝 못 하고 그를 돌려보냅니다. 그러나 이것은 야곱의 말이 워낙 조리 있고 타당성 있기 때문이 아니었습니다. 누군가 엄청나게 힘센 사람이 야곱과 함께하고 있다는 것을 알았기 때문이었습니다. 라반은 야곱을 만나기 전날 밤, 꿈에서 그 힘센 사람을 만났습니다.

자고로 노예들의 반란이 성공한 예가 없습니다. 우리 나라에는 만적의 난이 있었고 로마에는 스파르타쿠스의 난 같은 것이 있었지만 성공하지 못했습니다. 왜냐하면 그들은 자신들을 자유케 할 만한 힘을 가지고 있지 못했기 때문입니다. 아무리 타당한 명분이 있다 하더라도 누군가 도와 주지 않는 이상 순전히 노예들 자신의 힘으로 자유를 얻기는 어렵습니다. 그러나 야곱은 성공할 수 있었습니다. 말의 논리 때문이 아닙니다. 하나님의 강한 손이 그를 붙들고 있었기 때문입니다. 이스라엘 백성들은 출애굽에 성공했습니다. 그들이 이처럼 애굽의 노예생활에서 탈출할 수 있었던 이유가 무엇입니까? 하나님의 강한 손이 그들과 함께하셨기 때문입니다.

그렇다면 오늘 본문이 이 시대를 살고 있는 우리들에게 던지는 메시지는 무엇일까요? 첫째는 이미 그리스도 안에 있는 우리들에게 주시는 메시지로서, 악한 사탄이 우리를 다시 정욕의 노예로 만들기 위해 먹고 사는 문제로 유혹할 때 의사 표시를 분명하게 하라는 것입니다. "나는 그것이 싫다. 나는 다시는 그런 상태로 돌아가지 않겠다!" 하나님께서는 우리가 이렇게 분명히 의사 표시를 한다면 어떤 악도 우리를 이기지 못하리라고 약속하십니다.

또 다른 하나는 아직도 악의 세력에 빠져 있는 사람들에게 주시는 메시지입니다. 하나님께서는 지금까지 악의 세력에 빠져 있었다 하더라도 자신의 비참한 모습을 깨닫고 주 예수의 이름을 부르기만 하면 구원받을 것이라고 말씀하고 계십니다.

오늘 본문에서 야곱은 처음으로 라반에게 자신의 의사를 분명히 밝히고 있습니다. "나는 당신이 싫습니다. 나는 다시는 당신의 종의 상태로 돌아가지 않겠습니다." 그리고 야곱은 자유의 몸이 됩니다.

1. 재추격하는 악의 세력

마귀에 대한 오해

마귀가 어떻게 생겼을 것 같습니까? 머리에는 뿔이 달려 있고 송곳니는 튀어나왔으며 온몸이 시커먼 털로 덮인 채 삼지창을 들고 있는 고약한 모습을 떠올리는 사람은 마귀를 정말 오해하고 있는 것입니다. 마귀는 절대로 그런 모습으로 찾아오지 않습니다. 때로는 아주 자비롭고 인자한 통치자의 모습으로, 때로는 말만 하면 모든 소원을 다 들어 줄 것만 같은 사장님의 모습으로, 때로는 나에게 그렇게 잘해 줄 수가 없는 오빠의 모습으로, 때로는 너무나도 아름답게 치장한 아가씨의 모습으로, 때로는 정의를 위해 자기 몸을 불태우는 친구의 모습으로 나타납니다.

마귀의 사랑

마귀가 주는 사람의 특징은 무언가 잘해 주기는 잘해 주는데 자꾸 상대방을 자신에게 예속시켜서 철저하게 의존하게 만든다는 것입니다. 마귀라고 사랑할 줄 모르는 게 아니에요. 마귀도 사랑할 줄 알고 잘해 줄 줄 압니다. 그런데 문제는 상대방으로 하여금 스스로 생각하지 못하게 만든다는 데 있습니다. "당신은 생각할 필요 없습니다. 무조건 내가 시키는 대로 하십시오. 내가 모든 것을 다 해 드리겠습니다." 이렇게 자꾸 상대방을 도취시켜서 정상적인 분별력을 잃게 만들고 오직 자기 한 사람만 무조건 믿게 함으로써, 나중에는 자기 없이는 아무것도 할 수 없을 정도로 예속시키는 것이 마귀가 주는 사랑의 특징입니다. 꼭 아편 같아요. 아편의 진통 효과는 신비롭습니다. 아편을 먹으면 어떤 고통도 딱 멈추어집니다. 그러나 문제가 무엇입니까? 먹으면 먹을수록 거기에 매이게 되고 나중에는 아예 중독되어 폐인이 되고 만다는 것입니다.

죄가 힘을 가질 때 악의 세력이 됩니다. 이 악의 세력의 특징은 사람들로 하여금 생각하지 못하게 하고, 자기 자신을 되찾지 못하게 만들며, 무조건 예속되는 관계를 영구히 지속시키는 것입니다. 마귀는 우리를 사랑한다고 합니다. 그러나 우리로 하여금 아무 생각도 하지 못하게 하고, 아무것도 분별하지 못하게 하며, 양심의 소리를 듣지 못하게 합니다. 오로지 자기가 시키는 대로만 하게 합니다.

사람들의 마음 속에는 자신의 존귀함을 되찾고자 하는 욕망이 있습니다. 억압되어 있으면 해방되고 싶습니다. 강요당하고 있으면 그 상태에서 벗어나 자신의 자유로운 의사에 따라 무언가 결정하고 싶습니다. 사람에게는 자신의 분별력을 사용해야 할 책임이 있습니다. 사람이 사람인 이유가 무엇입니까? 스스로 생각해서 행동하고 그 행동에 책임을 질 수 있기 때문이 아닙니까?

그러나 마귀는 겉으로는 우리에게 잘해 주는 척하면서 실제로는 우리를 속박하여 자신의 가치를 되찾지 못하게 하고, 스스로 분별력을 사용하지 못하게 하며, 영구적으로 우리를 예속시킵니다. 마귀는 우리를 계속해서 잘못된 관계에 계속 빠져 있게 만듭니다. 사랑한다는 미명하에 불륜의 관계에 계속 머물러 있게 하고, 다른 사람의 돈을 떼먹거나 뇌물을 받아먹고 떳떳하지 못한 상태에 계속 머물러 있게 합니다. 그리고 그런 상태에 대해 스스로 생각하는 대신, 될 대로 되라는 식으로 방치하게 만듭니다. 이게 무서운 것입니다. "지옥에는 나 혼자 가나? 될 대로 되라고 그래!" 하는 것이 무서운 거예요.

하나님의 사랑

하나님의 사랑은 그렇지 않습니다. 하나님은 우리로 하여금 생각하게 하십니다. '나는 누구인가? 나는 지금 어디에 있는가? 나는 나 자신의 인격을 되찾았는가? 나는 나 자신의 존귀함을 되찾았는가? 무엇이 바른 관계인가?'를 생각하게 하시고, 그 답에 대해서 주리고 목마르게 하십니다. 복음서를 읽어 보십시오. 예수님께서는 "너희 스스로 생각하라. 왜 생각하지 않느냐? 너희의 지각을 사용하라"고 계속 말씀하고 계십니다. 하나님은 이처럼 우리 자신에 대하여 생각하게 하시며, 우리 안에 있는 양심의 소리를 듣게 하십니다. 우리 스스로 판단하게 하시고, 우리 자신이 얼마나 존귀하고 가치 있는 존재인지 깨닫게 하시며, 자기가 한 일에 책임을 지게 하십니다.

이 문제를 야곱의 입장에서 한번 생각해 봅시다. 가장 야곱다운 모습은 무엇입니까? 라반의 집에서 계속 종 노릇 하면서 양을 치는 것입니까? 야곱과 라반의 관계를 겉에서만 보면 전혀 문제가 없었습니다. 야곱은 자원해서 라반의 종이 되었습니다. 그리고 라반은 엄연히 품삯을 주고 그를 부리고 있었습니다. 어떻게 보면 라반이야말로 돈 한 푼 없이 객지 생활을 하는 야곱을 돌봐 주고 결혼시켜 주고 오늘까지 재산을 모으게 해 준 은인 같습니다.

진정한 모습을 회복하라

그러나 야곱의 진정한 모습은 이것이 아니었습니다. 그의 진정한 모습은 벧엘에서 하나님을 만났을 때의 모습입니다. 하나님께서는 라반의 종이 되어 그의 양 떼나 챙기라고 그를 부르신 것이 아니라, 그분의 제사장으로 삼으려고 그를 부르셨습니다. 하나님께서는 말할 수 없는 영광으로 그를 축복하시면서 그를 통해 모든 민족을 복되게 하겠다고 말씀하셨습니다. 이처럼 영광의 하나님과 교제하며 이 세상에 하나님의 은혜와 축복이 임하도록 기도하는 것이야말로 야곱의 바른 위치였고 진정한 모습이었습니다.

오늘날 궁핍이나 억압 가운데 있는 사람은 그것을 자신의 진정한 모습으로 여기지 않을 것입니다. 그는 지금보다 더 나은 삶이 있으며, 지금과 달리 회복되어야 할 자신의 모습이 있다는 것을 압니다. 병원에 입원해 있는 사람들은 그렇게 누워 있는 모습이 자신의 바른 모습이 아니라는 것을 압니다. 그래서 병원에 누워 있는 어머니들이 "내가 이렇게 누워 있으면 안 되는데, 남편도 챙겨 줘야 하고 아이들도 보살펴

줘야 하는데, 내가 하루 빨리 건강을 되찾아야 할 텐데" 하면서 한숨 쉬는 모습을 간혹 볼 수 있습니다.

우리에게는 회복해야 할 아름다운 모습이 있습니다. 이것은 하나님께서 우리를 창조하면서 생각하신 모습이며 우리를 죄 가운데서 부르면서 생각하신 모습입니다. 즉 하나님은 우리가 그분 앞에서 온전한 모습을 갖기를 원하십니다. 스스로 분별하고 판단해서 이 세상보다 하나님이 얼마나 아름다운가를 깨달으며 그분 앞에 나아가 찬양하는 모습, 마음의 상처도 없고 흠도 티도 없이 하나님 앞에 서는 모습, 이것이 우리가 회복해야 할 모습입니다.

라반은 겉으로는 야곱에게 잘해 주는 것 같았지만 실제로는 그를 더 예속시키고 있었습니다. 알고 했는지 모르고 했는지 모르겠지만 여하튼 그는 야곱으로 하여금 자신의 진정한 모습을 되찾지 못하게 만들었습니다. 그는 야곱의 재주를 이용하며 그가 하나님께 돌아가지 못하도록 막는 악의 세력이었습니다. 라반 뒤에는 사탄이 있었습니다. 사탄은 야곱이 자신의 존귀한 모습을 끝까지 되찾지 못한 채 라반의 양과 소나 키우면서 한평생을 보내게 만들려고 했습니다.

이 시대의 정신을 경계하라

오늘 우리에게 라반은 무엇입니까? 오늘 우리에게 악의 세력은 무엇입니까? 그것은 이 세상의 먹고 사는 문제에 매여 하나님 앞에서 온전한 내 모습을 되찾지 못하게 만드는 이 시대의 정신이요 가치관입니다. 오늘 우리 앞에는 너무나도 화려한 세상의 삶이 펼쳐지고 있습니다. 손만 벌리면 다 움켜쥘 수 있을 것 같습니다. 열심히 뛰기만 하면 돈도 벌고 명예도 얻고 높은 지위도 가질 수 있을 것 같습니다. 마귀는 "이 세상이 요구하는 대로만 해라. 그러면 다 주겠다"고 합니다. 단지 하나님만 너무 사랑하지 말라는 거예요. 하나님을 너무 사랑하면 광신자 취급을 받아서 아무것도 얻을 수 없으니까, 믿긴 믿되 지옥 가지 않을 정도로 적당히 믿으면서 이 세상을 위해 열심히 뛰라는 것입니다. “종교는 필요해. 사람은 위기 때 종교와 신을 찾게 되어 있으니까. 하지만 너무 잘 믿으면 안 돼.” 이것이 이 시대가 우리에게 가르치고 있는 정신입니다.

요즘 세상에서는 어린아이들도 열심히 뛰어야 합니다. 세상에서 뒤처지지 않으려면 우리말은 못해도 영어는 해야 해요. 그래서 아침에 보면 이제 막 걸음마를 시작한 것 같은 애들이 자기 몸뚱이만한 가방을 메고 무엇인가를 배우러 갑니다. 고등학생은 고등학생대로 입시 외에 다른 것을 생각하면 안 됩니다. 조금이라도 옆으로 빗나가거나 한눈을 팔면 사정없이 비난이 쏟아지고 ‘실패자’라는 낙인이 찍힙니다. 아무것도 생각하지 말고 오직 이 세상이 원하는 그것만을 위해서 죽도록 뛰라는 거예요. 그러면 돈도 벌고 승진도 되고 더 좋은 집에서 살 수도 있으니까, 나의 진정한 모습이나 존귀함 같은 것은 생각하지도 말고 무조건 뛰라는 것입니다.

나는 속지 않는다

마귀가 예수님에게 제안한 것이 이것입니다. 자기에게 절하기만 하면 이 세상 모든 것을 다 주겠다는 것입니다. 그 말을 들으면 마치 이 세상 모든 것이 다 마귀 것인 것 같습니다. 그러나 그것은 속임수입니다. 이 세상 모든 것은 하나님의 것입니다. 마귀에게 그렇게 충성하지 않아도 하나님께서 주십니다. 그렇게 직장에 목숨 걸지 않아도, 그렇게 돈을 구하고 찾지 않아도 이 세상에서 살 수 있게 해 주십니다. ‘여기서 한 번 도태되면 영원히 폐인이 되고 만다’는 것은 단지 마귀의 속임수일 뿐입니다.

모든 사람들이 의심없이 받아들이고 있는 이 시대의 정신, 이 사회의 가치관이 바로 우리의 라반입니다.

2. 진정한 내 모습을 보아야 한다

악의 굴레에서 빠져나오려면 반드시 자신의 비참한 모습을 보아야 합니다. 만일 그것을 보지 못한다면 그런 상태에서 빠져나올 필요를 느끼지 못합니다. 감옥 안에 모든 것이 보장되어 있는데 굳이 모험을 하면서까지 빠져나와야 할 이유가 뭐가 있습니까? 그렇게 좋았던 라반과의 20년 관계를 불편하게 끝내면서까지 탈출해야 할 이유가 뭐가 있습니까?

야곱은 언제 자기 모습을 보았을까?

야곱이 어떻게 자신의 진정한 모습을 보게 되었는지는 정확히 알 수 없습니다. 다만 결혼을 위해 봉사할 때까지만 해도 자신의 모습을 보지 못한 것은 분명합니다. 성경은 그가 라헬과 연애하느라고 7년을 수일같이 여겼다고 말씀하고 있습니다. 그는 연애하는 동안 자신의 모습을 보지 못했습니다. 경쟁하는 두 부인 사이에서 아이를 낳아 키울 때도 자신의 모습을 보지 못했습니다. 그는 여전히 라헬에게 빠져 있었습니다. 또 품삯을 받고 라반의 양 떼를 칠 때에는 점박이나 얼룩이를 낳게 하는 재미에 빠져 있느라 자신의 모습을 보지 못했습니다.

아마도 야곱이 자신의 모습을 보게 된 것은 하나님의 말씀 때문이었던 것 같습니다. 하나님께서는 야곱에게 꿈을 보여 주셨습니다. 꿈은 구약 시대 때 하나님이 말씀을 보여 주시는 방법이었습니다. 야곱은 교미하기 위해 암양 위에 올라타 있는 수양들이 전부 얼룩지고 점 있고 아롱져 있는 꿈을 꾸었습니다. 하나님께서는 라반이 품삯을 어떻게 정하든지 간에 그를 축복하시겠다고 말씀하셨습니다. 야곱은 그 때까지 자기 힘으로 결혼하고 자기 힘으로 재산을 모은 줄 알았습니다. 그런데 알고 보니 그 모든 것을 주신 분은 하나님이었습니다. 하나님께서는 야곱으로 하여금 그분과의 영광된 교제를 그리워하게 하셨습니다.

말씀의 빛이 비칠 때

하늘에서 빛이 비치기 전에는 자신의 문제를 느끼지 못합니다. 전부 자기가 똑똑해서 직장생활 잘하는 줄 알고, 자기 머리가 좋아서 집 장만한 줄 알고, 자기가 잘 키워서 애들이 공부 잘하는 줄 압니다. 그런데 어느 날 하나님께서 말씀하십니다. "이 어리석은 자야, 너는 나를 잊고 네 욕심대로 살아 왔지만 그래도 나는 너를 지켜 주었다. 네가 잘된 건 네 노력 때문이 아니야. 내가 너를 사랑해서 물질도 주고 네 자식도 지켜 준 거야. 그러니 이제 더 이상 미련 갖지 말고 내가 원하는 신앙의 자리로 돌아오거라."

주야로 뛴다고 해서 돈을 벌 수 있는 것이 아닙니다. 회사 상관이 죽으라고 할 때 죽는 시늉까지 한다고 해서 인정받는 것이 아니에요. 이 모든 것은 하나님께서 주시는 것입니다. 하나님을 잊어버리고 세상에 대한 미련을 떨치지 못해서 세상을 따라 살아온 그 무지한 세월 동안에도 하나님께서는 참아 주시고 나를 지켜 주셨습니다. 하나님께서 말씀하시는 것이 무엇입니까? 이제는 자신의 진정한 모습을 보라는 것입니다. 자신이 얼마나 병들어 있으며 지쳐 있으며 굳어 있는지 보라는 것입니다.

사람의 풍성함은 그의 외모에 있지 않습니다. 우리는 공부를 많이 한 사람은 더 풍성하게 살 것이라고 생각하고, 외국에서 살아 본 사람은 더 풍성하게 살 것이라고 생각하며, 건강한 사람은 더 풍성하게 살 것이라고 생각합니다. 그러나 실제로 그렇게 사는 사람들의 속사정을 들여다보면 그렇지가 못합니다. 공부한 것이 그를 풍성하게 해 주지 못해요. 오히려 더 골치 아프게 만들고 더 열등감을 갖게 합니다. 외국에 다녀왔다거나 건강한 사람들이 더 비교하고 의심하고 욕심을 냅니다.

내 영혼은 건강한가?

사람의 풍성함은 그 영혼의 상태에 달려 있습니다. 영혼이 건강하면 아무리 몸이 아프거나 약해도 천사처럼 풍성하게 살 수 있습니다. 공부를 못해도 천사처럼 살 수 있어요. 영혼이 건강한 사람은 자신이 얼마나 소중한지 알고 자신을 함부로 내던지지 않으며, 다른 사람을 깎아내리는 대신 세워 주고 완성시켜 줍니다. 영혼이 건강한 사람은 사랑을 구걸하지 않습니다. 남을 붙잡고 늘어지는 것은 사랑이 아니에요. 물귀신들이나 하는 짓이지요. 뇌물을 받아먹은 정치인들이나 고위직 인사들이 줄줄이 감옥에 들어가는 것은 놀라운 일이 아닙니다. 그들은 뇌물을 받아먹었을 때 이미 자신들의 영혼을 팔아먹은 것입니다. 너무 늦게 들통났을 뿐이지, 그들의 영혼은 이미 감옥 속에 있었습니다.

오늘 우리는 하나님 앞에서 내 영혼이 참으로 건강한지, 내 양심이 참으로 자유로운지, 나의 소중함을 참으로 알고 있는지 생각해 보아야 합니다. 그리고 그렇지 못하다면 무엇이 과연 나를 그렇게 만들었는지 찾아 보아야 합니다. 진정한 나의 모습이 어떤 것인지 한번 생각해 보십시오. 탐욕스러운 눈으로 돈을 헤아리고 있는 것이 진정한 나의 모습인지, 집 안에 많은 가구들을 갖추어 놓고 그것을 닦고 또 닦으면서 만족하는 것이 진정한 나의 모습인지 생각해 보십시오.

3. 야곱의 분명한 주장

야곱은 다시 자기를 종으로 붙들어 놓기 위해 뒤쫓아온 라반을 어떻게 대했습니까? 놀랍게도 그를 배척했습니다.

> 야곱이 노하여 라반을 책망할새 야곱이 라반에게 대척하여
> 가로되 "나의 허물이 무엇이니이까? 무슨 죄가 있기에
> 외삼촌께서 나를 붙같이 급히 쫓나이까?"(31:36)

이제는 라반이 두렵지 않다

지금까지 야곱은 감히 라반에게 이런 식으로 말한 적이 없었습니다. 이상하게도 야곱은 라반 앞에 서기만 하면 고양이 앞의 쥐처럼 꼼짝 못 하고 그가 시키는 대로 해 왔습니다. 그 이유가 무엇입니까? 자신의 모든 것이 라반의 결정에 달려 있다고 생각했기 때문입니다. 그에게는 결혼을 하기는 했지만 라반이 인정해 주지 않으면 아내와 아이들을 다 빼앗길지도 모른다는 두려움이 있었습니다. 또 품삯이라고 받긴 받았지만 라반의 마음이 변하면 한순간에 모든 것을 빼앗길지도 모른다는 두려움이 있었습니다. 이처럼 '나의 모든 행복은 라반의 손에 달려 있다. 라반이 내 운명을 결정한다' 고 생각했기 때문에 그에게 꼼짝

을 못 했던 것입니다.

그런데 이제는 무엇을 믿고 이토록 담대하게 큰소리를 치는 것입니까? 이 모든 것이 라반의 손에 달린 것이 아니라 더 큰 손에 의해 이루어진다는 사실을 안 것입니다. 그는 '내가 하나님의 말씀을 잊어버리고 욕심으로 사는 동안에도 하나님은 나를 지켜 주셨다' 는 것을 깨달았습니다. 양에 대한 꿈을 꾸기 전까지는 '그래도 라반이 도와 주니까 내가 이만큼 산다' 고 생각했습니다. 그에게 서운함이 없는 것은 아니었지만 양을 빼돌린 데 대해서는 좀 미안한 마음도 있었습니다. 그러니까 무언가가 복잡한 거예요. 야곱의 마음 속에는 라반에 대한 애증이 엇갈리고 있었습니다. 그러니까 이러지도 못하고 저러지도 못한 것입니다.

라반보다 크신 하나님

그런데 꿈에서 하나님의 말씀이 임하고 난 후에 깨닫게 된 것이 무엇입니까? 라반에게 고마워할 필요도, 미안해할 필요도 없다는 것입니다. 왜냐하면 자신의 소유는 인간적인 수단으로 빼앗은 것이 아니라 하나님께서 주신 것이기 때문입니다. '하나님은 라반보다 더 크시다. 나의 인간적인 방법보다 더 큰 하나님의 능력이 나를 지켜 주시고 라반의 것을 빼앗아 내게 주신 것이다. 라반의 의도는 절대로 나를 놓아주지 않고 영원히 예속시키려는 것이다' 는 것을 그는 깨달았습니다.

지금 야곱이 하고 있는 말은 두 가지 내용으로 요약할 수 있습니다. 첫째로, 자신은 라반에게 빚진 것이 없다는 것입니다. 지금 수색을 해서 확인된 바대로 자신은 그의 물건을 하나도 훔치지 않았다는 것입니다. 자신이 양을 치면서 낙태한 것이 없었고, 오히려 찢겨 죽은 양이나 도둑맞은 양이 있으면 자신의 것으로 보충을 했으니 빚진 것이 하나도 없다고 그는 주장했습니다. 이처럼 자기 할 일을 다했기 때문에 라반에게 미안할 것도 없고 이런 식으로 추격을 당해야 할 이유도 없다는 것입니다. 20년 동안 일을 하고서도 인사도 못 한 채 떠난 것이 조금 미안하기는 하지만 그렇다고 해서 이런 식으로 추격당할 이유는 없다고 그는 잘라 말하고 있습니다.

둘째로, 야곱은 라반이 자신의 재산 축적 과정에 의혹을 가지고 있는 것 같은데, 그렇다면 어디 한번 따져 보자고 합니다. '당신은 품삯을 열 번이나 변경하면서 나를 어렵게 했지만, 하나님은 그 때마다 축복해 주셨다'는 것입니다. 야곱은 만일 하나님께서 그렇게 자신을 지켜 주지 않으셨더라면 라반은 틀림없이 자신을 있는 대로 부려먹고 빈손으로 내쫓았을 것이라고 하면서, 이제 다시는 그 밑에 들어가지 않겠노라고 분명히 선언하고 있습니다.

하나님이 나를 자유케 하신다!

야곱이 이렇게 자유를 선언할 수 있었던 이유가 무엇입니까? 하나님께서 자기와 함께하신다는 것을 믿었기 때문입니다. 하나님께서 도와 주시지 않았더라면 야곱은 자유를 얻을 수 없었을 것입니다. 하나님께서 도와 주시지 않았더라면 야곱은 탈출에 성공하지 못했을 것입니다. 하나님께서 열 가지 재앙으로 바로를 징계하시지 않았더라면 200만 명이나 되는 이스라엘 백성들은 노예생활에서 탈출하지 못했을 것입니다.

오늘 말씀은 첫째로 아직 하나님을 모르고 있는 사람들을 향한 메시지입니다. 그들은 자기도 알지 못하는 가운데 이 시대 정신의 노예가 되어 있습니다. 그들은 이 세상에 자기에게 필요한 모든 것이 다 있다고 생각합니다. 그래서 신명을 바쳐서 이 세상을 위해 살고, 건강을 희생하면서까지 회사에 충성을 다합니다. 그러나 이 세상은 결코 우리에게 풍성한 삶을 주지 못합니다. 단지 약간의 인정과 약간의 돈을 줄 뿐이지요. 그리고 사실은 그것도 하나님께서 주시는 것입니다. 이 세상은 결코 우리 영혼의 존귀함을 되찾아 주지 못합니다. 회사에서 임원으로 승진한다 해도 자신의 존귀함을 찾을 수 없어요. 이 세상이 우리에게 주는 것은 먹고 사는 것을 위하여 영원히 종 노릇 하면서, 양심이나 바른 분별력 없이 남이 시키는 대로 기계적으로 사는 것뿐입니다.

말씀은 이것이 우리의 바른 모습이 아니라고 말합니다. 가장 중요한 사실은 누구든지 자신의 모습이 온전치 못하다는 것을 발견하고 주 예수의 이름을 부르면, 주님이 그의 삶에 찾아가셔서 속박된 상태에서 해방시켜 바른 모습을 되찾게 해 주신다는 것입니다. 누구든지 예수의 이름을 부르면 구원을 얻습니다. 누구든지 예수의 이름을 부르면 삶이 변하기 시작하고, 눈에 보이지 않는 손이 간섭하기 시작합니다.

우리는 예수의 이름을 부르고 그리스도인이 되면 오히려 이 세상에서 많은 것을 잃고 도태되지 않을까 두려워합니다. 이 세상의 직위나 세상이 준 명성이나 친구들을 잃지 않을까 두려워합니다. 그러나 사실 오늘까지 우리의 필요를 채워 준 것은 세상이 아니라 하나님이십니다. 더 놀라운 것은 내가 하나님을 모르고 불순종했을 때에도 하나님께서는 나를 사랑하시고 지켜 주셨다는 것입니다. 내 머리가 똑똑해서 대학 가고 승진한 줄 알았더니 사실은 내가 하나님을 모르고 있던 때에도 하나님께서 나를 지켜 주고 계셨던 것입니다. 그것은 세상이 준 것이 아닙니다. 세상은 하나님의 것을 가지고 사기를 치고 있습니다.

또 한편으로 오늘 말씀은 하나님을 믿으면서도 스스로 욕심에 빠져서 그 존귀한 직분을 잃어버리고 돈이나 명예를 위해 사람의 종이 되어 있는 성도들을 향한 메시지이기도 합니다. 성경은 과연 지금 그런 생활 가운데 마음의 평안이 있느냐고 묻습니다. 그렇게 돈을 벌고 사람들에게 인정을 받으니 마음이 평안하냐는 것입니다. 그런 생활 가운데 다른 사람에게 나누어 주는 풍성함이 있느냐는 것입니다. 돈이 생기면 생활 수준에 대한 기대도 전보다 높아집니다. 또 그 수준에 맞추려면 더 많은 돈이 필요하고, 그만한 돈이 벌리면 또 기대가 더 높아집니다. 그런 삶의 결과가 어떤 것일지 한번 생각해 보라는 것입니다. 나중에 내 무덤 앞에서 다른 사람들이 무엇이라고 말할지 생각해 보라는 것입니다. 내가 그리스도인이었음에도 불구하고 다른 사람들이 "이 사람은 남을 위해서는 아무것도 한 일이 없어. 그렇게 사느니 죽는 게 낫지"라고 한다면 내 인생은 실패한 것입니다. 차라리 재주는 없어도 다른 사람들에게 많은 사랑을 나누어 준 사람이 더 큰 칭찬과 면류관을 얻을 것입니다.

오늘 본문은 만일 지금 나의 모습이 진정한 모습이 아니라고 생각될 때에는 바로 그 자리에서 일어서라고 말씀합니다. 삭개오가 했던 것처럼 삶의 목표를 바꾸라는 것입니다. 삭개오는 주님을 만나고 난 후에 이제는 더 이상 이전처럼 살아서는 안 된다는 것을 깨달았습니다. 이제는 돈이 삶의 목적이 될 수 없다는 것입니다. 그래서 토색한 것이 있으면 네 배나 갚고 재산의 반을 다른 사람에게 주겠다고 했습니다. 이렇게 삶의 원리와 방식을 근본적으로 바꾸었을 때, 그는 참 아브라함의 아들로서 주님의 칭찬을 받았습니다.

양심을 속인 채 돈을 모으고 더 높은 자리에 올라가는 것은 너무나도 손해보는 장사를 하는 것입니다. 차라리 돈이나 높은 자리를 포기하고 양심의 평화를 지키는 것이 훨씬 더 큰 축복입니다.

우리는 날마다 악의 유혹을 받고 있습니다. 사탄은 마치 이 세상 모든 것이 자기 것인 양, 우리의 양심을 팔고 이 세상의 요구에 따르기만 하면 그 모든 것을 주겠다고 유혹합니다. 우리는 그 유혹에 분명히 "싫다!"고 말해야 합니다. 우리가 오늘까지 산 것은 세상 때문이 아니라 하나님 때문입니다. 하나님이 나의 삶을 지켜 주십니다. 야고보 사도가 말씀하고 있는 것이 무엇입니까?

마귀를 대적하라. 그리하면 너희를 피하리라(약 4:7하).

사탄의 유혹이 다가올 때 우리가 해야 할 일은 자신의 입장을 분명히 밝히는 것입니다. 오해의 소지가 생기도록 애매하게 넘어가지 말고 "나는 그런 일에 동참하지 않겠다. 좀 못살아도 괜찮고 남들에게 구질구질하게 보여도 좋다. 하지만 그것만큼은 절대로 싫다"고 태도를 분명히 해야 합니다. 그러면 마귀는 물러갑니다. 하와는 마귀가 유혹했을 때 애매하게 대답하는 바람에 결국 범죄하고 말았습니다. 야곱은 요셉을 낳았을 때 분명한 의사 표시를 못했기 때문에 하란에서 6년을 더 지체해야만 했습니다. 마귀와 악써 가면서 싸울 필요가 없습니다. 내 입장만 분명히 밝히면 마귀는 물러가게 되어 있습니다.

내가 악의 세력에 빠졌다고 생각될 때에는 어떻게 해야 합니까? 주님의 이름을 불러야 합니다. "주 예수여, 도우소서. 저는 지금 저 자신의 모습을 찾아야 하는데 이러이러한 굴레에 매여 있습니다. 저를 도우소서." 금식은 이럴 때 하는 것입니다. 내가 올무에 걸려들었다고 생각될 때, 그 올무에서 빠져나와야 할 때, 금식하며 주위에 있는 사람들에게 기도를 부탁하고 새가 새장에서 빠져나오듯이 모든 지혜를 다 써서 빠져나와야 합니다. 인사할 데 다 인사하고 있는 의리 없는 의리 다 챙기다 보면 또 잡혀 버립니다. 그냥 싹 빠져나와야 합니다.

오늘 주님은 우리에게 질문하십니다. "너의 영혼은 지금 건강한가?" 세상이 주는 미끼에 속아서 겉으로는 부요한 것 같지만 영혼은 거의 고갈되어 죽기 직전에 있지 않습니까? 그렇다면 나 자신에게 긴급 신호를 울려야 합니다. 그 어떤 일보다 먼저 기도해야 합니다. 내 영혼을 다시 건강하게 치료해 달라고 기도해야 합니다.

내가 그토록 애써서 얻은 재산이나 지위는 내가 잘해서 번 것이 아닙니다. 세상이 준 것도 아닙니다. 불순종하고 있음에도 불구하고 하나님께서 나를 불쌍히 여겨 주신 것입니다.

하나님은 이 세상보다 크신 분이십니다. 하나님께서는 이 세상에서 믿음으로 살도록 우리를 부르셨습니다. 이 세상 방식으로 잘사는 것은 사는 것이 아니요 죽어 가고 있는 것입니다. 하나님을 온전히 사랑하는 마음으로 돌아오십시오. 그리고 이웃을 위하여 무엇인가 하는 삶을 사십시오. 그것이 믿음의 삶이고 우리가 되찾아야 할 모습입니다.

9 증거의 돌무더기

라반이 야곱에게 대답하여 가로되
"딸들은 내 딸이요 자식들은 내 자식이요 양 떼는
나의 양 떼요 네가 보는 것은 다 내 것이라. 내가
오늘날 내 딸들과 그 낳은 자식들에게 어찌할 수
있으랴? 이제 오라. 너와 내가 언약을 세워
그것으로 너와 나 사이에 증거를 삼을 것이니라."
이에 야곱이 돌을 가져 기둥으로 세우고
또 그 형제들에게 "돌을 모으라" 하니
그들이 돌을 취하여 무더기를 이루매
무리가 거기 무더기 곁에서 먹고
라반은 그것을 '여갈사하두다' 라 칭하였고
야곱은 그것을 '갈르엣' 이라 칭하였으니
라반의 말에 "오늘날 이 무더기가 너와 나 사이에
증거가 된다" 하였으므로 그 이름을 '갈르엣' 이라
칭하였으며, 또 '미스바' 라 하였으니 이는 그의
말에 "우리 피차 떠나 있을 때에 여호와께서 너와
나 사이에 감찰하옵소서" 함이라.
"네가 내 딸을 박대하거나 내 딸들 외에 다른
아내들을 취하면 사람은 우리와 함께할 자가
없어도 보라, 하나님이 너와 나 사이에
증거하시느니라" 하였더라.
라반이 또 야곱에게 이르되

"내가 너와 나 사이에 둔 이 무더기를 보라.
또 이 기둥을 보라. 이 무더기가 증거가 되고
이 기둥이 증거가 되나니 내가 이 무더기를 넘어
네게로 가서 해하지 않을 것이요 네가 이 무더기,
이 기둥을 넘어 내게로 와서 해하지 않을 것이라.
아브라함의 하나님, 나홀의 하나님, 그들의 조상의
하나님은 우리 사이에 판단하옵소서" 하매
야곱이 그 아비 이삭의 경외하는 이를 가리켜
맹세하고, 야곱이 또 산에서 제사를 드리고
형제들을 불러 떡을 먹이니 그들이 떡을 먹고
산에서 경야하고 라반이 아침에 일찍이 일어나
손자들과 딸들에게 입맞추며 그들에게 축복하고
떠나 고향으로 돌아갔더라.

창 31:43-55

제가 어렸을 때 아주 인기 있던 텔레비전 프로그램 중에 '도망자'라는 것이 있었습니다. 아마 여러분 중에도 그 프로를 기억하는 분들이 있을 것입니다. 그 프로의 주인공은 자기 아내를 살해한 혐의를 뒤집어쓰고 끝없이 쫓기는 생활을 합니다. 그는 어느 곳에서도 정착해서 살 수가 없습니다. 그를 잡으려고 죽자고 따라다니는 형사가 있기 때문입니다. 이 사람에게 더 이상 쫓기지 않는 진정한 자유의 순간은 언제 찾아올까요? 자신을 쫓는 형사가 사고를 당해 죽어서 더 이상 쫓아올 수 없든지, 아니면 진짜 아내를 죽인 살인범이 잡혀서 무죄가 밝혀지든지 둘 중에 하나가 해결되어야 할 것입니다.

우리는 오늘 본문에서 드디어 야곱의 20년 종살이가 끝나는 자유의 대선언을 보게 됩니다. 야곱은 처음에 라반의 종이 되었을 때 이 일을 아주 쉽게 생각했습니다. 자신의 의사로 종이 되었으니, 역시 자신이 원하기만 하면 언제든지 자유인이 될 수 있으리라고 생각했습니다. 그러나 라반의 종이 된다는 것은 영구적인 종이 되는 것을 의미했습니다. 아마도 라반의 종이 된 후 자유를 얻어서 떠난 사람은 한 명도 없었을 것입니다. 그만큼 라반은 치밀하고 지독한 주인이었습니다.

그런데 도대체 어떻게 야곱이 자유를 얻게 되었습니까? 그것은 하나님의 부르심 때문이었습니다. 하나님께서는 라반의 종이 되어 있는 야곱을 부르셨습니다. 야곱은 그 부르심에 응해서 영광의 하나님을 만나기 위해 도망을 쳤습니다. 그러나 라반은 그렇게 호락호락 보내 줄 사람이 아니었습니다. 그는 추격대를 조직해서 맹렬하게 추격해 왔고 결국 그의 덜미를 잡았습니다.

돌무더기, 자유로 넘어가는 경계선

그러나 라반은 야곱을 다시 종으로 잡아갈 수 없었습니다. 야곱의 하나님이 그의 꿈에 나타나, 야곱을 건드리면 죽을 것이라고 말씀하셨기 때문입니다. 결국 라반은 야곱을 완전히 포기하고 그를 보내기로 결정한 후 그 증거로 돌무더기를 쌓습니다. 그것이 바로 '증거의 돌무더기' 입니다. 이 돌무더기가 증거하는 것이 무엇입니까? 이제부터 야곱은 라반의 종이 아니라 진정한 자유인이라는 것입니다.

몇 해 전 중국에서 망명을 신청한 북한의 한 고위관리는 불안한 시간을 보내야 했습니다. 자칫 잘못하면 그 대사관에서 몇 년을 썩어야 할지 모릅니다. 그리고 혹시 일이 더 잘못되어 북한으로 다시 끌려간다면 그는 정말 끝장이 나는 것입니다. 그러나 마침내 김포공항에 내려서 자신을 환영하는 대한민국 당국의 환영사를 들었을 때, 그는 진정한 새 사람으로 태어났습니다. 그것은 북한에 대해 죽고 대한민국 국민으로 다시 태어나는 순간이었습니다.

야곱에게 '증거의 돌무더기' 는 바로 그러한 것이었습니다. 이 돌무더기를 쌓는 순간은 지금까지 라반의 종으로 살았던 야곱은 죽고 자유인 야곱으로 다시 태어나는 순간이었습니다. 이제부터 야곱은 다시 라반을 두려워할 이유가 없고, 그의 추격을 당해야 할 이유가 없으며, 다시 그에게 끌려가서 종살이를 해야 할 이유도 없습니다. 완전한 자유를 얻었기 때문입니다.

1. 라반의 포기

야곱은 어떻게 라반의 집요한 추격을 뿌리치고 진정한 자유를 얻게 되었습니까? 라반이 그를 포기함으로써 얻게 되었습니다. 라반은 야곱에게 이렇게 말합니다.

라반이 야곱에게 대답하여 가로되
"딸들은 내 딸이요 자식들은 내 자식이요
양 떼는 나의 양 떼요 네가 보는 것은 다 내 것이라.
내가 오늘날 내 딸들과 그 낳은 자식들에게 어찌할 수
있으랴? 이제 오라. 너와 내가 언약을 세워 그것으로
너와 나 사이에 증거를 삼을 것이니라"(31:43, 44).

"야곱을 보내고 싶지 않지만"

지금 라반이 야곱에게 말하고 있는 것이 무엇입니까? 그는 원래 야곱을 보낼 생각이 전혀 없었다는 것입니다. 그는 야곱의 인생이나 소유를 전혀 인정하지 않았습니다. "딸들은 내 딸이요 자식들은 내 자식이요"라는 말이 무슨 뜻입니까? '전부 내 것이고 네 것은 하나도 없다'는 뜻입니다. 라반은 야곱의 결혼이나 소유를 전혀 인정하지 않고 있었습니다. 단지 그를 평생 종으로 부려먹기 위해 딸을 주고 자식을 낳게 하고 재산을 모으게 한 것뿐입니다. 그는 야곱을 자유롭게 보낼 생각이 전혀 없었습니다.

능력으로 포기시키시다

그러나 이제는 어떻게 합니까? 라반이 먼저 언약을 세우자고 제안합니다. 왜 이렇게 합니까? 도저히 야곱을 종으로 끌고 갈 수 없다는 것을 알았기 때문입니다. 야곱이나 그의 가족들 중에서 라반에게로 돌아가려고 하는 사람은 한 명도 없었습니다. 정 끌고 가고 싶으면 힘으로 끌고 가야 하는데 그러자니 야곱의 하나님이 두려웠습니다. 그래서 결국 야곱을 포기하고 그의 갈 길로 보낼 수밖에 없었습니다. 그가 혹시라도 야곱을 포기하지 않았다면 어떻게 되었을까요? 아마 하나님께서 그를 죽이셨을 것입니다.

저는 라반이 야곱을 따라잡기 전날 밤 하나님께서 나타나셨을 때, 분명히 어떤 방식으로든 그를 징계하셨다고 생각합니다. 그렇지 않았다면 다 잡은 야곱을 절대로 그냥 보낼 리가 없습니다. 라반은 야곱을 죽이고 그의 모든 가축들을 빼앗으려고 추격해 온 것입니다. 그럼에도 불구하고 손가락 하나 대지 못하고 야곱을 곱게 보낸 것은, 그 전날 밤 하나님께서 나타나셔서 그에게 엄청난 징계를 내리시고 거의 목숨을 잃을 정도의 고통을 주신 후에 "야곱에게 손가락 하나라도 대면 너는 죽는다"고 말씀하셨기 때문입니다.

우리는 야곱의 이러한 경험이 그의 후손 이스라엘 백성들의 출애굽 과정에서 그대로 재연되는 것을 볼 수 있습니다. 애굽에서 종살이하던 이스라엘 백성들이 어떻게 해서 애굽을 탈출하게 됩니까? 하나님의 부르심을 받게 되면서부터입니다. 하나님께서는 모세를 통해 이스라엘 백성들을 부르셨습니다. “너희들은 바로의 종살이나 하면서 살 사람들이 아니다. 너희들은 나를 섬겨야 할 사람들이다”고 말씀하시면서 그들을 부르셨습니다. 그러나 바로가 그렇게 호락호락 보내 줄 사람이 아닙니다. 그는 어떻게 해서든지 이스라엘 백성들을 노예로 붙들어 놓으려고 했습니다. 하나님께서 열 가지 재앙으로 바로와 그 백성들을 치시지 않았더라면 그는 절대로 이스라엘 백성들을 보낼 사람이 아닙니다.

바로에게 하셨듯이

이스라엘 백성들은 애굽을 탈출했습니다. 그러나 바로는 포기하지 않고 애굽의 모든 병거를 동원하여 집요하게 추격해 왔습니다. 그런데 언제 이스라엘 백성들이 완전한 자유를 얻게 되었습니까? 이스라엘 백성들이 홍해를 건너고 그들을 쫓던 바로와 그 군대가 홍해에 빠져 죽었을 때, 그래서 더 이상 그들을 쫓을 수 없게 되었을 때 진정한 자유를 얻었습니다. 이제 그들은 애굽 군대의 추격을 받거나 애굽으로 다시 잡혀갈 이유가 없었습니다. 자신들을 추격하던 자들이 다 물에 빠져 죽어 버렸기 때문입니다.

바로가 이스라엘 백성들을 보낼 수밖에 없었던 이유가 무엇입니까? 하나님의 손에 능력이 있었기 때문입니다. 하나님께서 열 가지 재앙으로 바로를 치시고 홍해에 빠뜨려 죽이셨기 때문에 430년에 걸친 종살이가 끝나게 되었던 것입니다. 이스라엘 백성들은 홍해를 건넌 후 승리의 노래를 불렀습니다. 이것은 그들이 노예생활에서 벗어난 후 처음으로 부른 승리의 노래였습니다.

혹시 하루도 빠짐 없이 나쁜 사람의 공갈이나 협박에 시달림을 받아 본 적이 있습니까? 그 때 심정이 어떻습니까? 하루도 편할 날이 없습니다. 신고해서 감옥에 보내도 이런 일은 형량이 크지 않기 때문에 금방 풀려나와서 더 본격적으로 해코지를 하려 듭니다. 그런 나쁜 사람의 손에서 풀려나는 길은 다른 것이 없습니다. 그 사람이 죽든지 아니면 그 사람이 나를 포기하든지 둘 중에 하나예요. 그래서 형이나 아버지가 매일 술 먹고 와서 어머니나 자기를 때리는 경우 결국 그 형이나 아버지를 칼로 죽여 버리는 일이 생깁니다. 왜냐하면 그 사람이 살아 있는 이상 절대로 가정에 평화가 올 수 없기 때문입니다.

세상,
우리의 라반

우리에게도 하루도 빠짐 없이 우리를 때리고 괴롭히는 술취한 형 같은 사람이 있습니다. 그가 누구입니까? 바로 우리가 살고 있는 이 세상입니다. 이 세상은 우리 부모님들의 삶을 갉아먹은 원흉입니다. 하루도 편히 쉬지 못하도록 노예처럼 우리를 부려먹는 원수입니다. 제가 여러분들에게 묻고 싶은 것은 바로 이것입니다. 여러분은 무언가 하도록 세움 받은 소중한 목적에 따라 이 세상을 살고 있습니까? 아니면 마치 자기도 알지 못하는 과정 속에 내던져진 사람처럼 이 세상을 살고 있습니까?

그리스도를 알기 전까지 우리의 삶은 완전히 내던져진 삶이었습니다. 이유도 모르면서 공부해야 하고 이유도 모르면서 취직해야 하고 이유도 모르면서 결혼해야 합니다. 어떤 학생이 묻습니다.

"대학은 왜 가야 합니까?"

"시끄러워! 가야 한다면 무조건 가야 하는 줄 알아!"

그래서 이 세상이 요구하는 대로 열심히 따라가는 학생은 모범생이 되고, 그 요구에 잘 따라가지 못하고 엉뚱한 짓을 하는 학생은 문제아가 됩니다.

그가 부르실 때
변화가 시작된다

우리의 삶에 근본적인 변화는 언제 옵니까? 하나님께서 말씀으로 나를 부르시는 그 순간부터 옵니다. 어느 날부터인가 자신의 진정한 가치에 대해 생각하게 되고 인생의 의미에 대해 진지하게 질문하고 싶은 때가 옵니다. 쓸데없는 질문이라고 스스로 치부하는데도 자꾸만 떠오릅니다. '인생은 무엇일까? 나는 지금 돈 번다고 정신없이 살고 있는데, 이것 말고 좀더 가치 있는 삶은 없을까? 정말 이렇게 살다 죽어야 하는 것일까?' 세상 일이 재미있을 때는 잘 모르지만, 어떤 목적을 성취하고 난 다음에는 마음에 허망함이 밀려옵니다. '과연 이것이 전부일까, 내가 이 세상에 태어난 것이 겨우 이 짓이나 하기 위해서일까' 하는 질문들이 자꾸 떠올라요. 물론 현실적인 여건들은 이런 질문들을 일축하게 만듭니다. '인생의 의미 좋아하시네. 인생의 의미를 찾으면 먹을 것이 생기니, 입을 것이 생기니?'

그런데 하나님의 말씀이 마음 속에 한 번 제대로 비춰지면 이야기는 달라집니다. 하나님께서는 이 세상은 그분의 진노 아래 있으며 장차 심판받을 것이라고 단도직입적으로 말씀하십니다. 이 세상에서 성공하는 것이 가치 있는 일이 아니라는 것입니다. 하나님을 바로 알고 그분의 뜻대로 사는 것이야말로 진정으로 가치 있는 삶이라는 것입니다.

하나님께서는 그런 삶으로 우리를 부르십니다. 그리고 그 부르심은 우리를 고민하게 하고 갈등하게 합니다. 그 갈등은 몇 개월 간 계속되기도 하고 10년이 넘게 지속되기도 합니다. 우리는 쉽게 이 세상을 떠나지 못합니다. 그런데 한편으로는 이 세상이 전부가 아니라는 생각이 끝없이 떠오릅니다. 여기에서 이 세상을 떠난다는 것은 수도원에 들어가거나 성직자가 되는 것을 가리키지 않습니다. 사는 원리와 목적을 완전히 바꾸라는 것입니다.

우리에게 필요한 것들은 이 세상 안에 다 있습니다. 돈이나 명예나 필요한 모든 것들이 세상에 다 있어요. 세상이 시키는 대로 고분고분하게 따라가기만 하면 명예와 부를 얻을 수 있습니다. 그러나 성경은 이런 것들로는 절대로 만족할 수 없다고 말합니다. 그래서 우리는 고민하고 갈등합니다. 어떤 목적이 있어서 그 목적을 추구할 때까지는 괜찮은데 그 목적을 성취하고 나면 허탈합니다. 좋은 대학에 들어가고 싶어서 그렇게 안달을 했는데 막상 들어가고 나니까 별게 아닙니다. 어떤 물건을 가지고 싶어서 미칠 지경이었는데 막상 가지고 나니까 아무것도 아닙니다. 이 세상에 진정한 만족이 없다는 것을 알게 되면서 우리는 고민하기 시작합니다.

솔로몬은 그것을 일찌감치 알고 있었습니다. 그래서 "헛되고 헛되며 헛되고 헛되니 모든 것이 헛되도다"라고 외쳤습니다. 솔로몬은 모든 것을 다 누려 보았습니다. 부인들도 많이 거느려 보았고 가지고 싶은 것은 전부 가져 보았습니다. 그 누구보다 뛰어난 지혜도 가지고 있었고, 명예와 권세도 누릴 만큼 누렸습니다. 그러나 그 안에는 진정한 만족이 없었습니다. 그 모든 일이 바람을 잡으려는 것처럼 헛될 뿐이었습니다.

세상에서 도망치려면

그렇다면 우리는 어떻게 해야 합니까? 이 세상에서 도망쳐야 합니다. 그럴 때 우리가 도망치려 한다는 것을 가장 빨리 눈치채는 사람은 바로 부모님입니다. 부모님은 울면서 잡고 늘어집니다. "이놈아, 오늘까지 내가 어떻게 너를 공부시키고 키웠는데 갑자기 예수에 미쳐서 출세를 망치려고 하느냐? 정 가고 싶으면 날 죽이고 가라!" 또 친구들은 친구들대로 "지금까지 우리가 의리 하나로 뭉쳐 왔는데 너 혼자 빠져 나가면 어떻게 하냐?" 하면서 붙잡습니다. 사실은 내 마음 속에도 갈등과 혼란이 있습니다. '내가 이렇게 집안에 불협화음을 만들면서까지 예수를 따라야 할 것인가? 혹시 이것도 하나의 시행착오에 불과하다면 어떻게 할 것인가?' 그럼에도 불구하고 하나님의 부르심은 계속됩니다. "너는 가야 한다. 더 이상 이 세상에서 종살이하지 말고 더 높은 삶을 향해 나아가야 한다"고 말씀하십니다.

아직도 세상에 기대를 가지고 있고 세상에서 할 일이 많으며 세상이 너무나도 재미있는 사람은 진정한 자유를 얻지 못한 사람입니다. 아직도 하란을 떠나지 못하고 라반의 종살이를 하고 있는 사람입니다.

세상이 나를 포기하게 하라

언제 진정한 자유가 옵니까? 이 세상이 나를 포기하게 만들 때 옵니다. 그러려면 이 세상에 분명한 의사 표시를 해야 합니다. "나는 이 세상에 기대할 것이 아무것도 없으며 더 이상 이 세상에서 종살이하지 않겠다"고 분명히 밝혀야 합니다.

제 아버지는 그리스도인이 아니었고 한평생 신앙을 반대하셨습니다. 예수 믿고 나서 어렵고 살고 있는 저를 지켜 보시던 아버지가 어느 날 아직도 남아 있는 마지막 미련을 말씀하셨습니다.

"예수가 내 아들의 인생을 망쳤다마는 언젠가는 네가 이 애비 앞에 영광스럽게 설 날이 있을 것을 기대한다."

그 때 저는 아버지께 분명히 말씀드렸습니다.

"아버지, 그런 날은 오지 않을 겁니다. 저는 이미 이 세상에서 끝난 사람입니다."

그 때서야 아버지는 저에 대한 마지막 기대와 미련을 버리시는 것 같았습니다.

이 세상이 우리를 포기하게 만들어야 합니다. "저런 인간은 아무리 붙들고 있어 봐야 소용이 없어. 어쨌든 저 갈 데로 가고 말 사람이야"라는 결론을 내리게 해야 합니다. 그 사람에게 자유가 옵니다.

두 주인을 섬길 수 없다

신앙도 가지고 세상 사람들도 만족시키려는 사람, 신앙도 가지고 아버지도 만족시키고 술친구와도 얼마든지 잘 지낼 수 있는 사람은 그 결과가 아주 비참합니다. 그 대표적인 인물이 롯입니다. 그는 할 수 있는 대로 소돔 사람들을 다독거려 가면서 그들과 좋은 관계 속에서 신앙을 지키려고 애썼습니다. 그런데 끝내 그가 발견한 것이 무엇입니까? 소돔 사람들과 똑같이 되지 않으면 결코 그들을 만족시킬 수 없다는 사실입니다. 롯은 그렇게 노력했음에도 불구하고 결국에는 소돔 사람들과 원수가 되고 말았습니다.

세상 사람들이 모인 곳에서는 세상 사람처럼 행동하고 그리스도인들이 모인 곳에서는 그리스도인처럼 행동하는 사람은 아직 애굽을 떠나지 못한 사람입니다. 아직 뭐가 뭔지 잘 모르면서 모세를 따라 나선 수많은 잡족들과 같습니다. 광야생활에 불만을 느끼고 다시 애굽으로 돌아가려고 하다가 불뱀에 물려 죽거나 하나님을 반역하다가 죽은 자들과 같습니다.

제일 불쌍한 사람은 하나님의 부르심을 받고서도 아직까지 마음으로 이 세상을 떠나지 못한 사람입니다. 그런 사람은 하나님의 백성들이 겪는 고생은 고생대로 다 겪으면서도, 결국에는 자기 죄 때문에 멸망당하고 맙니다. 기왕 지옥에 가려면 매일 술 퍼마시고 부인 두들겨 패다가 장렬하게 밑으로 떨어지는 편이 낫지 않겠습니까? 연단은 연단대로 다 받고 신앙생활 흉내는 흉내대로 다 내다가 비실비실 지옥으로 떨어지는 사람이 제일 불쌍한 사람이에요. 이렇게 그리스도와 세상 사이에 끼인 사람이야말로 가장 대책이 없는 사람입니다.

부름 받았으면 떠나라

라반이 손을 들게 해야 합니다. "안 되겠구나. 배반자는 가라!" 그 입에서 이 소리가 나와야 자유가 오는 것입니다. 몸은 애굽을 떠났지만 눈은 아직도 애굽을 향하고 있다면, 천국행 열차를 타고서도 지옥행 열차에 손을 흔들면서 그 안에 있는 것을 잡으려 든다면, 고생은 고생대로 다 하고서도 중간에 떨어지고 말 것입니다. 한 번 부름을 받았으면 다른 대안이 없습니다. 신앙이 좋아지는 쪽으로 걸음을 옮기는 것이 제일 싸게 먹히는 길입니다. 자꾸 뒤를 돌아봐야 좋을 것 하나 없습니다. 세상이 나를 포기하게 만드십시오. 그래야 자유가 옵니다.

2. 증거의 돌무더기

라반이 야곱에게 자유를 줄 의사를 보이자 야곱은 그냥 넘어가지 않고 돌을 가져다가 증거를 삼습니다.

이에 야곱이 돌을 가져 기둥으로 세우고
또 그 형제들에게 "돌을 모으라" 하니 그들이 돌을 취하여
무더기를 이루매 무리가 거기 무더기 곁에서 먹고
라반은 그것을 '여갈사하두다'라 칭하였고
야곱은 그것을 '갈르엣'이라 칭하였으니

라반의 말에 "오늘날 이 무더기가 너와 나 사이에 증거가 된다" 하였으므로 그 이름을 '갈르엣'이라 칭하였으며 (31:45-48)

야곱의 해방은 말로만 이루어진 것이 아니었습니다. 분명한 언약을 세우고 음식을 같이 먹음으로써 그 언약을 확증했습니다. 왜 언약이 필요합니까? 사람은 너무나도 변덕스럽기 때문입니다. 말만으로는 믿을 수가 없습니다. 언약을 세워야 하고 증표를 세워야 합니다. 라반이 어떤 사람입니까? 분명히 약속해 놓고서도 수십 번씩 바꾸는 사람입니다. 지금은 자유를 주겠다고 하지만, 또 언제 말을 번복하고 야곱의 집에 몰려와서 다시 모든 것을 끌고 가겠다고 소란을 피울지 모릅니다. 그래서 야곱은 다시는 라반이 추격해 오지 못하도록 증거의 돌을 세웠습니다. 아람어를 사용했던 라반은 이 돌을 '여갈사하두다'라고 불렀고, 히브리어를 사용했던 야곱은 '갈르엣'이라고 불렀습니다. 두 단어 모두 '증거의 돌무더기'라는 뜻입니다.

돌무더기의 의미

이 돌무더기가 의미하는 것이 무엇입니까? 라반은 다시는 이 돌무더기를 넘어 야곱을 잡으러 와서는 안 된다는 것입니다. 그뿐 아니라 야곱도 이 돌무더기를 넘어 다시 라반의 종이 되러 가거나 그의 도움을 받으러 갈 수 없다는 것입니다. 이것은 영원한 경계선입니다. 라반은 이렇게 말합니다.

라반이 또 야곱에게 이르되
"내가 너와 나 사이에 둔 이 무더기를 보라. 또 이 기둥을

보라. 이 무더기가 증거가 되고 이 기둥이 증거가 되나니
내가 이 무더기를 넘어 네게로 가서 해하지 않을 것이요
네가 이 무더기, 이 기둥을 넘어 내게로 와서 해하지
않을 것이라"(31:51, 52).

야곱의 세력을 두려워한 라반은 앞으로 야곱이든 그의 후손이든 이 경계선을 넘어와서 자신을 해치지 않을 것을 맹세하라고 합니다. 그러나 이보다 더 진정한 의미는, 앞으로 야곱은 어떤 어려운 일이 있더라도 다시 라반의 종이 될 수 없다는 것입니다.

이제는 돌아갈 수 없다

이스라엘 백성들의 예를 살펴보면 더 이해하기 쉬울 것입니다. 이스라엘 백성들은 애굽을 떠날 때 '일단 애굽을 떠났다가 힘들면 다시 돌아오자'는 '양다리 작전'을 생각하고 있었습니다. 그런데 애굽을 떠나 홍해를 건넌 다음에 그들이 발견한 것은 무엇입니까? 이 길은 돌아갈 수 없는 길이라는 것입니다. 이제는 광야에서 목말라 죽고 굶어 죽는 한이 있어도 애굽으로 돌아갈 수 없습니다. 무슨 일이 있어도 하나님의 백성으로 살아야 합니다. 그래서 사도 바울은 이스라엘 백성들이 홍해를 건넌 일을 '세례'로 표현했습니다.

형제들아, 너희가 알지 못하기를 내가 원치 아니하노니
우리 조상들이 다 구름 아래 있고 바다 가운데로 지나며
모세에게 속하여 다 구름과 바다에서 세례를 받고
(고전 10:1, 2).

이스라엘 백성들은 홍해를 건넘으로써 애굽과 완전히 단절되었습니다. 다시 말해서 애굽에 대해 완전히 죽어 버린 것입니다. 이제 그들은 애굽과 아무 상관이 없는 사람들이 되었습니다. 그들은 하나님의 백성으로 다시 태어났습니다. 이제부터는 죽이 되든 밥이 되든 하나님의 백성으로 살아야 합니다.

야곱에게는 증거의 돌이 바로 그런 것이었습니다. 이 돌이 세워짐으로써 그는 라반과 아무 상관 없는 사람이 되었습니다. 어떤 의미에서 그는 라반에 대해 죽은 것과 마찬가지입니다. 이제는 어떤 어려움이 있어도 라반에게 갈 수가 없습니다. 그와의 관계는 완전히 끝나 버렸습니다.

돌무더기
홍해
십자가

예수를 믿었다고 해서 모든 일이 뜻대로 잘되는 것이 아닙니다. 어떤 의미에서는 예수를 모를 때가 더 형통하고 '신바람나는 인생'이었던 것 같기도 합니다. 예수를 믿고 나니까 오히려 예전보다 생활도 더 어렵고 일도 뜻대로 되지 않습니다. 그럴 때 '잘나가던' 옛날이 그리워질 수 있습니다. 그럼에도 불구하고 그리스도인들은 과거로 돌아갈 수가 없습니다. 그것은 우리에게 야곱의 돌무더기 같은 경계선이 있기 때문입니다. 사도 바울은 그 경계선을 마음의 십자가라고 말했습니다.

그러나 내게는 우리 주 예수 그리스도의 십자가 외에
결코 자랑할 것이 없으니 그리스도로 말미암아
세상이 나를 대하여 십자가에 못박히고
내가 또한 세상을 대하여 그러하니라(갈 6:14).

예수를 믿는다고 해서 인생의 모든 문제가 자동적으로 해결되는 것이 아닙니다. 오히려 모든 것이 더 어렵고 복잡합니다. 예전에는 아무 갈등 없이 모든 일을 다 했는데 이제는 내 뜻이 무엇이고 하나님의 뜻이 무엇인지 잘 모르겠습니다. 그래서 가끔씩 그리스도 밖에서 잘나가던 옛날이 그리워집니다. 그럼에도 불구하고 옛날로 돌아갈 수 없게 만드는 것이 무엇입니까? 바로 십자가입니다. 이 십자가 때문에 아무리 힘들고 어려워도, 아무리 장사가 예전처럼 잘 안 되어도, 하나님을 알지 못했던 그 무의미한 삶과 웃음과 자랑과 며칠 동안 밤새워 술 퍼마시던 열정의 시절로는 절대 돌아갈 수가 없습니다.

십자가는 세상이 내게 올 수도 없고 내가 세상으로 넘어갈 수도 없는 영원한 경계선입니다. 참으로 거듭난 자는 살든지 죽든지 세상으로 돌아갈 수가 없습니다. 거듭난 자라고 해서 실수하지 않는 것이 아닙니다. 그리스도인이라고 해서 유혹에 빠지지 않는 게 아니에요. 때로는 넘어지기도 하고 하나님의 말씀에 불순종하기도 합니다. 그러나 그럼에도 불구하고 그에게는 도저히 부인할 수 없는 마음의 경계선이 있습니다. 아무리 억만금을 준다고 해도 하나님을 모르던 삶으로는 다시 돌아갈 수 없는 경계선이 있습니다. 그것이 '여갈사하두다' 이며 '갈르엣' 입니다.

경계선은 곧 자유이다

주님을 만나기 전에도 제게 어려움이 없었던 것은 아니지만 예수를 믿고 난 후에는 더 많은 고통의 시간을 보내야 했습니다. 전에는 내가 모든 것을 판단해서 나 하고 싶은 대로 한 다음에 그 결과를 내가 책임졌기 때문에 답답하게 다른 사람을 원망할 필요가 없었습니다. 내가 저지른 일의 열매를 내가 거두는데 남을 원망할 필요가 뭐가 있겠습니까? 아무 유감 없이 하고 싶은 것을 다 했습니다. 그러나 그리스도를 알고 난 후에는 도대체 되는 일이 없었습니다. 하나님의 뜻이 무엇인지 알 수가 없었어요. 완전히 오리무중입니다. 내 뜻은 무엇이며 하나님의 뜻은 무엇인지, 예수 믿는 게 뭐가 그리 복잡한지 알 수가 없었습니다. 코피 흘리며 공부하던 시절, 나의 능력을 마음껏 뽐내던 생활이 그리웠습니다. 잘나가던 젊은이였던 그 때가 그리웠습니다.

그러나 저는 결코 그 때로 돌아갈 수가 없었습니다. 그것은 너무나도 무의미한 열정과 자랑들로 가득 찬 세월이었기 때문입니다. 그리스도 안에서 손가락질당하고 그리스도 안에서 굶어 죽는 한이 있어도 옛날로는 돌아갈 수가 없었습니다. 제 안에는 결코 과거로 돌아갈 수 없는 경계선이 있었습니다.

이것이 자유입니다. 돌아가고 싶을 때는 언제든지 세상으로 돌아갈 수 있고 과거로 돌아갈 수 있는 사람은 진정으로 홍해를 건너지 못한 사람입니다. 마음에 경계선이 없는 사람입니다. 그는 언제든지 하나님을 배신할 수 있습니다.

3. 라반이 조금 정신을 차리다

라반의 변화

지금까지 라반은 사랑이라고는 조금도 찾아볼 수 없는 아주 야비한 사람이었고, 이것은 그의 딸들도 인정한 바였습니다. 그러나 하나님의 능력을 한 번 맛보고 난 후 야곱을 포기하면서부터는 상당한 변화를 보이고 있습니다.

그는 먼저 야곱의 아내나 자식이나 양 떼가 모두 자기 것이라고 허풍을 떨고 있습니다. 그러면서 무엇이라고 말합니까?

"내가 오늘날 내 딸들과 그 낳은 자식들에게 어찌할 수 있으랴?"(31:43하)

이 말이 의미하는 바가 무엇입니까? 라반이 제 정신을 차리고 있다는 것입니다. 그는 지금까지 자기 딸도 딸로 보지 않았습니다. 딸도 원수로 생각하고 이윤 추구의 수단으로 생각했어요. 지금 여기까지 그들을 쫓아온 것도 죽이기 위해서였습니다. 그런데 이제 정신이 조금 들어서 "내 딸들과 손주들을 어쩌겠느냐? 내가 어떻게 그들을 죽이겠느냐?"고 말하는 것입니다. 하나님께서 그의 마음을 붙들고 계십니다. 이제 그의 눈에는 딸이 딸로 보이고 손주가 손주로 보입니다.

능력에 굴복되고 난 후

사람의 욕심이 얼마나 무서운지, 한 번 욕심의 노예가 되면 자식이 자식으로 보이지 않습니다. 자식도, 아내도 다 원수로 보여요. '저 웬수가 내 돈을 떼어 가려고 호시탐탐 노리고 있지' 하는 생각 때문에 금고도 아내에게 등 돌리고 열고 비밀번호도 일주일에 한 번씩 바꿉니다. 그런데 하나님의 능력에 한 번 굴복되고 나면 갑자기 정신이 들면서 모든 것이 제대로 보이기 시작합니다.

50절에서 라반은 야곱에게 무엇을 부탁하고 있습니까?

"네가 내 딸을 박대하거나 내 딸들 외에 다른
아내들을 취하면 사람은 우리와 함께할 자가 없어도

보라, 하나님이 너와 나 사이에 증거하시느니라" 하였더라.

참으로 놀라운 말입니다. 라반은 야곱을 중혼하게 만든 장본인입니다. 야곱은 원래 레아와 결혼할 생각이 없었는데 라반이 그를 공짜로 7년 동안 부려먹으려고 레아를 끼워서 시집보낸 것입니다. 지금 라반이 하고 있는 이 말은 무슨 뜻입니까? 완곡하게 자신의 지난 잘못을 사과하는 것입니다. 자존심 때문에 차마 있는 그대로 이야기하지는 못하지만 다시는 다른 사람과 결혼하지 말라고 말함으로써, 자신의 과거를 용서해 주고 다른 형태로 자기 딸들에게 보복하지 말아 달라고 부탁하는 것입니다.

야곱을 높이시다

지금까지 야곱은 라반의 종에 불과했습니다. 그러나 라반이 하나님의 능력을 한번 체험하고 나니 어떻게 되었습니까? 야곱의 존귀함이 회복되고 있습니다. 야곱은 아무 말도 하지 않았는데 라반의 눈에 그가 크게 보이기 시작합니다. 그 앞에서 지금까지 자기가 저질러 온 모든 일들이 주마등처럼 떠오르기 시작합니다. 그래서 자신의 잘못을 깊이 사과하면서 딸들에게 보복하지 말아 달라고 부탁하고 있습니다. 지금 야곱은 잡히지 않고 도망치는 것만으로도 감지덕지한 상태입니다. 그러나 하나님께서는 야곱을 높이고 계십니다. 야곱의 존귀함을 회복시키고 계십니다. 그렇다면 지금까지 라반이 마치 눈에 무엇이 씐 사람처럼 야곱에게 악하게 군 이유가 무엇입니까? 하나님께서 야곱을 연단하기 위해 라반을 사용하신 것입니다.

나를 유독히도 힘들게 하는 사람이 있습니까? 마치 눈에 무엇이 씐 사람처럼 나만 보면 이를 갈면서 죽자고 미워하는 사람이 있습니까?

그를 미워하지 마십시오. 그에게 보복하려는 생각을 완전히 버리십시오. 그는 나를 낮추시기 위해서, 내 속에 있는 교만을 버리게 하기 위해서, 내 속의 죄성이 빠져나가게 하기 위해서 하나님께서 특별히 고용하신 조교이기 때문입니다. 라반이 없었더라면 야곱은 그렇게 낮아지는 경험을 하지 못했을 것입니다. 그런 것은 원래 학비를 내면서 배워야 하는데, 하나님께서 직접 고용해서 우리에게 붙여 주시니 얼마나 감사합니까?

그러나 하나님의 훈련 시간이 다 끝나면 어떻게 됩니까? 그 사람이 갑자기 정신을 차리면서 도저히 믿을 수 없는 말이 그 입에서 나오게 됩니다. "내가 오늘날 내 딸들과 그 낳은 자식들에게 어찌할 수 있으랴?" 라반은 이런 말을 할 인간이 아닙니다. 인정사정 없는 사람이에요. 그런데 갑자기 정신을 차리면서 혹시 그 동안 자신이 섭섭하게 한 일이 있다 하더라도 다 너그러운 마음으로 잊어 주기 바란다고 말하는 것입니다. 이것은 무엇을 의미합니까? 내가 그리스도 안에 있으며, 하나님의 연단이 끝났고, 이제 주님이 나를 높이시며 회복시키신다는 뜻입니다.

라반을 주시니 감사합니다

하나님께서는 교만한 우리를 길들이는 방법을 수천 가지나 알고 계십니다. 한 조교가 지나가면 또 다른 조교가 옵니다. 첫째 시누이가 애먹이고 나면 둘째 시누이가 있고 그 다음에는 시어머니가 가세합니다. 하나님께서는 우리를 길들일 조교를 수천 명 두고 계십니다. 나를 괴롭히는 사람들을 미워하거나 그들에게 보복하려 드는 것은 아무 소용없는 짓입니다. 그 사람 죽게 해 달라고 아무리 기도해도 소용이 없어요. 이 세상에 나를 괴롭힐 사람은 그 사람 말고도 많습니다. 여기에서

못된 사람 피해가도 그 다음 길에 더 지독한 사람이 기다리고 있어요.

우리는 그런 조교들을 사랑해야 합니다. 그들은 뭐가 뭔지 모르면서 그렇게 하고 있는 것이고, 이 모든 일은 나를 진정으로 낮추기 위한 것입니다. 월급도 안 받고 이 일을 해 주는 사람들한테 "너무 감사합니다. 못된 나를 훈련시키느라 얼마나 수고가 많습니까? 월급은 못 드려도 조그만 선물을 하나 준비했습니다"고 해야 합니다. 이런 조교들이 나에게 기쁨과 감사로 용납이 될 때, 하나님의 의도는 이루어지고 있는 것이며 그런 조교들은 미안해하면서 물러갈 것입니다.

4. 세상과의 새로운 관계

라반은 증거의 돌 앞에서 이렇게 맹세합니다.

"아브라함의 하나님, 나홀의 하나님, 그들의
조상의 하나님은 우리 사이에 판단하옵소서" 하매
야곱이 그 아비 이삭의 경외하는 이를 가리켜 맹세하고
(31:53)

라반과 야곱의 신앙은 다르다

라반이 하나님의 이름을 부르는 내용을 보면 그의 신앙이 얼마나 잘못되었는지 알 수 있습니다. 그는 "아브라함의 하나님, 나홀의 하나님, 그들의 조상의 하나님"을 부르고 있습니다. 나홀은 아브라함의 동생이자 라반의 할아버지입니다. 그러니까 모두 다 죽은 사람들인 것입니다. 사실 라반이 여기에서 부르는 아브라함의 하나님, 나홀의 하나님, 그 조상들의 하나님은 각각 다 다른 하나님입니다. 라반은 하나님의 이름을 많이 부르면 부를수록 좋은 줄 알고 있습니다.

어떤 사람은 기도할 때 예수님도 부르고 부처님도 부르고 생각나는 모든 신들의 이름을 부르면서 기도합니다. 그러나 야곱은 간단히 "그 아비 이삭의 경외하는 이"의 이름으로 맹세했습니다. 살아 계신 하나님, 지금도 아버지 이삭이 두려워하고 있는 하나님, 오늘까지 자신을 지켜 주시고 인도하신 그 하나님의 이름으로 맹세한 것입니다.

그러나 '좋은 이웃'이 될 수 있다

그러면 이 언약을 통하여 야곱과 라반은 어떤 관계에 있게 되는 것입니까? 그들은 더 이상 동맹자가 아닙니다. 그 관계는 분명히 해체되었습니다. 그렇다면 두 사람은 전혀 상관 없는 적이 되는 것입니까? 그것도 아닙니다. 야곱과 라반은 분명히 같은 시대를 살면서 어쩌면 다시 만나게 될지도 모르는 그런 사이입니다. 저는 이들의 관계를 '좋은 이웃의 관계' 라고 표현하고 싶습니다.

이 관계의 문제는 오늘날 우리의 문제이기도 합니다. 우리는 분명히 이 세상에 속한 사람들이 아닙니다. 그러나 우리는 여전히 이 세상에 몸을 담고 살아야 하며 여기에서 여러 가지 필요한 것들을 공급받아야 합니다. 그러면 이 세상과 우리의 관계는 어떻게 정의해야 옳습니까? 저는 이것 또한 '좋은 이웃의 관계' 로 정의할 수 있다고 생각합니다.

그리스도인들은 분명히 이 세상에 속한 사람들은 아닙니다. 이 세상에서 높은 자리를 차지하고 돈을 많이 벌었다고 해서 그리스도인으로서도 성공한 것은 아닙니다. 그러나 이 세상과 완전히 분리될 수는 없습니다. 예를 들어 예수를 믿고 세상을 떠났다고 해서 가족들과의 관계를 다 끊어 버릴 수 있는 것도 아니고, 무조건 직장을 박차고 나와서 전도만 하면서 살 수 있는 것도 아닙니다. 우리는 여전히 가족들과 함께 살아야 하며 때로는 하나님을 모르는 부모님의 도움으로 대학도 다니고 결혼도 해야 합니다. 그러면 도대체 우리는 무엇입니까?

우리는 이 세상의 좋은 이웃입니다. 믿지 않는 부모님의 도움을 받는 것도 사실은 다 하나님이 주시는 것입니다. 그럼에도 불구하고 우리는 분명히 부모님께 빚진 자들입니다. 우리는 이 세상에도 많은 빚을 지고 있습니다. 어떤 경우에는 신앙 없는 친구의 도움을 받기도 합니다. 그래서 그리스도인들은 이 세상의 행복 자체를 목적으로 삼지는 않지만 이 세상에서 살면서 그들에게 갚아야 할 빚이 있고 좋은 이웃으로 살아야 할 의무가 있습니다.

예를 들어서 동네에 큰 어려움이 생기면 다 함께 나가서 도와야 합니다. 거기에서 종교를 따질 필요가 뭐가 있습니까? 때로는 스님과 목사가 함께 흙을 날라서 홍수 피해를 막아야 할 때도 있습니다. 그럴 때 굳이 종교를 따져서 스님은 저쪽으로 가고 목사는 이쪽으로 갈 필요가 없습니다. 일단 같이 가서 홍수를 막아야 합니다. 왜 그렇습니까? 좋은 이웃이기 때문입니다.

어떤 목사님 댁의 이웃에 절이 있었는데, 그 목사님과 스님이 주차 문제를 놓고 굉장히 사이좋게 의논하고 나서 스님은 합장하면서 인사하고 목사님도 예의있게 인사하며 헤어지는 모습을 보았습니다. 우리는 이 세상에서 좋은 이웃으로 살아야 합니다. 우리가 여기에서 공부를 하고 일을 하는 것은 믿지 않는 사람들에게 받은 그 빚을 갚기 위해서입니다. 선한 사마리아 사람처럼 고통 가운데 있는 사람들을 돕기 위해서입니다.

때로는 그들의 요구가 진정한 그들의 필요가 아닐 수도 있습니다. 그들은 돈을 요구하는데 사실은 돈이 그들에게 독이 될 때도 있어요. 그럴 때 우리에게는 우리의 이웃이 진정으로 필요로 하는 것이 무엇인지 꿰뚫어보는 지혜가 필요합니다. 때로는 조용히 기다려 주는 것이 도움이 될 수도 있고, 때로는 찾아가서 위로해 주는 것이 도움이 될 수도 있으며, 때로는 진리로 그들을 깨우쳐 주는 것이 도움이 될 수도 있습니다. 또 오늘날처럼 너무나도 부패한 시대에는 같이 부패해지지 않고 온전히 보전되어 있는 것이 곧 이 세상을 돕는 길이 될 수도 있습니다.

야곱은 그들과 평화의 식사를 하고 있습니다. 이것은 앞으로 어떤 일이 있어도 그들에게 보복하지 않겠다는 약속의 표시입니다. 나의 친척들이나 이웃들이나 회사 동료들은 모두 우리의 좋은 이웃입니다. 물론 그들 중에 나를 힘들게 하는 사람들이 있습니다. 그러나 그들은 하나님께서 고용하신 조교들입니다. 그들에게 보복하려는 것은 하나님께 보복하려는 것과 똑같습니다. 오늘 이 시간, 그 동안 나를 미워하고 힘들게 한 사람에게 보복하려는 생각을 다 버립시다. 이 세상에 꼭 필요한 좋은 이웃이 됩시다.

10 가장 부담스러운 만남

야곱이 그 길을 진행하더니 하나님의 사자들이
그를 만난지라. 야곱이 그들을 볼 때에 이르기를
"이는 하나님의 군대라!" 하고 그 땅 이름을
'마하나임' 이라 하였더라. 야곱이 세일 땅 에돔
들에 있는 형 에서에게로 사자들을 자기보다
앞서 보내며 그들에게 부탁하여 가로되
"너희는 이같이 내 주 에서에게 고하라. '주의 종
야곱이 말하기를 내가 라반에게 붙여서 지금까지
있었사오며 내게 소와 나귀와 양 떼와 노비가
있사오므로 사람을 보내어 내 주께 고하고 내 주께
은혜 받기를 원하나이다 하더라' 하라" 하였더니
사자들이 야곱에게 돌아와 가로되
"우리가 주인의 형 에서에게 이른즉 그가 400인을
거느리고 주인을 만나려고 오더이다."
야곱이 심히 두렵고 답답하여 자기와 함께한
종자와 양과 소와 약대를 두 떼로 나누고 가로되
"에서가 와서 한 떼를 치면 남은 한 떼는 피하리라"
하고 야곱이 또 가로되 "나의 조부 아브라함의
하나님, 나의 아버지 이삭의 하나님 여호와여,
주께서 전에 내게 명하시기를 '네 고향, 네
족속에게로 돌아가라. 내가 네게 은혜를 베풀리라'
하셨나이다. 나는 주께서 주의 종에게 베푸신 모든

은총과 모든 진리를 조금이라도 감당할 수 없사오나 내가 내 지팡이만 가지고 이 요단을 건넜더니 지금은 두 떼나 이루었나이다. 내가 주께 간구하오니 내 형의 손에서, 에서의 손에서 나를 건져 내시옵소서. 내가 그를 두려워하옴은 그가 와서 나와 내 처자들을 칠까 겁냄이니이다. 주께서 말씀하시기를 '내가 정녕 네게 은혜를 베풀어 네 씨로 바다의 셀 수 없는 모래와 같이 많게 하리라' 하셨나이다."

창 32:1-12

처음에 리브가가 에서와 야곱이라는 쌍둥이 형제를 가졌을 때, 하나님께서는 그의 뱃속에서부터 민족이 나뉠 것이라고 말씀하셨습니다. 단지 신앙 때문에 형제가 그 민족까지 나뉜다는 것은 너무 지나친 말씀이 아닌가 생각될지도 모르겠습니다. 그러나 가까운 친구나 형제 사이도 시간이 점점 지나면서 결코 하나 될 수 없는 물과 기름의 관계가 되어 가는 것을 느낄 때가 많습니다. 우선 사물을 보는 관점이나 가치관이 너무나 다릅니다. 한 사람은 중요하게 생각하는 일이 다른 사람에게는 완전한 시간 낭비로 보일 수 있고, 한 사람은 의미 있게 생각하는 일이 다른 사람에게는 어린애 장난처럼 보일 수 있습니다.

그러나 이것은 물과 기름의 관계를 이루고 있는 한 부분에 불과합니다. 신앙 없는 사람이 신앙 있는 사람을 보면 어딘가 모르게 건방져 보이고 마치 자기만 모든 것을 다 아는 양 행동하는 것 같습니다. 그 앞에 있으면 무언가 판단받는 듯한 느낌이 들고 왠지 무시당하는 것 같아요. 그래서 신앙 없는 사람들은 더욱더 이 세상의 권력이나 명예를 붙듦으로써 신앙이 있는 이 건방진 친구들을 이기려고 합니다.

그런데 신앙 있는 사람은 또 그 나름대로 신앙 없는 친구나 형제들 앞에서 느끼는 열등감이 있습니다. 하나님의 사람이 되기 위해 연단을 받느라고 이 세상에 내놓을 만한 것이 아무것도 없기 때문입니다. 그래서 신앙 있는 사람들은 할 수 있는 한 같은 믿음의 식구들끼리만 어울리려고 하고, 신앙 없는 가족이나 친구들을 잘 만나려고 하지 않습니다. 만나 봐야 마음에 상처만 받고 돌아오니까요. 그러나 우리는 이 세상에서 완전히 고립된 삶을 살 수 없습니다. 자신이 원하든 원하지 않든 신앙 없는 가까운 사람들을 만나야 하고 그들과 관계를 유지해야 합니다.

하란은 떠났지만

야곱은 하란을 떠남으로써 드디어 자유인이 되었습니다. 이제는 자기가 원하는 것을 마음껏 추구할 수 있습니다. 그러나 그렇다고 해서 모든 문제가 해결된 것은 아니었습니다. 하란을 떠난 사건은 가장 부담스러운 만남을 가져야 하는 자리로 그를 이끌어 갔기 때문입니다. 그 만남이 무엇입니까? 야곱을 20년 동안 하란에서 종살이하게 만든 장본인 에서와의 만남입니다. 에서는 신앙이 없는 사람이었습니다. 그는 성격이 대단히 급하고 과격한 사람이었으며, 이 세상에서 못 하는 것이 없을 정도로 뛰어난 자질을 가진 유능한 사람이었습니다.

야곱은 그에 비해 좀 내성적이며 계산적인 사람이었습니다. 야곱은 20년 전 아버지와 형을 속이고 축복을 가로챘다가 형의 미움을 샀고, 에서는 야곱을 죽이기로 결심했습니다. 객관적으로 보면 야곱도 그렇게 뒤떨어지는 사람이 아니었습니다. 그런데 유독 에서 앞에만 서면 자신감이 사라졌습니다. 그것은 에서가 뛰어난 탓이기도 했지만 그의 불 같은 성질을 감당하기가 힘들었기 때문입니다. 또 자기 나름대로의 자존심도 있었습니다.

20년 간의 종살이를 끝내고 아버지 집으로 돌아가는 야곱은 이제 형 에서와 만나지 않으면 안 되는 문제에 봉착해 있습니다. 적어도 아버지 집은 아직 형의 주관 아래 있기 때문입니다. 그는 형의 승낙을 받지 않고서는 아버지 집 안에 한 발도 들여놓을 수 없는 처지였습니다. 물론 지금 에서는 아버지 집에 있지 않고 거기에서 멀리 떨어진 에돔에 있습니다. 그럼에도 불구하고 아버지 집은 에서의 관할 아래 있었기 때문에 그의 허락 없이는 발을 들여놓을 수가 없었습니다. 만일 형이 조금이라도 반대를 할 경우에는 영원히 아버지 집에 들어갈 수 없을 것입니다. 그뿐만 아니라 형이 20년 전의 감정 때문에 야곱을 해치려고 한다면 꼼짝 못 하고 당할 수밖에 없었습니다.

에서를 만나야 한다

이처럼 야곱과 에서의 만남은 운명적인 만남이 아닐 수 없었습니다. 에서를 만나지 않으면 아버지 집에 들어갈 수가 없는데, 야곱에게는 에서를 만나는 일보다 더 거북하고 부담스럽고 두려운 일이 없었기 때문입니다. 오늘 우리가 다루려고 하는 이 주제는 신앙생활을 오래 해서 신앙 안에 있는 아주 미묘한 문제를 경험해 본 사람만이 알 수 있는 어려운 숙제입니다.

1. 하나님의 군대

야곱은 길을 행진하는 가운데 하나님의 천사들의 무리를 보게 되었습니다.

야곱이 그 길을 진행하더니 하나님의 사자들이
그를 만난지라. 야곱이 그들을 볼 때에 이르기를
"이는 하나님의 군대라" 하고 그 땅 이름을
'마하나임'이라 하였더라(32:1, 2).

야곱은 20년 전 에서를 피해 도망치는 중에 벧엘에서 돌베개를 베고 누워 잠을 자다가, 사닥다리 위로 하나님의 천사들이 오르락내리락하는 꿈을 꾼 적이 있습니다. 그런데 이번에는 꿈 속에서가 아니라 길에서 직접 하나님의 천사들을 만나게 되었습니다. 그것도 한두 명이 아니라 두 무리나 되는 천사들을 만난 것입니다. '마하나임'은 '두 진영'이라는 뜻입니다.

여기서 우리는 질문하지 않을 수 없습니다. 사람이 천사를 만난다는 것은 예삿일이 아닙니다. 더욱이 천사들의 군대를 두 부대나 만난다는 것은 더더욱 흔한 일이 아닙니다. 과연 야곱은 어떤 과정에서 이 천사들을 만났으며, 왜 하필 여기서 만난 것일까요?

우리는 가끔 길을 가다가 작전 수행중인 군인들을 만날 때가 있습니다. 많은 군인들이 길 양 옆에 줄을 서서 가거나 트럭을 타고 가기도 하고 장비를 수송하기도 합니다. 그런데 두 부대가 지나갈 정도라면 굉장히 큰 규모의 작전이 진행되고 있는 것입니다.

야곱의 눈을 여시다

이 천사의 무리들을 모든 사람이 본 것 같지는 않습니다. 아마 야곱 혼자 보았을 것입니다. 사실 우리 눈은 보지 못하는 것이 너무 많습니다. 어떨 때는 바로 앞에 있는 물건을 찾지 못해서 이 방 저 방 돌아다니기도 하지 않습니까? 하물며 영적인 세계는 더 보지 못합니다. 열왕기하 6장을 보면, 아람 군대가 엘리사를 잡으려고 쳐들어오는 이야기가 나옵니다. 엘리사의 종 게하시는 수많은 말과 군대가 성을 에워싼 것을 보고 두려워 떨었습니다. 그 때 엘리사는 "우리와 함께한 자가 적들보다 많다"고 하면서 이 종의 눈을 열어 달라고 기도했습니다. 그러자 그의 눈이 열려 하나님의 불말과 불병거가 자기들을 에워싸고 있는 모습을 보게 되었습니다.

오늘 본문에서 야곱이 하나님의 군대를 보게 된 것은 그의 눈이 열렸기 때문입니다. 구체적으로 어떻게 그의 눈이 열려 천사들을 보게 되었는지는 알 수 없습니다. 그러나 그는 분명히 평소에 보지 못했던 하나님의 군사들이 두 부대나 출동한 모습을 보았습니다.

위기를 준비시키시려고

그렇다면 하나님의 천사들이 이렇게 여기에 나타나 그의 눈에 보인 이유는 무엇일까요? 그것은 앞으로 야곱에게 닥칠 위험을 하나님께서 알고 계셨기 때문입니다. 야곱은 바로 잠시 후 어떤 일이 일어날지 알지 못했습니다. 그러나 하나님께서는 얼마 있지 않아서 야곱이 믿음을 다 잃을 정도로 큰 위기에 빠지게 되리라는 것을 알고 계셨습니다. 그래서 그를 지키기 위해 이렇게 많은 하나님의 군대가 출동해 있다는 것을 보여 주심으로써 그를 안심시키시고, 어려움 가운데 하나님께 나아오도록 하기 위해서 미리 천사들을 보여 주신 것입니다.

우리는 어떤 위험과 어려움이 우리를 기다리고 있는지 알지 못합니다. 그러나 하나님께서는 그것을 알고 계시며 미리 은혜를 체험케 하심으로써 우리를 무장시켜 주십니다. 미리 은혜를 받은 상태에서 위기를 맞는 것과 전혀 준비 없이 위기를 맞는 것 사이에는 큰 차이가 있습니다. 마음 속에 하나님께서 주신 은혜와 감동이 있으면 견딜 수 있는 시간이 좀더 길어집니다. 물론 불안하기도 하고 마음 속에 의심이 생기기도 하지만 그래도 조금은 견딜 만합니다. 그러나 하나님의 은혜나 감동이 전혀 없이 어려움을 맞이하면 마치 마른 장작에 불이 붙듯이 한순간에 그 어려움에 휩쓸리고 맙니다. 그렇게 정신없이 이리 뛰고 저리 뛰다 보면 상황은 이미 다 끝나 버리고, 건질 것은 하나도 없게 되는 것입니다.

2. 에서와의 만남

야곱의
과잉 대응

야곱은 아버지 집에 들어가기 전에 먼저 자기 형 에서에게 그 사실을 알리고 허락을 받아야 한다고 생각했습니다. 아버지 집의 실질적인 모든 권한이 에서에게 있었기 때문입니다.

야곱이 세일 땅 에돔 들에 있는 형 에서에게로 사자들을
자기보다 앞서 보내며 그들에게 부탁하여 가로되
"너희는 이같이 내 주 에서에게 고하라.
'주의 종 야곱이 말하기를 내가 라반에게 붙여서
지금까지 있었사오며 내게 소와 나귀와 양 떼와 노비가
있사오므로 사람을 보내어 내 주께 고하고
내 주께 은혜 받기를 원하나이다 하더라' 하라"
하였더니(32:3-5)

이 말에서 느낄 수 있듯이 야곱은 지금 어떻게 해서든지 에서의 성미를 건드리지 않으려고 애를 쓰고 있으며, 할 수 있는 한 그 앞에서 자신을 낮추고 있습니다. 이렇게 오랜만에 만나는 쌍둥이 형제라면 서로 허물없이 반갑게 만날 수도 있을 텐데 지금 야곱은 마치 설설 기고 있는 것처럼 보입니다. 왜 그렇습니까? 20년 동안 너무 철이 들고 교양이 생겨서 아무리 쌍둥이 형이라도 예의를 갖추어야 한다고 생각한 것입니까? 천만의 말씀입니다.

상처 때문이다

야곱과 에서 사이에는 다른 사람은 이해할 수 없는 깊은 감정의 앙금이 있었습니다. 강압적인 아버지 밑에서 자란 아들은 심리적으로 깊은 마음의 상처를 받습니다. 그것을 그리스 신화에서 자기 아버지를 살해한 인물의 이름을 따서 '오이디푸스 콤플렉스' 라고 부릅니다. 또 아버지를 사이에 두고 어머니에게 경쟁심을 느끼는 심리적 경향을 아가멤논의 딸 엘렉트라의 이름을 따서 '엘렉트라 콤플렉스' 라고 부르기도 합니다.

물론 형제나 자매들이 한집에서 자라다 보면 서로 엄청나게 싸우게 되어 있습니다. 어떤 의미에서 이런 싸움들은 긍정적인 역할을 많이 합니다. 즉 심하게 싸우면서 자란 형제나 자매들은 이런 싸움을 통해 다른 사람의 존재를 인식하게 되고 양보하는 것을 배우기도 하면서 자기중심적인 성향에서 조금은 벗어날 수 있습니다. 그러니까 형제나 자매끼리 심하게 싸운다고 해서 꼭 콤플렉스로까지 발전하는 것은 아닙니다. 이렇게 싸울 때 부모가 어느 한쪽을 일방적으로 편들거나 다른 한쪽을 따돌린다면 열등감이나 상처가 생길 수 있지만, 단지 자기들끼리 싸우는 것은 마음의 상처로 남지 않습니다.

그러나 오늘 본문을 보면 야곱과 에서는 쌍둥이 형제 사이면서도 서로 간에 아주 심한 콤플렉스와 거부감과 적개심을 가지고 있는 것을 볼 수 있습니다. 이것은 형제끼리 경쟁하느라고 생긴 콤플렉스가 아닙니다. 신앙 때문에 생긴 열등감이고 상처입니다. 따라서 심리학자들은 이 증상을 이해할 수가 없습니다. 저는 이런 현상에 대해서 오늘 우리가 새로운 이름을 하나 지어야 한다고 생각합니다. 너무 어려운 이름은 다른 사람들이 따라부르기가 힘드니, 쉽게 '야곱 콤플렉스'라고 부르면 어떨까요?

야곱 콤플렉스

아무리 가까운 형제요 심지어 5분 간격으로 태어난 쌍둥이라 하더라도 신앙이 다르면 그 가치관 또한 달라지게 되어 있습니다. 신앙 없는 사람은 모든 것을 세상적인 기준으로 평가합니다. 예를 들면 얼마나 많은 재산을 가지고 있고 얼마나 높은 위치에 올라가 있느냐, 얼마나 큰 집에서 어떤 가구들을 들여 놓고 살고 있으며 그 집 아이들은 성적이 어떠냐 같은 것으로 사람을 평가합니다. 이런 것들 말고는 사람을 평가할 기준이 없어요. 그래서 재산이 많고 권세가 있는 사람은 기꺼이 인정하는 데 비해, 가진 것 없이 초라하게 살고 있는 사람은 업신여깁니다.

그런데 하나님을 믿는 사람은 어떻습니까? 하나님께서는 절대로 처음부터 그 사람에게 재산이나 지위 같은 것을 주시지 않습니다. 오히려 어떤 때는 가지고 있던 재산이나 지위나 건강을 빼앗아 가면서 그 사람의 내면을 바꾸십니다. 그 사람의 가치관, 더러운 기질, 삶의 방식을 뜯어고쳐서 그 속사람을 변화시키십니다.

신앙을 가진 사람을 가장 괴롭히는 가시는 같은 집 안에 살면서도 가치관이 다른 형제나 가족들입니다. 그들은 내면적인 변화라든지 영적인 성숙 같은 것은 인정하지도 않을 뿐더러 관심도 없습니다. 그들이 믿는 형제들에게 질문하는 것은 "네가 그렇게 똑똑하고 신앙이 좋다면 왜 돈도 제대로 못 버냐?"는 것입니다. 교회는 뻔질나게 드나들면서 집에 돈 한 번 제대로 가져다 준 적이 있느냐는 것이지요.

하나님의 백성에게 가장 고통스러운 것이 바로 이것입니다. 전혀 모르는 사람이라면 무시해 버리면 됩니다. 그러나 같은 집 안에서 자기 할 일을 아주 잘할 뿐 아니라 주위 사람들에게 칭찬을 한몸에 받아 가면서 유독 믿는 자들의 부족한 부분을 예리한 송곳으로 후벼 대는 이 가까운 형제와 가족들은 너무나도 고통스러운 존재가 아닐 수 없습니다. 같이 사는 게 괴로워요. 그리고 설사 같이 살지 않는다 하더라도 어쩌다 한 번씩 집안 일로 만나지 않을 수 없을 때, 그 만남이 마음에 얼마나 큰 부담이 되는지 모릅니다. 만나면 예외없이 한두 마디를 탁 던지는데 그 한두 마디가 1년 동안 쌓아 온 신앙을 뒤흔들어 놓습니다. 이것이 '야곱 콤플렉스' 입니다.

가치관의 차이가 낳은 갈등

에서와 야곱은 인간적으로는 가장 가까운 사이였지만 가치관으로는 결코 하나 될 수 없는 사람들이었습니다. 에서는 그 당시 기준에서 볼 때 대단히 뛰어난 사람이었습니다. 그 당시에는 남성다움이 뛰어난 남자의 기준이었고, 남성다움의 조건은 사냥을 얼마나 잘하느냐는 것이었습니다. 그런데 에서는 대단히 뛰어난 사냥꾼인데다가 온몸이 털로 뒤덮여 있는 남자 중에 남자였습니다. 그러나 그는 내면생활이라는 것을 전혀 인정하지 않았습니다. 팥죽과 언약 중에서 하나를 골라야 한다면 당연히 팥죽이에요. 반면에 야곱은 내면에 관심이 많았습니다.

그가 밖으로 돌아다니지 않았던 것도 바로 사람의 내면에 관심이 많았기 때문입니다. 그는 하나님의 말씀을 좋아했습니다.

에서와 야곱이 아버지의 축복을 받으려고 한 동기나 의미도 서로 완전히 달랐습니다. 에서는 그 축복을 통해서 명실공히 그 가정의 책임자가 되려고 했고, 야곱은 하나님의 축복을 받으려고 했습니다.

에서는 야곱을 이해할 수가 없었습니다. 도대체 이 동생이 무엇 때문에 사는지, 사냥도 안 하고 집구석에 처박혀서 무엇을 하는지 알 수가 없었어요. 야곱은 신체적인 조건이나 사회적인 면에서 분명히 자기보다 열등했습니다. 그러나 늘 무언가 자기가 알고 있는 것 이상을 알고 있는 것 같았고, 자기보다 더 자존심이 강했습니다. 자존심을 부리려면 무어라도 가진 게 있어야 할 텐데 아무것도 없는 주제에 콧대만 세우는 것입니다.

"내면의 변화는 인정할 수 없다"

한편 야곱은 하나님께서 자기와 함께 계시고 자신을 변화시켜서 새 사람으로 만드신 것을 믿습니다. 그러나 에서 앞에 서기만 하면 내세울 것이 없습니다.

"네가 내세울 게 뭐가 있냐?"

"속이 변화되었는데요."

"뭐, 속이 안 좋다구?"

이야기가 안 통합니다.

야곱에게 가장 부담스러운 만남은 적과의 만남이 아니라 가치관이 다른 형 에서와의 만남이었습니다. 에서는 가장 가까운 사람이면서도 자신을 가장 고통스럽게 만드는 적이었습니다. 에서는 야곱의 '가까운 원수'였습니다. 사실 다른 사람들 앞에서 그를 '원수'라고 말하기에는 너무 가까운 사이입니다. 그리고 그가 하는 말 중에서 틀린 말은 하나도 없습니다. 전부 나 잘되라고 하는 말이고 나를 위해서 하는 소리입니다. 그래서 얘기 끝에 항상 "내가 오죽 답답하면 이런 소리를 다 하겠냐?"고 하지요. 그러나 그는 수많은 시간 하나님 앞에서 땀과 눈물을 흘리면서 만들어진 새로운 양심을 조금도 인정하지 않고 한순간에 허물어지게 만드는 원수입니다.

바리새인들의 누룩을 조심하라

예수님께서는 복음서에서 하나님 나라의 가장 무서운 원수로 바리새파 사람들을 지적하셨습니다. 예수님께서는 호수 위를 지나가면서 바리새인의 누룩을 조심하라고 제자들에게 말씀하셨습니다. 바리새파는 그 당시 유대교의 여러 파벌들 중에서 가장 성경적이며 가장 진리에 가까운 파벌이었습니다. 그런데 예수님은 다른 파벌에 대해서는 아무 말도 하지 않으시면서도 진리에 가장 가깝다고 여겨졌던 바리새파는 심하게 공격하고 경계하셨습니다. 그 이유가 무엇입니까?

바리새파는 한편으로는 가장 성경적이었지만 다른 한편으로는 철저하게 겉으로 나타난 결과로 모든 것을 판단하는 사람들이었습니다. 그들에게 속사람의 변화라는 것은 중요하지 않았습니다. 중요한 것은 세상적으로 얼마나 성공하며 얼마나 많은 사람들에게 인정을 받느냐 하는 것이었습니다. 한 달에 돈을 얼마나 버느냐, 시험에 붙었느냐, 어떤 집에서 사느냐, 무슨 차를 타느냐 하는 것이 중요한 거예요. 그들은 복음의 가장 무서운 원수였습니다.

속사람이 변하면 겉으로도 나타나게 되어 있습니다. 그러나 문제는 이 변화가 곧바로 나타나지 않고 오랜 시간에 걸쳐 서서히 나타난다는 것입니다. 10년이 걸릴지, 20년이 걸릴지 몰라요. 이것을 신앙 없는 가족들은 인정해 주지 않습니다. 당장 직장이 없다는 사실이나 돈을 못 번다는 사실만 놓고 맹공격을 하지요. "신앙 좋다는 녀석이 돈도 못 버냐? 너희 하나님은 그런 것도 안 해 주고 뭐 한대?"

시편에서 "사람들이 종일 나더러 하는 말이 '네 하나님이 어디 있느뇨?' 하니 내 눈물이 주야로 내 음식이 되었도다"(시 42:3)라고 고백하는 시인의 마음과 같습니다. 물론 마음 속으로는 내가 믿는 진리가 옳다는 것을 압니다. 그러나 겉으로 보여 줄 만한 것이 하나도 없습니다.

오늘 본문을 보십시오. 야곱은 친형제가 아니라 마치 적대적인 관계에 있는 나라에 외교사절을 보내는 사람처럼 몸을 잔뜩 움츠리고 있습니다.

> "주의 종 야곱이 말하기를
> '내가 라반에게 붙여서 지금까지 있었사오며
> 내게 소와 나귀와 양 떼와 노비가
> 있사오므로' "(32:4하-5상)

"보이는 것만 이야기하자"

20년 만에 다시 만나는 형제 사이에 할 말이 이런 것밖에 없겠습니까? 그러나 에서는 이렇게 눈에 보이는 것을 가지고 이야기하지 않으면 아예 들을 생각조차 하지 않는 사람이라는 것을 야곱은 알고 있었습니다. 소나 양이나 노비 이야기를 하지 않으면 뭐라도 얻어먹으러 온 줄 알고 아예 상종도 하지 않을 것입니다.

도시에서 직장생활 하는 아들이 시골에 계신 부모님과 친척들을 만나러 갈 때는 남에게 빌려서라도 차를 끌고 가야 합니다. 승용차가 없으면 봉고차라도 끌고 가야 해요. 애 업고 손에 보따리 두 개 들고 버스 갈아타고 또 갈아타면서 땀 흘리며 간 사람은 아무 할 말이 없습니다. 성령의 은혜에 관해 말하겠습니까? 그 동안 고난 가운데 변화된 성품을 놓고 이야기하겠습니까? 가장 지혜로운 방법은 주는 밥이나 먹고 아이들 챙겨서 빨리 돌아오는 것입니다. 거기에서 꾸물거려 봤자 좋은 소리 들을 일이 하나도 없습니다.

야곱은 에서의 성미를 건드리지 않으려고 최대한 공손하게 자기가 왔다는 사실을 알리며 그의 양해를 구하고 있습니다. 특히 이제는 자기도 가난하지 않으니까 만나서 이야기를 할 만하리라는 점을 알렸습니다. 그러자 에서가 어떻게 반응했습니까? 놀랍게도 400명을 거느리고 야곱을 만나기 위해 길을 나섰습니다.

> 사자들이 야곱에게 돌아와 가로되
> "우리가 주인의 형 에서에게 이른즉 그가
> 400인을 거느리고 주인을 만나려고 오더이다"(32:6).

에서가 400명을 끌고 오는 이유

문제는 바로 여기에 있었습니다. 왜 에서는 야곱이 왔다는 소식을 듣고 무려 400명이나 되는 사람들을 데리고 오는 것입니까? 가까운 거리도 아니고 이렇게 먼 길을 굳이 400명씩이나 끌고 올 필요가 뭐가 있습니까? 그것은 무력시위였습니다. 물론 야곱을 죽이겠다는 것은 아닙니다. 20년 전의 분노가 아직까지 풀리지 않아서 복수하겠다는 것도 아닙니다. 그러면 도대체 무엇 때문입니까?

에서에게는 아직도 야곱을 부담스러워하는 마음이 있었습니다. 그것은 일종의 영적인 열등감이었습니다. 믿는 사람은 믿지 않는 사람에게 세상적인 열등감을 느낍니다. 그 열등감이 심해지면 완전히 기가 죽어서 만나도 말도 제대로 못 한 채 주는 밥이나 먹고 인사 꾸벅 하고 오지요. 그러나 믿지 않는 사람은 믿는 사람들에게 영적인 열등감을 가지고 있습니다. 세상적으로는 그들이 열등할지 몰라도, 자기가 모르는 어떤 세계를 알고 있는 것 같기 때문입니다.

에서는 이런 부담 속에서 자신의 우위를 확실하게 하기 위해 400명이나 되는 군사를 이끌고 길을 나섭니다. '네까짓 것이 지금까지 어디서 무엇을 하면서 굴러먹다 왔는지 모르겠지만 나는 지금 이 정도로 성공했다' 는 것을 과시하고 싶은 것입니다. 야곱은 에서가 이 세상에서 이기지 못하는 유일한 사람이었습니다. 그래서 이번에는 확실하게 기를 죽여 놓기 위해 군사를 이끌고 야곱을 맞으러 나왔습니다.

3. 야곱의 반응

지나친 반응

에서가 자기를 만나기 위해 군사를 400명이나 끌고 온다는 소식을 들은 야곱은 어떤 반응을 보였습니까? 말로 표현할 수 없는 두려움과 공포에 사로잡혔습니다. 오는 길에 하나님의 천사 두 군대를 만난 일은 다 잊어버린 채 극심한 두려움에 빠져 버렸습니다.

야곱이 심히 두렵고 답답하여 자기와 함께한
종자와 양과 소와 약대를 두 떼로 나누고 가로되

"에서가 와서 한 떼를 치면 남은 한 떼는 피하리라" 하고 (32:7, 8)

야곱은 이제는 정말 죽었다고 생각했습니다. 그래서 가장 먼저 재산을 지키기 위한 조처로, 양 떼와 소 떼를 둘로 나누었습니다. 에서가 한 쪽을 치면 다른 한 쪽은 피해서 반이라도 건지겠다는 것입니다.

단순히 에서가 자기를 만나러 온다는 말만 듣고 야곱이 이런 반응을 보인 것에 대해 어떻게 생각합니까? 그는 마땅히 취해야 할 행동을 취한 것입니까, 아니면 좀 지나친 데가 있습니까? 야곱의 반응에는 확실히 지나친 데가 있습니다. 에서는 일종의 무력시위로 400명을 끌고 오는 것일 뿐입니다. 그런데 야곱은 굉장히 예민하고 극단적인 반응을 나타내고 있습니다. 그 이유가 무엇일까요?

야곱의 마음 속에서 에서는 아직도 치료되지 못한 상처로 남아 있는 것입니다. 우리가 어떤 일에 지나친 반응을 보이는 것은 그 문제로 인한 상처가 아직 아물지 않았기 때문입니다. 상처가 다 아물면 다른 사람에게 보여 줄 수도 있고, 남이 만지거나 건드려도 아프지 않습니다. 그러나 상처가 아직 아물지 않았을 때는 사람들이 그것에 대해 언급하는 것도 싫을 뿐 아니라 누가 건드리기도 전에 자신을 방어하기 위해 과잉 반응을 하게 됩니다.

강박관념이 문제

이것은 신앙을 가진 사람에게만 나타나는 일종의 강박관념입니다. 모든 사람에게는 강박관념이라는 것이 있습니다. 이것은 하나의 생각이 그 사람의 모든 상태를 지배하는 것입니다. 예를 들어서 집을 나섰는데 아무래도 가스를 끄지 않고 나온 것 같습니다. 이럴 때 대개의 경우는 '에이, 아마 껐을 거야' 하면서 그냥 자기 일을 보러 가거나, 그래도 영 의심이 될 때는 다시 돌아가서 확인을 하지요. 그런데 끄지 않았을지도 모른다는 생각이 드는 순간부터 그 생각에 완전히 사로잡혀서, 지금 당장 집에 불이라도 난 것처럼 안절부절 못 하는 경우가 있습니다. 그래서 미친 듯이 집에 달려가 보면 아무 일도 없습니다. 이것이 강박관념입니다. 징크스라는 것도 이런 강박관념의 일종입니다.

사람의 머리 속에는 순간 순간 별 희한한 생각이 다 떠오릅니다. 그러나 대개는 그 생각들을 믿음으로 이겨 냅니다. 물론 그 때의 믿음은 하나님을 믿는 믿음이 아니라, 지금까지 살아오면서 형성된 자기 자신에 대한 믿음이나 이웃에 대한 믿음입니다. 그러나 자라는 동안 자기를 믿어 주는 사람이 아무도 없었고 심지어 부모나 형제들한테까지 의심을 받았던 사람의 마음 속에는 인간에 대한 기본적인 믿음이 없습니다. 그래서 그는 이 세상에 일어나는 우연한 일들까지 전부 자기가 책임지려고 하기 때문에, 한순간 떠오르는 생각을 이기지 못하고 결국 그 생각의 노예가 되고 마는 것입니다.

하나님이 나를 버리신다면?

하나님의 백성들에게도 일종의 강박관념이 있습니다. 그것은 신앙을 가진 후에 생긴 것입니다. 신앙을 갖고 나면 눈에 보이는 것은 하나도 없이 오직 하나님의 약속만 붙들고 살아가게 됩니다. 물론 하나님께서는 늘 신실하게 지켜 주셨습니다. 그러나 마음 속 저 깊은 곳에는 '혹시 하나님이 나를 버리시면 어떻게 하나' 하는 불안이 깔려 있습니다. 평소에는 괜찮아요. 그런데 자기가 예측했던 것보다 더 심한 어려움이 현실로 닥치면 모든 감정이나 믿음이 붕괴되면서 신앙 없는 사람보다 더 과민한 반응을 보일 수 있습니다. 그런 것이 바로 신앙적인 강박관념입니다.

'지옥의 사자'가 찾아올 때

예를 들어 집세가 얼마 정도는 오를 거라고 미리 예측은 했습니다. 그런데 내 예측보다 몇 배나 비싸게 올랐을 때, '이런 일이 일어나도록 하나님은 도대체 뭘 하신 걸까? 왜 하나님은 나에게 이런 일을 허락하셨을까? 나는 그 동안 돈도 못 벌고 뭘 했지? 난 바보인가 봐' 하면서 과민한 반응을 보이게 되는 것입니다. 이렇게 믿는 사람에게 찾아오는 불안과 두려움을 저는 '지옥의 사자'라고 부릅니다. 신앙이 없는 사람에게는 지옥의 사자가 찾아오지 않습니다. 그러나 신앙이 있는 사람에게 한 번씩 엄습해 오는 불안은 거의 치명적인 상처를 입힙니다.

에서가 무장하고 맞이하러 온다는 소식을 들은 야곱이 일종의 비상사태를 선언한 것은 잘한 일입니다. 가족이나 종들을 모아 놓고 "여러분들은 이해 못 할지 모르겠지만 제 일생에 대단히 위험한 일이 닥쳐오고 있습니다. 우리 모두 함께 기도합시다. 특히 연약한 저를 위하여 기도해 주십시오. 혹시 여러분들에게 어떤 일이 일어나더라도 경거망동해서는 안 됩니다. 지금은 비상입니다. 비상!"이라고 했다면 그것은 잘한 일이에요. 에서가 400명을 데리고 온다는 것이 야곱에게는 영적인 전쟁이었기 때문입니다. 칼을 휘두르지는 않는다 해도 에서의 입에서 무슨 말이 나올지 모릅니다. 가족과 다른 사람들 앞에서 내뱉는 에서의 한마디는 야곱에게 치명적인 영향을 줄 수 있었습니다.

그러나 야곱은 이렇게 비상사태를 선언하는 것을 넘어서서 완전히 최악의 시나리오를 생각하고 있습니다. 그는 벌써 에서가 사람들을 몰고 쳐들어와서 자기 가족들을 죽이는 상황을 그리고 있습니다. 그 당시에는 원한 관계에 있는 사람들이 상대방 집안의 씨를 말리는 일이 예사로 벌어졌습니다. 사람이든 가축이든 하나도 남기지 않고 전부 죽여 버렸어요. 지금 야곱은 무너지고 있습니다. 그는 자신의 감정을 추스릴 수가 없었습니다. 만일 옆에서 누가 한마디라도 했다면 아마 엄청난 분노가 폭발했을 것입니다.

지금 마귀가 노리는 것이 무엇입니까? 야곱의 생명을 해치는 일이 아닙니다. 에서는 야곱을 죽이려고 오는 것이 아니에요. 마귀가 노리는 것은 야곱이 에서의 400명 앞에서 스스로 비참하게 느끼도록 만드는 것입니다. '하나님께서 함께하신다는 것도 별게 아니다. 하나님께서 20년 동안 함께하시면서 나를 축복하신 것도 에서 앞에서는 아무것도 아니야' 라는 생각으로 스스로를 무가치하게 여기고 자신의 존귀함을 포기하게 만드는 것이 마귀의 목적이었습니다.

지금 야곱의 믿음은 거의 바닥난 상태입니다. 한 걸음만 더 나아가면 회복할 수 없는 신앙의 상처를 입을 것입니다. 지금 그의 입에서는 뜨거운 단내가 나고 있고, 코끝에서는 지옥의 유황불 냄새가 나고 있습니다. 그 정도로 그의 영혼은 위험한 상태에 있었습니다.

교만을 경계하시려고

여기에서 우리는 두 가지 요소를 살펴볼 수 있습니다. 하나는 야곱을 굉장히 고통스럽게 만드는 가까운 이웃이고 다른 하나는 아직 그의 마음 속에서 치유되지 못한 상처입니다. 야곱의 경우에 이 두 요소는 모두 같은 사람에게서 비롯된 것이었습니다. 왜 하나님께서는 야곱에게 이런 약점을 남겨 두신 것일까요? 하나님께서 가장 싫어하는 것이 바로 하나님의 백성들이 교만해지는 것이기 때문입니다.

교만은 우리 인간이 하나님 앞에서 가지고 있는 가장 치명적인 병입니다. 아무리 야곱이 라반을 떠났다 하더라도 다시 교만해진다면 하나님께서는 그를 버리실 수밖에 없습니다. 하나님은 한 순간이라도 하나님을 떠나서는 아무것도 할 수 없다는 것을 보여 주기 위해서 야곱에게 에서와 같은 두려운 이웃을 주시고 그의 마음 속에 지옥의 사자를 남겨 두신 것입니다.

나를 그렇게 고통스럽게 만드는 친척과 이웃이 있는 이유가 무엇입니까? 내 마음 속에 극복하지 못한 마음의 상처와 분노가 남아 있는 이유가 무엇입니까? 아직도 우리 마음 속에 교만이 남아 있기 때문이며 아직도 변해야 할 부분이 많기 때문입니다. 그래서 하나님의 천사들을 보고 그렇게 당당했던 야곱이, 에서가 400명을 데리고 나온다는 소식 앞에 벌벌 떠는 스스로의 모습을 보면서 자신이 얼마나 연약하며 하나님의 은혜 없이는 단 한 순간도 살 수 없는 존재인지를 깨닫게 하신 것입니다.

4. 하나님께 기도하다

은혜의 경험이 기도할 용기를 주다

야곱은 이 엄청난 두려움 앞에서 어떻게 했습니까? 하나님 앞에 나아가 기도했습니다. 그러나 사실 이런 두려움이 찾아올 때 가장 어려운 점은 기도가 안 된다는 것입니다. 내가 감당할 수 없는 어려움을 주신 데 대해 미움과 섭섭한 감정이 있기 때문에 기도가 안 돼요. '지금까지 세상을 살면서 전셋값 하나도 감당하지 못하는 나는 도대체 뭔가?' 하는 자신에 대한 미움과 하나님에 대한 원망 때문에 기도가 나오지 않습니다. 처음에는 엎드려서 "하나님 아버지"도 불러 보지만, 나중에는 나도 밉고 이런 고통을 주는 그 사람도 밉고, 하나님도 미워서 씩씩거리다가 시간을 다 보냅니다.

야곱도 처음에는 얼른 머리에 생각나는 대로 재산부터 처리했습니다. 그런데 마음 속에 '내가 이럴 때가 아니지. 기도를 해야 해. 하나님이 주신 문제는 그 안에 답이 있으니까' 하는 생각이 드는 것입니다. 야곱에게 기도할 마음이 생기게 된 이유는 어디 있을까요? 하나님의 은혜를 미리 맛보았던 경험이 있었기 때문입니다. 마하나임에서 하나님의 군대를 만난 체험 때문에 그의 마음 속에 약간의 은혜가 남아 있었고, 그래서 시험에 완전히 압도당하지 않고 하나님께 기도할 용기를 낼 수 있었던 것입니다.

기도의 내용

야곱의 기도는 세 부분으로 되어 있습니다. 첫째로, 자신이 지금 여기까지 온 것은 하나님의 명령이고 약속이라는 사실입니다. "하나님, 저는 지금까지 욕심대로 살았습니다. 그래서 이제 하나님의 말씀에 순종하려는데 이런 큰 어려움이 생겼습니다. 어떻게 하면 좋습니까? 이건 하나님 책임 아닙니까?" 하고 매달리는 것은 참 좋은 기도입니다. 무조건 살려 달라고 투정부리는 것이 아닙니다. 하나님의 뜻에 순종하려고 하는데 이런 일이 생겼으니 어떻게 하시겠느냐고 논리적으로 나아가는 것입니다.

둘째로, 야곱은 자신에게 하나님의 은혜를 받을 자격이 전혀 없다는 것을 솔직하게 고백하고 있습니다. 10절 상반절을 보십시오.

"나는 주께서 주의 종에게 베푸신 모든 은총과

모든 진리를 조금이라도 감당할 수 없사오나"

자신은 하나님의 은혜를 바랄 자격도 없고 혼자 힘으로는 아무것도 할 수 없을 정도로 연약하다는 것입니다. 20년 전에 이 곳을 지나갔을 때에는 지팡이 하나밖에 없던 자신이 지금 두 떼나 되는 무리를 거느리게 된 것은 자신의 업적이 아니라 하나님이 하신 일임을 그는 분명히 고백하고 있습니다. 즉 자신의 것은 하나도 없고 전부 하나님의 것이라는 뜻입니다.

셋째로 그는 자기 안에 있는 두려움과 고민을 솔직하게 고백하고 있습니다.

"내가 주께 간구하오니 내 형의 손에서, 에서의 손에서 나를 건져 내시옵소서. 내가 그를 두려워하옴은 그가 와서 나와 내 처자들을 칠까 겁냄이니이다(32:11).

야곱은 하나님 앞에서 자기가 두려워하고 있는 것이 무엇이며 고민하고 갈등하는 것이 무엇인지 솔직하게 고백하고 있습니다. 아마 야곱의 생애에 이처럼 진실하고 간절하면서도 하나님의 뜻에 일치하는 기도를 드린 적이 없을 것입니다. 이 기도 안에는 하나님의 약속에 대한 확신과, 자신의 연약함을 솔직하게 인정하면서 당면한 문제를 있는 그대로 아뢰는 솔직한 고백이 있습니다.

하나님께서 어려움에 빠진 우리에게서 듣고 싶어하시는 기도가 바로 이런 기도입니다. 이런 기도를 드리면 모든 위선과 거짓과 교만이 빠져나가게 되어 있습니다. 이 기도를 통해 야곱은 이미 지옥의 사자를 몰아 내고 있습니다. 그는 기도에서 이미 승리하고 있습니다. 두려움을 이기고 자신의 존귀함을 되찾고 있습니다.

평소에 우리에게 은혜가 필요한 이유가 무엇입니까? 위기 때 조금 정신을 차리기 위한 것입니다. 이 '조금'이 굉장히 중요합니다. 아무 준비 없이 위기에 처하면 치명적인 손상을 입고 신앙을 다 팔아먹게 됩니다. 그러나 조금이라도 은혜가 남아 있으면 그 '조금'의 은혜가 굉장히 큰 차이를 만들어 냅니다. 간발의 차이가 결정적인 역할을 해요. 평소에 하나님의 은혜와 말씀의 맛을 조금이라도 본 사람은 완전히 믿음을 팔아먹지 않습니다. 그래도 기도할 마음이 생겨요. '내가 아무리 생각한들 무슨 소용이 있나? 그래도 하나님 앞에 나아가서 기도하는 수밖에 없지' 하는 생각이 듭니다.

하나님의 백성에게는 신앙적인 열등감이 있습니다. 내면은 변화되었지만 세상적으로는 내세울 것이 하나도 없는 데서 비롯된 열등감이 있습니다. 그러다가 내 생각을 넘어서는 어려움이 닥치면 곧바로 지옥의 사자가 덤벼듭니다. 위기상황이 발발하는 것입니다. 그 때 빨리 비상등을 켜야 합니다.

마귀의 목적이 무엇입니까? 죽이려는 것이 아닙니다. 굶겨서 죽여 봐야 뭐 하겠습니까? 몸이 가벼워서 천국에만 더 빨리 올라가지요. 마귀의 목적은 하나님을 원망하게 만드는 것이고 스스로 무가치하게 느끼게 하는 것입니다. '5년, 10년 말씀 들었어도 에서 앞에 서니 아무것도 아니구나' 하는 소리가 입에서 나오게 만드는 것이 마귀의 목적입니다.

그러나 기도는 우리를 승리하게 만듭니다. “하나님, 저는 하나님 앞에 자랑할 것이 아무것도 없습니다. 그러나 하나님 말씀대로 살려고 하는데 이런 일이 생겼네요. 저는 두렵고, 어떻게 해야 할지 모르겠습니다. 도와 주십시오” 하고 기도할 때 상황은 바뀌기 시작합니다.

사랑하는 여러분, 오늘 나를 힘들게 하는 가까운 이웃들을 주신 것을 감사드립시다. 믿는다고는 하지만 우리에게는 아직 변해야 할 부분들이 너무나도 많습니다. 송곳으로 찌르는 사람이 없으면 절대로 변하지 않는 이 교만한 마음을 인정해야 합니다. 우리 속에 있는 아직도 해결되지 못한 두려움을 통해, 아직도 마음 속에 남아 있는 분노의 감정을 통해, 내가 하나님의 은혜 없이는 단 한 순간도 살 수 없으며 지극히 짧은 순간 지옥 입구까지 떨어질 수 있다는 것을 인정하게 되어야 합니다. 그렇지 않으면 우리의 신앙은 결코 제자리에서 벗어나지 못할 것입니다. 야곱처럼 기도할 수 있을 때, 나의 연약함과 하나님의 신실하심을 붙들고 내 문제를 있는 그대로 진술할 수 있을 때, 지옥의 사자는 떠나고 상황은 변하기 시작한다는 것을 잊지 마십시오.

11 야곱의 선물

야곱이 거기서 경야하고 그 소유 중에서 형 에서를
위하여 예물을 택하니 암염소가 이백이요 숫염소가
이십이요 암양이 이백이요 숫양이 이십이요 젖
나는 약대 삼십과 그 새끼요 암소가 사십이요
황소가 열이요 암나귀가 이십이요 그 새끼나귀가
열이라. 그것을 각각 떼로 나눠 종들의 손에 맡기고
그 종들에게 이르되 "나보다 앞서 건너가서 각 떼로
상거가 뜨게 하라" 하고, 그가 또 앞선 자에게
부탁하여 가로되 "내 형 에서가 너를 만나 묻기를
'네가 뉘 사람이며 어디로 가느냐? 네 앞엣것은
뉘 것이냐?' 하거든 대답하기를 '주의 종 야곱의
것이요 자기 주 에서에게로 보내는 예물이오며
야곱도 우리 뒤에 있나이다' 하라" 하고,
그 둘째와 셋째와 각 떼를 따라가는 자에게
부탁하여 가로되 "너희도 에서를 만나거든 곧
이같이 그에게 고하고 또 너희는 말하기를
'주의 종 야곱이 우리 뒤에 있다' 하라" 하니,
이는 야곱의 생각에 '내가 내 앞에 보내는
예물로 형의 감정을 푼 후에 대면하면 형이
혹시 나를 받으리라' 함이었더라.
그 예물은 그의 앞서 행하고 그는 무리 가운데서
경야하다가 밤에 일어나 두 아내와 두 여종과

열한 아들을 인도하여 얍복 나루를 건널새
그들을 인도하여 시내를 건네며 그 소유도 건네고

창 32:13-23

이 세상에서 가장 자존심 강한 사람들이 있다면 바로 하나님을 믿는 사람들일 것입니다. 하나님을 믿고 있고 그의 뜻을 따르고 있다는 생각 때문에 다른 사람의 말이 중요하지 않게 느껴지기도 하고, 그래서 때로는 많은 오해나 불필요한 마찰이 일어나기도 합니다.

신앙 좋은 청년이 한 사람 있었습니다. 그런데 이 청년의 아버지는 너무나도 기독교를 싫어하는 사람이었기 때문에 청년의 마음 속에는 늘 아버지로 인한 갈등이 있었습니다. 그는 오직 하나님의 말씀만 듣고 그 말씀에 순종하고 싶었습니다. 그런데 아버지는 자꾸 불신앙적인 요구를 하고 그것을 강요했습니다. 그가 아버지의 요구를 거부하고 자기 뜻대로 행동하다 보니, 자연히 아버지와의 관계가 굉장히 불편해졌습니다. 처음에는 이렇게 되는 것이 당연하다고 생각했습니다. 자신에게 중요한 것은 오직 하나님의 말씀에 순종하는 것이지 사람의 말을 듣는 것이 아니라고 생각했기 때문입니다. 아무리 아버지라도 하나님을 모를 때에는 순종하지 않는 것이 당연한 것 같았습니다.

그러나 세월이 지나면서 이 청년의 생각은 조금씩 변하기 시작했습니다. 단지 신앙적인 이유만으로 아버지를 그토록 적대시한 것이 과연 옳으냐는 생각이 들기 시작한 것입니다. '어떻게 생각하면 아버지는 참으로 단순한 분이신데, 내가 너무나도 쉽게 신앙으로 아버지를 정죄한 것이 아닐까' 하는 의문이 떠오르면서, 아버지와의 불편한 관계가 계속 부담이 되었습니다.

어느 날 그는 적어도 자기가 아버지를 미워하고 있지는 않다는 것을 보여 드리기 위해 작은 선물을 하나 준비해서 아버지를 찾아갔습니다. 그는 이 작은 선물이 아버지와의 관계를 회복시켜 주리라고까지 기대하지 못한 것은 물론이고, 오히려 이 선물을 밖으로 집어 던지지나 않으면 다행이라고 생각했습니다. 그런데 나타난 결과는 너무나도 놀라웠습니다. 아버지가 너무나도 기뻐하면서 아들의 선물을 받아들인 것입니다.

불신자와의 관계를 어떻게 할까?

우리는 신앙을 수직적으로만 생각한 나머지, 나와 하나님과의 관계를 제외한 다른 사람과의 관계는 중요하지 않다고 생각할 때가 많습니다. 그러나 다른 사람의 존재를 인정하지 않고 이 세상에서 살 수는 없습니다. 이 청년처럼 믿지 않는 부모님 밑에서 살아야 하는 경우도 있고 기독교를 아주 싫어하는 과장 밑에서 직장생활을 해야 하는 경우도 있습니다. 그럴 때 어떻게 해야 합니까? 나는 하나님의 말씀만 순종하고 싶으니까 신앙 없는 사람들의 말을 전부 거부하고 내가 옳다고 생각하는 대로만 행동해야 할까요? 신앙 없는 사람들과는 무조건 적대적인 관계를 가져야 합니까? 아니면 때로는 저자세로 생각될 수 있는 방법을 써서라도 그들과의 관계를 개선하려고 노력해야 합니까?

오늘 본문은 자기를 미워하는 형 에서가 무려 400명이나 되는 사람들을 데리고 오고 있다는 말을 들은 야곱이, 형의 마음을 돌이키기 위해 엄청난 선물을 준비하는 내용을 담고 있습니다. 야곱은 어떤 사람입니까? 하나님 앞에서 에서의 장자권을 빼앗기 위해 팥죽을 팔았던 사람이고, 아버지를 속여서 축복을 가로챈 사람입니다. 그런데 에서가 400명을 거느리고 자기를 만나러 온다는 말을 듣자마자 얼굴이 사색이 되어서 하나님께 살려 달라고 매달리고, 그것도 모자란 것 같으니까 많은 선물을 준비하고 있는 것입니다.

야곱의 선물은 정당한가?

오늘 우리가 궁금히 여기는 것은 야곱이 이런 식으로 많은 선물을 준비해서 에서의 마음을 누그러뜨리려는 것이 과연 믿음으로 하는 일인가, 아니면 반대로 믿음이 흔들려서 하는 일인가 하는 점입니다. 다시 말해서 이것은 우리가 본받아야 할 신앙의 행동입니까, 아니면 본받아서는 안 되는 부정적인 행동입니까? 신앙이란 어려움이 닥쳤을 때 순전히 하나님의 도움만 의지한 채 아무것도 하지 않고 기다리는 것입니까, 아니면 하나님께 기도하고 도움을 간구하면서도 나는 내 나름대로 또 무언가를 하는 것입니까? 이것은 현실 속에서 살아가야 하는 우리들의 문제이기도 합니다.

1. 하나님의 도움을 기다리는 시간

살면서 가장 마음이 답답하고 힘든 때는 하나님의 도우심을 바라보면서 기다리는 때입니다. 야곱은 지금 형 에서가 자기를 만나러 오고 있다는 말을 듣고 두려워하고 있습니다. 그래서 그는 하나님께 기도했고, 그의 도움을 기다리고 있었습니다. 그러나 아직까지 도움은 나타나지 않고 있었습니다. 이 시간은 그의 생애에서 가장 긴 시간이었습니다.

그는 에서의 소식을 듣고 처음에 가축을 두 떼로 나누었고, 다음에는 하나님께 살려 달라고 기도하면서 매달렸습니다. 그리고 나서도 아직 시간이 남아 있었습니다. 이럴 때 무슨 일을 해야 할까요? 그는 자기 가축들 중에서 에서에게 줄 선물을 아주 많이 골랐습니다.

> 야곱이 거기서 경야하고 그 소유 중에서 형 에서를 위하여 예물을 택하니 암염소가 이백이요 숫염소가 이십이요 암양이 이백이요 숫양이 이십이요 젖 나는 약대 삼십과 그 새끼요 암소가 사십이요 황소가 열이요 암나귀가 이십이요 그 새끼 나귀가 열이라(32:13-15).

야곱은 하나님께 기도하고 가만히 있었던 것이 아니라, 에서를 만났을 때 그의 마음을 누그러뜨리기 위해 많은 예물을 준비했습니다. 사실 야곱이 고른 가축들은 단순한 선물이라고 보기에는 너무나 많았습니다. 신하가 왕에게 바치는 조공에 가까울 정도로 많았어요.

불신자가 어려움을 대하는 태도

우리의 문제로 돌아가 봅시다. 야곱이 형 에서를 위해 이렇게 많은 선물을 준비해서 그의 마음을 누그러뜨리려고 한 것은 과연 옳은 일입니까? 어려움이 닥쳤을 때 신앙 있는 사람의 태도와 신앙 없는 사람의 태도는 완전히 다릅니다. 신앙 없는 사람은 일단 살기 위해서 자기가 할 수 있는 모든 방법을 다 씁니다. 이리 뛰고 저리 뛰면서 자기가 알고 있는 사람이란 사람은 다 동원하고 자기가 할 수 있는 방법이란 방법은 다 시도해 봅니다. 그리고 이 모든 것이 아무 소용 없는 것으로 판명나면 자포자기해 버리지요.

신자가 어려움을 대하는 태도

그러나 신앙 있는 사람들은 그 신앙 상태에 따라 다양한 태도가 나타납니다. 대개는 자신이 하나님을 의지함에도 불구하고 어려운 일이 생겼다는 데 대해 화를 냅니다. "하나님, 제가 이런 일이 일어나지 않게 해 달라고 얼마나 많이 기도했습니까? 물론 신앙생활을 완벽하게 하진 못했지만 그래도 제 나름대로 애를 썼는데, 왜 이런 일이 일어나는 것입니까?" 무언가 속았다는 느낌이 들면서 하나님을 향한 원망과 자신의 무능함에 대한 분노에 사로잡힙니다.

사실 그리스도인이 어려움 속에 있을 때 화를 내는 것보다 더 위험한 일이 없습니다. 화를 내고 있는 동안에는 하나님이 그를 위해 아무 일도 하실 수 없기 때문입니다. 이렇게 되는 것을 '침체' 된다고 하는데, 침체되어 있으면 하나님이 손을 쓰실 수가 없습니다. 그래서 야고보 사도는 "사람의 성내는 것이 하나님의 의를 이루지 못함이니라"(약 1:20)고 말씀했습니다. 정신만 차리고 있으면 약간의 수고로도 큰 어려움을 막을 수 있지만, 화를 내고 있으면 쉽게 극복할 수 있는 일도 극복하지 못한 채 모든 어려움을 줄줄이 다 당하게 됩니다. 물론 침체의 경험에도 유익은 있습니다. '다시는 침체되면 안 되겠다' 는 것과 '침체되어 있으면 도와 줄 사람이 아무도 없다' 는 것을 깨닫게 되기 때문입니다.

어려움이 닥쳤을 때 두번째로 나타날 수 있는 태도는 아무것도 하지 않고 오직 하나님 한 분만 바라보는 것입니다. 즉 하나님께서 친히 오셔서 건져 내 주실 때까지 가만히 기다리고 있는 것입니다. 이스라엘 백성들은 애굽을 탈출한 직후 큰 위기에 처하게 되었습니다. 앞에는 홍해가 가로놓여 있었고 뒤에는 애굽 군대가 추격해 오고 있었습니다. 그 때 두려워하면서 소리지르는 이스라엘 백성들을 향해 모세는 "너희는 두려워 말고 가만히 서서 여호와께서 오늘날 너희를 위하여 행하시는 구원을 보라"(출 14:13상)고 말했습니다. 즉 그들이 할 일은 하나도 없고 단지 가만히 있기만 하면 된다는 것입니다. 그러면 하나님께서 큰 구원을 이루시리라는 것입니다. 이런 일은 주로 구원의 초기 단계에서 많이 나타납니다.

야곱의 선택

세번째 태도는 하나님께서 도와 주시고 지켜 주실 것은 믿지만, 그러면서도 자신이 할 수 있는 작은 일을 찾아서 그것을 열심히 하는 것입니다. 물론 내가 작은 일을 한다고 해서 그 위기를 근본적으로 해결할 수 있는 것은 아닙니다. 그러나 여러 번 어려움을 겪으면서 알게 된 것은 하나님의 때라는 것이 있다는 것과, 내가 그 때를 당기거나 늦출 수 없다는 것입니다. 그런데 하나님의 때가 내 생각보다 길어지면 견디기 어려우니까 장기전에 돌입하기 위해 내가 할 수 있는 작은 일을 하면서, 예를 들어 나에게 영적으로 부족한 부분들을 훈련하거나 육체적인 건강을 돌보거나 가족들과의 관계를 돌아보면서, 참고 견디며 그 때를 기다리는 것입니다.

야곱은 어떻게 했습니까? 그는 자기에게 어려움이 닥쳤다고 해서 하나님을 원망하지 않았습니다. 또 에서가 올 때까지 가만히 앉아서 기다리지도 않았습니다. 야곱은 에서가 와서 어떻게 하든 그것을 운명으로 여기면서 손을 놓고 있는 대신, 어떻게 해서든지 그의 분노를 누그러뜨릴 수 있는 방법을 찾았습니다. 즉 '나는 에서를 만나겠다. 에서를 만나되 수동적인 위치에서 만나는 것이 아니라 어떻게 해서든지 그의 분노를 누그러뜨린 후에 만나겠다'는 대단히 적극적인 자세를 취한 것입니다.

2. 야곱의 생각

야곱이 이런 선물을 에서에게 보내려고 한 의도는 20절에 나타나고 있습니다.

> "또 너희는 말하기를 '주의 종 야곱이 우리 뒤에 있다' 하라" 하니 이는 야곱의 생각에 '내가 내 앞에 보내는 예물로 형의 감정을 푼 후에 대면하면 형이 혹시 나를 받으리라' 함이었더라.

야곱이 이렇게 많은 선물을 보낸 것은 혹시 지난 20년 간 에서의 분노가 풀리지 않았더라도 이 선물들을 보면 그 분노가 조금 사그러들어서 자신을 받아 줄지도 모른다고 생각했기 때문입니다.

선물은 인간적 술책?

문제는 이 선물이 믿음에서 나온 것이냐, 아니면 아직도 하나님 앞에서 포기하지 못한 인간적인 술책이냐 하는 점입니다. 우리가 보기에는 인간적인 술책 같습니다. 에서가 400명을 끌고 오고 있다는 말을 듣자마자 야곱이 가장 먼저 한 일은 가축을 두 떼로 나누는 것이었습니다. 이것은 거의 본능적인 행동이었습니다. 기도하는 가운데 '일단 가축을 나누는 것이 좋다' 는 판단이 들어서 나눈 것이 아니라 에서가 온다는 말을 듣자마자 본능적으로 한 일이에요. 한쪽을 치면 다른한 쪽이라도 도망시켜서 반이라도 건져야 하지 않겠습니까? 그 다음으로 그는 기도를 했습니다. 그리고 기도하고 나서도 안심이 되지 않았는지 에서의 마음을 누그러뜨릴 선물을 준비했습니다.

이 일이 있고 난 후에 야곱은 얍복 강가에서 하나님의 천사와 씨름을 하게 됩니다. 야곱이 지금까지 가지고 있던 인간적인 생각과 방법과 술책이 전부 깨지는 것은 이 때 이후입니다. 천사와 씨름하다가 환도뼈가 위골되어 더 이상 도망치지 못하게 되었을 때, 비로소 그는 모든 인간적인 생각과 방법을 다 버리고 전적으로 하나님께 자신의 삶을 맡기게 됩니다. 그것을 보면 야곱이 에서의 선물을 준비한 것은 아직도 그의 마음 속에 남아 있는 인간적인 술책의 한 방법이었다고 볼 수 있습니다.

선물은 믿음의 행동

그러나 저는 그럼에도 불구하고 야곱의 이 행동이 믿음에서 나왔다고 생각합니다. 그 첫번째 이유는 에서가 쳐들어온다는 소식을 듣고서도 야곱이 더 이상 도망치려고 하지 않았다는 데 있습니다. 지금까지 야곱의 인생은 도망의 연속이었습니다. 그는 도망의 명수였어요. 그러나 이제는 더 이상 도망치려고 하지 않습니다. 그렇게 두려워하면서도 도망치지 않았습니다. 왜 그렇습니까? 더 이상 도망칠 수 없을 정도로 지쳤기 때문입니까? 에서가 오든지 말든지 자신이 있었기 때문입니까? 아니면 오기가 생겨서 죽기 아니면 까무러치기로 한번 부딪쳐 보고 싶었기 때문일까요?

정상적인 위치로 돌아가기 위해

야곱이 도망치지 않은 이유는 단 한 가지입니다. 즉 이제는 무슨 일이 있어도 아버지 집으로 돌아가야 한다는 것입니다. 아버지 집으로 돌아가는 일에는 신앙적으로 아주 중요한 의미가 있었습니다. 야곱은 아버지 집을 떠났지만 하나님은 지금까지 그를 지켜 주셨습니다. 그렇다고 해서 야곱의 상태가 정상적인 것은 결코 아니었습니다. 예를 들어서 정부가 게릴라들에게 밀려서 외국으로 도망친 후 거기에 임시정부를 세웠다고 합시다. 말은 정부지만 실제로는 제대로 된 정부가 아닙니다.

교회도 그럴 때가 있습니다. 교회가 정상적인 상태에 있지 못하고 세상적인 권력의 감시 아래 있을 때, 교회가 존재하기는 해도 그 기능을 온전히 발휘하지는 못합니다. 에스겔서나 다니엘서나 요한계시록은 모두 교회가 정상적이지 못할 때 기록된 성경들입니다. 이런 성경들은 외부인들이 중요한 메시지를 알아듣지 못하도록 묵시의 형태로 기록되었습니다. 가톨릭에서는 이런 것을 '교회의 바빌론 유수'라고 불렀습니다. 이것은 한때 교황이 프랑스 국왕에 의해 아비뇽이라는 곳으로 강제로 유폐되었을 때 생긴 말입니다.

개인의 신앙생활에서도 마찬가지입니다. 여러 가지 이유로 정상적인 교회생활을 하지 못하고 여기저기 떠돌거나 혼자 집에서 테이프를 듣고 성경을 읽을 때에도 하나님께서는 우리에게 은혜를 주시며 인도해 주십니다. 그러나 그것이 정상적인 신앙의 상태는 아닙니다. 교회에서 형제 자매들과 서로 만나고 교제하면서 자기 책임을 다하고 함께 풍성한 은혜를 나누는 생활을 할 때 비로소 정상적인 신앙이 되는 것이지요.

이삭의 집을 하나의 교회로 볼 때, 야곱이 아버지 집에서 쫓겨나서 하란에서 20년을 보냈다는 것은 이 교회가 정상적인 상태에 있지 못했다는 뜻이 됩니다. 하나님이 세우신 선지자 야곱은 엉뚱한 곳에 가 있었고, 신앙이라고는 조금도 없는 에서가 교회의 모든 것을 지배하고 있었습니다.

지금 야곱이 원하는 것이 무엇입니까? 어떻게 해서든지 자신의 위치를 다시 회복하는 것입니다. 그러려면 어떻게 해야 합니까? 에서에게 머리를 숙이고서라도 아버지 집에 돌아가야 합니다. 에서에 대한 일은 하나님께서 알아서 하실 것이고, 자신은 여하튼 정상적인 위치로 돌아가야겠다는 것이 야곱의 결심이었습니다. 야곱은 이것이 하나님의 뜻이라는 것을 알고 있었습니다.

야곱이 아버지 집에 돌아간다고 해서 제도권에 다시 진입하려 한다고 말할 수는 없습니다. 이삭의 집은 단순한 제도권 교회를 가리키는 것이 아니라 하나님의 구원의 중심을 의미하기 때문입니다. 이삭의 집은 하나님의 말씀이 임하고 그분의 뜻이 펼쳐지는 중심이었습니다. 하나님께서는 야곱이 그 위치로 회복되기를 원하셨습니다.

자존심과 재물을 포기하다

야곱은 이삭의 집에 다시 받아들여지기 위해 두 가지를 포기합니다. 하나는 자신의 자존심입니다. 그는 에서 앞에서 기꺼이 에서를 '주'로, 자신을 '종'으로 부르면서 무릎을 꿇었습니다. 이것은 영적인 장자권을 포기하는 것이 아닙니다. 자존심을 포기함으로써 영적인 위치를 되찾는 것입니다.

또한 그는 재물을 포기했습니다. 야곱이 에서에게 준 선물은 결코 적은 것이 아니었습니다. 누가 봐도 아까울 정도로 많은 것이었어요.

그러나 야곱의 생각이 무엇입니까? 재산이란 이럴 때 사용하기 위해 존재한다는 것입니다. 그는 재산을 절대적인 것으로 생각하지 않았습니다. 재물이란 영적인 관계를 회복하기 위해 쓰는 것으로서, 아버지 집에 받아들여지기 위해서라면 얼마든지 과감하게 포기할 수 있다는 것이 야곱의 믿음이었습니다. 이처럼 야곱이 에서에게 많은 선물을 보낸 것은 단순한 인간적인 술책이나 불신앙에서 나온 행동이 아니라 깊은 신앙의 동기에서 나온 지혜였다고 생각됩니다.

3. 하나님의 뜻, 인간의 지혜

"제가 할 몫은 무엇입니까?"

처음 신앙생활을 할 때 가장 힘든 부분은 이 세상에서 어떤 일을 할 때 내가 할 일은 무엇이며 하나님께서 하실 일은 무엇이냐 하는 점입니다. 예를 들어서 출애굽 때 이스라엘 백성들은 가만히 있었는데 하나님께서 홍해를 갈라 건너게 하시고 만나와 메추라기를 먹이셨습니다. 그렇다면 오늘 우리가 생활할 때도 가만히 있기만 하면 모든 일이 저절로 잘 되도록 하나님께서 인도해 주실까요?

예를 들어서 결혼을 하기 위해 선이 들어올 때마다 다 나가 봐야 합니까, 아니면 '젓가락도 짝이 있고 짐승들도 쌍으로 만드셨는데, 내가 아무려면 짐승보다 못하겠어?' 하는 믿음으로 한없이 기다려야 합니까? 취직을 하기 위해 광고 나올 때마다 이력서니 원서니 다 넣어 보아야 합니까, 아니면 '하나님께서 정하신 뜻이 있다' 는 믿음으로 묵상 기도하면서 집에 있어야 합니까?

우리가 알아야 할 것은 하나님이 하실 일과 내가 해야 할 일이 따로 있지 않다는 것입니다. 이것은 신앙생활에서 가장 예민한 문제입니다. 물론 출애굽 같은 '구원'은 우리가 도울 수 있는 일이 아닙니다. 예수님께서 십자가를 지시고 무덤에서 부활하시고 하늘로 올리우신 일은 우리가 협력할 수 있는 성질의 것이 아니에요. 구원은 전적으로 하나님께 속한 일입니다.

구원 외에 모든 일이 내 몫이다

그러나 이 세상에서 하나님의 백성으로 살아가는 일에서는 우리가 모든 것을 해야 합니다. 신앙생활에는 감나무 밑에 입 벌리고 있으면 하늘에서 감 떨어지듯이 거저 되는 일이 하나도 없습니다. 나는 가만히 있는데 다른 사람이 다 된 떡을 나에게 가져다 주는 일도 없고, 누가 날 안거나 업어서 데려가 주는 법도 없어요. 전부 다 내가 해야 하고 내 발로 걸어서 가야 합니다. 하나님께서는 모든 일을 우리를 통해 하십니다. 그래서 성령을 통해 자꾸 의지를 불어 넣으시고 생각을 주시며 충동을 주십니다. 그것을 억누르고 있으면 아무 일도 하지 못합니다.

예를 들어 야곱이 가만히 있는데 에서가 찾아와서 "하나님 나라에 복귀해야지. 교회는 회복되어야 해" 하면서 그를 데려가는 일 같은 것은 일어나지 않는다는 것입니다. 야곱은 자기 몸을 움직여야 했고 자기 머리를 써야 했으며 에서에게 머리를 숙여야 했고 재물을 써야만 했습니다. 이처럼 우리에게는 적극적으로 하나님의 뜻을 찾아서 그 뜻대로 해야 할 책임이 있습니다.

그러면 어떻게 하나님의 뜻을 알 수 있습니까? 하나님께서 나에게 말씀하신 것을 우리 삶에 적용하면 됩니다. 예를 들어 야곱은 다시 아버지 집에 돌아가야 하는데 지금까지는 에서 때문에 돌아가지 못했습니다. 에서는 지금도 건재합니다. 그러면 어떻게 해야 합니까? 또다시 에서를 피해 도망쳐야 합니까? 아니면 머리를 숙이고 그에게 복종하는 자세로 들어가야 합니까? 그 답은 분명합니다. 에서에게 머리를 숙이고 그의 주권에 복종하는 것이 옳습니다. 그렇다면 자기의 자존심이나 재산의 일부를 그에게 선물로 바치는 것은 당연한 일입니다. 그것은 아버지 집에 다시 받아들여지기 위한 비용입니다.

믿음의 장애물 두 가지

오늘 이 세상에서 믿음으로 살고자 할 때 가장 힘든 것이 두 가지 있습니다. 그 중에 하나가 바로 이 자존심의 포기입니다. 우리는 하나님의 말씀을 직접 듣는다고 생각하기 때문에 다른 사람들의 말에 귀를 기울이지 않을 때가 많습니다. '내가 그래도 하나님의 말씀을 듣는 사람인데, 저 인간은 지옥 땔감 주제에 말도 많네' 하면서 사람을 무시하고 하나님께 직행하려고 할 때가 많아요. 그 결과가 무엇입니까? 주위에 있는 사람들과의 관계가 악화되는 것입니다. 가는 데마다 삐걱거리지 않는 곳이 없습니다.

물론 신앙 양심을 지키기 위해서는 때때로 주위 사람들의 말을 거부해야 할 필요도 있고, 그렇게 하다 보면 관계가 서먹서먹해지고 어떤 경우에는 원수처럼 될 때도 있습니다. 그러나 이런 갈등과 긴장의 원인은 진리보다는 자존심이나 기질에 있는 경우가 많습니다. 상관이 말도 안 되는 것 같은 소리를 할 때 '내가 이래 봬도 하나님을 믿는 사람인데 너 같은 것한테 굴복할 줄 알아?' 하는 식으로 대하면 아무리 마음 좋은 상관이라도 관계가 악화되지 않을 수 없습니다.

교회 안에서도 많은 불만이 생기고 관계가 악화되는 것이 사실은 자존심 때문인 경우가 많습니다. 조금만 달리 생각하면 별것 아닌 우스운 일인데도, 당사자들은 목숨을 걸고 대결하는 이유가 무엇입니까? 자존심이 걸려 있기 때문입니다. 이 세상에서 가장 치사하고 더러운 싸움이 자존심 싸움입니다. 하나님의 백성들이 가지고 있는 가장 큰 문제는 자존심이 너무 강하다는 것입니다.

믿음으로 살고자 할 때 우리를 힘들게 하는 또 한 가지 문제는 영적인 측면에 너무 치우친 나머지 자기의 소유, 특히 돈에 너무 인색하다는 것입니다. 용돈을 많이 가지고 있으면서도 돈 쓸 일이 생기면 꼭 부모님께 타서 쓰는 아이들이 있습니다. 그럴 때 어머니가 한 번씩 "이번 참고서는 네 돈으로 사" 하면서 폭탄선언을 하면 그렇게 억울해할 수가 없습니다. 어머니 주머니와 자기 주머니가 다르다고 생각하기 때문입니다. 우리도 내가 가지고 있는 것과 하나님이 가지고 있는 것이 다르다고 생각할 때가 많습니다. 그래서 어떤 일에는 꼭 하나님 주머니에서 돈이 나와야 하며 내 것은 절대로 손대서는 안 된다는 인색한 마음이 우리에게 있습니다.

프로의 신앙

사실 우리가 어려운 일을 앞에 두고 지혜를 사용하지 못하는 것은 너무나도 아마추어적인 사고방식을 가지고 있기 때문인 경우가 많습니다. 아마추어와 프로의 차이가 무엇입니까? 아마추어는 어떤 일을 하더라도 직업으로 하지 않습니다. 취미나 여가 선용으로 테니스를 치든지 바둑을 두든지 하지, 직업으로 하지 않아요. 그러니까 이기든지 지든지 중요하지 않습니다. 그 결과에 책임질 필요가 없으니까 언제나 여유가 있어요.

그러나 프로는 그렇지 않습니다. 그 일 안에 있는 문제 하나 하나가 자신의 생계와 직결되기 때문에, 그 일 안에 들어가 사력을 다해서 문제를 해결하려고 몸부림을 칩니다. 거기에서 지혜가 생기고 상대방을 이길 수 있는 방법을 터득하게 되는 것입니다. 그리고 일단 이길 방법이 생각나면 다른 사람이 도와 줄 때까지 기다리지 않고 과감하게 그 방법을 써 봅니다. 왜 이렇게 합니까? 그 하나 하나가 자신의 사활을 결정하는 중요한 문제이기 때문입니다.

주님이 우리에게 요구하시는 것은 바로 이와 같은 프로의 자세입니다. 우리의 신앙생활은 아마추어 같습니다. 취미생활 하듯이 신앙생활을 하니까 어떤 문제에 적극적으로 몰입해서 그 안에서 자기가 살 수 있는 방법은 무엇이며 최선의 방안은 무엇인지 애써 찾는 자세, 필요하다면 머리도 숙일 수 있는 자세가 나오질 않습니다. 어떤 사람은 돈 문제만 나오면 고개를 절레절레 흔듭니다. 돈은 속되고 부정하다는 것입니다. 그렇다면 밥도 먹지 말고 화장실도 가지 말아야지요. 어떤 일에 자기 생계가 달렸다고 생각해서 전문적으로 파고드는 사람과 어쩌다 한 번씩 시간날 때마다 머리를 식히기 위해서 즐기듯이 관심을 가지는 사람은 그 차원이 완전히 다를 수밖에 없습니다.

마귀에게 이기려면

마귀는 어떻습니까? 하나님의 백성들을 타락시키는 일에 프로입니다. 마귀는 오로지 '어떻게 하면 하나님의 백성을 타락시킬까? 어떻게 하면 저들로 하여금 죄짓게 할까?'에 골몰합니다. 그런데 우리는 주일에 교회 가려고 성경책에 앉은 먼지를 털 때나 한 번씩 신앙을 생각하는 것입니다. 프로와 아마추어는 게임이 되지 않습니다. 어떤 문제에 사력을 다해서 달려드는 사람과 일주일에 한 번씩 머리나 식히려고 신선놀음 하듯 생각하는 사람은 게임이 되질 않습니다.

예수님께서 이 세상에 육체로 계시지 않고 십자가에 못박히시고 하늘에 올리워 가신 후 성령을 보내 주신 이유가 무엇입니까? 우리를 신앙생활의 프로로 만드시기 위해서입니다. 만약 예수님이 육체를 입고 우리 곁에 계신다면, 우리는 '예수님이 알아서 다 해 주시겠지' 하면서 아무 생각 없이 지내다가 어려운 일만 생기면 울면서 예수님께 떼를 쓸 것이고, 어떤 일에도 책임을 지려고 하지 않으며, 예수님이 내 생각대로 해 주시지 않는다고 원망하며 불평하는 어린아이가 될 것입니다. 예수님께서는 빈들에서 제자들이 자신들에게는 먹을 것이 없으니 사람들을 보내서 사먹게 하자는 말에 "너희가 먹을 것을 주라"고 말씀하셨습니다. 그 말을 들은 제자들은 절망에 사로잡혔습니다. 그 말 한마디에 신앙의 뿌리까지 흔들렸어요.

아마추어는 이상적이지만 실제로는 아무 일도 못 합니다. 오늘날 그리스도인들이 이 세상에서 실패하는 이유가 무엇입니까? 아마추어이기 때문입니다. 스스로 생각을 할 줄 모릅니다. 스스로 책임질 줄을 몰라요. 교회 안 나가면 알아서 심방 와 주지요, 일이 안 풀리면 또 와서 기도해 주지요, 나 스스로 기도하고 씨름하고 생각할 필요가 없습니다. 너무 아마추어입니다.

야곱의 프로정신

저는 하나님이 도와 주실 줄 알면서도 형의 마음을 누그러뜨리기 위해서 최선을 다해 선물을 마련하고 있는 야곱의 모습을 보면서, 그는 역시 프로라고 생각합니다. 믿음의 조상 중에서 제일 매력적인 프로의 자세를 가진 사람이 바로 야곱입니다. 그 동안 어려운 일에 어디 한두 번 부딪쳐 봤습니까? 그는 프로의 본능과 육감으로 움직였습니다. 그는 먼저 누구라도 무시할 수 없을 정도로 많은 선물을 마련했습니다.

그리고 그 선물을 한꺼번에 보내지 않고 세 떼, 네 떼로 나누어 계속 보냈습니다. 아무리 에서의 마음이 굳어 있다 하더라도 몇 번에 걸쳐 반복되는 이 선물의 파상공격을 받으면 결국 누그러지지 않겠습니까? 그리고 그는 종들에게 "당신의 종 야곱이 뒤따라오고 있습니다"라고 말하도록 일렀습니다. 이제는 더 이상 도망치지 않고 에서를 만나기 위해 가고 있다는 뜻을 당당하게 밝힌 것입니다.

4. 하나님의 백성과 세상 사람들과의 관계

우리는 이 세상에서 신앙을 가진 사람들하고만 지내는 것이 아닙니다. 신앙 없는 친척과 직장동료, 친구들과도 어울려 살아야 합니다. 그 사람들이 내 아랫사람일 때는 그래도 좀 낫습니다. 그가 나보다 지위가 높아서 그의 명령을 들어야 할 경우 마음이 상당히 답답해지는 경우가 많습니다.

대인관계의 지혜를 배우라

오늘 야곱의 지혜를 통하여 배울 수 있는 것이 무엇입니까? 신앙 없는 사람들의 말이나 생각을 신앙 있는 사람의 말이나 행동처럼 복잡하게 생각하지 말라는 것입니다. 사도 바울은 고린도전서에서 이렇게 말씀하고 있습니다.

> 육에 속한 사람은 하나님의 성령의 일을 받지 아니하나니
> 저희에게는 미련하게 보임이요 또 깨닫지도 못하나니 이런
> 일은 영적으로라야 분변함이니라. 신령한 자는 모든 것을

판단하나 자기는 아무에게도 판단을 받지 아니하느니라 (고전 2:14, 15).

불신자와 신자의 차이

그리스도인들은 신령하고 영적인 사람들입니다. 하나님을 모르는 사람들은 영적인 사람들을 이해하지 못합니다. 하는 짓들이 얼마나 미련해 보이는지 도저히 이해할 수가 없어요. 왜냐하면 그들은 영적으로 사고할 능력이 없기 때문입니다. 그래서 쉽게 화를 내고 쉽게 잊어버립니다. 그러나 하나님의 백성들은 그렇지 않습니다. 어떤 문제를 보더라도 근원에 깔려 있는 동기나 생각을 살피기 때문에 작은 일에도 큰 충격을 받을 수 있습니다.

이것은 마치 일반인과 의사의 차이 같습니다. 일반인들은 다른 사람의 병에 대해 아는 바가 없기 때문에 호박을 삶아 먹으라느니 가지를 찧어 먹으라느니 생각나는 대로 들은 대로 다 이야기하고 자기 말에 책임을 지지 않습니다. 그러나 의사는 모든 것을 근본부터 살펴야 하며 자기의 말에 책임을 져야 하는 사람입니다. 그래서 의사는 항상 진지하고 심각하게 되어 있습니다. 일반인과 의사가 싸우면 누가 이기겠습니까? 겉으로는 목소리 크고 막무가내인 일반인이 이기는 것처럼 보일 수 있습니다. 그러나 실제로는 의사를 이길 수 없어요. 왜냐하면 의사들은 전문적인 지식을 가지고 있기 때문입니다.

마찬가지로 하나님의 백성들은 항상 진지하게 되어 있습니다. 그들은 사람에 대해 아는 것이 많기 때문입니다. 신앙 있는 사람은 다른 사람의 말이나 행동을 볼 때 그 근본적인 동기부터 살피기 때문에 말 한마디에도 굉장히 큰 충격을 받을 수 있어요. 그래서 신앙 없는 사람들의 눈에 도저히 상대하기 어려운 인간, 무언가 자기를 판단하고 있는 듯한 건방지고 도도한 인간처럼 보일 수 있습니다.

불신자의 분노에 어떻게 대처할까?

믿지 않는 사람이 믿는 사람에게 화를 내는 것은 그에 대해 모든 것을 다 알기 때문이 아니라, 너무나 답답하고 무언가 통하지 않기 때문일 때가 많습니다. 그런데 믿는 사람들이 그런 것 하나 하나를 의미심장하게 받아들이고 마치 그들이 사탄의 종이나 되는 것처럼 판단해서 선을 그어 버린다면, 아마 이 세상에서 친하게 지낼 수 있는 사람이 거의 없을 것입니다.

어떤 사람이 나한테 억울한 말을 해서 밤새도록 우느라 잠도 못 잤는데, 다음 날 그 사람을 만나서 물어 보면 자기가 무슨 말을 했는지 기억도 못할 때가 있습니다. 나는 그 사람 말을 듣고 밤새도록 울고 이 갈고 일기도 몇 장씩 썼는데, 정작 그 사람은 "내가 언제 그런 말 했냐?"는 거예요. 믿지 않는 사람들의 분노를 너무 심각하게 생각하면 용서하기가 어렵습니다. 예수님이 십자가 위에서 "아버지여, 저희를 사하여 주옵소서"라고 하시면서 말씀하신 것이 무엇입니까? "자기의 하는 것을 알지 못함이니이다"(눅 23:34)라는 것입니다. 다른 사람이 나한테 화를 냈다고 해서 마음에 품지 말고, 단지 그가 자신도 잘 모르는 가운데 한때 좋지 않은 도구로 사용되었다고 생각하십시오. 그리고 좋은 기회가 있을 때 내가 그에게 적대감을 가지고 있지 않다는 것을 보여 주십시오.

야곱이 여기서 생각하고 있는 것이 무엇입니까? 어쩌면 에서는 자신의 짐작처럼 철저하지 않을 수도 있다는 것입니다. 야곱 자신은 굉장히 진지한 사람이고 영적인 사람입니다. 그러니까 400명이 온다는 소리만 듣고도 가슴이 철렁 내려앉습니다. 그런데 생각을 달리하면 에서가 그냥 폼잡으려고 400명씩 끌고 온다고 볼 수도 있습니다. 선물을 좀 많이 보내면 누그러질 만하다고 생각할 수 있어요. 이것은 놀라운 사고의 전환입니다.

사실 사람들은 쉽게 화를 내고 쉽게 감동합니다. 누군가 자기를 좀 무시하고 섭섭하게 하면 화를 내지만, 누군가 자기를 위해서 좀 헌신적으로 수고해 주거나 신경 써서 대접해 주면 그렇게 고마워하고 감격할 수가 없습니다. 사실 이 세상에서 가장 지독한 사람들은 영적으로 생각하는 사람들입니다. 예수 믿는 사람들은 한번 말 안 하겠다고 작정하면 주님 오시는 날까지 안 합니다. 그들은 모든 것을 근원에서부터 생각하고 그 동기부터 파고 들어가기 때문에 한번 말 안 하기로 작정하면 정말 안 할 사람들이에요. 그런데 세상 사람들은 "내가 너랑 또 말하나 봐라!" 해 놓고서도 계속 말을 합니다. 세상 사람들은 쉽게 화를 내는 반면 또 쉽게 풀어집니다. 안 믿는 사람이 "너 죽어!" 하는 것은 그냥 인삿말 정도로 하는 말이지만, 예수 믿는 사람이 속으로 '너 죽어!' 하는 것은 그 안에 진짜 죽이고 싶은 마음이 있는 것입니다.

하나님처럼 판단하려 들지 말라

하나님께서 우리에게 바라시는 것이 무엇입니까? 하나님보다 더 거룩해지려 하지 말라는 것입니다. 하나님보다 더 철저하게 모든 것을 밝히고 따지고 까발리려 한다면 그것은 하나님보다 더 거룩해지려 드는 것입니다. 그런 교만이 얼마나 불필요하게 많은 사람들을 정죄하게 만들며 그들과의 관계를 힘들게 만드는지 모릅니다. 우리는 하나님이 아닙니다. 우리는 아직 다른 사람의 수하에 있으며, 따라서 그들에게 합당한 예의를 베풀어야 할 때는 베풀어야 합니다. 그들의 신앙적인 기준이 나와 다르다고 해서 무조건 정죄하고 끝까지 판단한다면 그것은 분명히 죄를 짓는 것입니다.

야곱의 선물은 항복이나 굴복이 아니라 자존심을 포기한 것이며, 영적인 관계를 회복하기 위해 재물을 포기한 것이었습니다. '돈이라는 것은 바로 이럴 때 쓰라고 있는 것' 이라는 생각을 가지고 과감하게 버릴 것은 버리고 포기할 것은 포기하고 인정할 것은 인정하는 이것이 프로의 자세입니다. 야곱은 프로의 모습을 보여 주고 있습니다. 너무 완전하려고 하고 너무 이상적으로 살려고 하면 정신병적인 요소가 나타나기 시작합니다. 우리는 프로가 되어야 합니다.

이 선물의 의미

오늘 말씀을 잘못 적용하지 않도록 주의하십시오. '야곱도 선물을 주었으니 나도 인사 청탁을 좀 해야겠다' 고 생각하면 안 됩니다. 지금 야곱이 준 것은 청탁성 뇌물이 아닙니다. 지금까지는 에서를 인정하지 않았는데 이제는 자기 머리로 인정한다는 의미의 순수한 예물입니다.

예수님께서는 누가복음 16장에서 불의한 청지기의 비유를 말씀하셨습니다. 자기 것도 아닌 재산을 낭비하다가 해고당할 처지에 놓인 불의한 청지기의 비유는 유대인들을 향한 말씀입니다. 그들은 해고를 앞두고 있습니다. 얼마 있지 않으면 예루살렘은 망할 것입니다. 그들이 살 수 있는 유일한 길이 무엇입니까? 기왕 자기 주인의 재물을 낭비하고 있다면 그것을 다른 사람과 함께 나누라는 것입니다. 기왕 주인의 것을 쓰고 있다면 빚진 자들을 불러서 빚을 탕감해 주고 서로 나눠서 쓰라는 것입니다. 유대인들이 망한 것은 돈을 자기들끼리만 움켜쥐고 있었기 때문입니다. 그들은 하나님의 은혜도 움켜쥐고 돈도 움켜쥐고 축복도 움켜쥐려 했습니다.

좋은 관계를 위해 나누어 주라

우리가 하나님 앞에서 불쌍히 여김을 받을 수 있는 유일한 길은 남을 불쌍히 여기는 것이고 무조건 용서해 버리는 것입니다. 그러면 하나님께서도 나의 허물을 무조건 덮어 주실 것입니다. 다른 사람과의 관계가 불편한데도 그 관계를 개선하기 위해서 내게 있는 것을 사용하지 않는다면 하나님께서도 나에게 은혜를 주시지 않을 것입니다. 자기들끼리만 만나고 자기들끼리만 인사하고 자기들끼리만 뭉친다면 하나님께서 불쌍히 여기실 이유가 전혀 없습니다. 우리가 가진 것을 열심히 다른 사람들에게 펴 주어야 합니다. 돈이 있으면 열심히 나누어 주고 말씀이 있으면 열심히 펴 주고 용서할 것이 있으면 무조건 용서해 버려야 합니다. 그렇지 않고 모든 잘못을 컴퓨터에 입력시켜서 다 기록해놓고 시간 날 때마다 다시 엔터키 쳐서 들여다보면 하나님께서도 천국에서 내 기록을 계속 살피실 것입니다.

관계가 불편한 사람이 있는데 약간의 선물로 회복될 수 있을 것 같으면 선물하십시오. 약간의 애정 표현이 사람을 굉장히 감동시킬 때가 있습니다. "저 예수쟁이, 말도 안 통하는 숭악한 놈인 줄 알았더니 오늘 보니까 뭘 주면서 쓰라고 할 줄도 알대" 하면서 감동합니다. 머리 좀 숙인다고 해서 영적인 존귀함을 포기하는 것이 아닙니다. 자존심을 낮추면 낮출수록 사람들은 우리를 더 쉽게 사랑할 것입니다. 교회가 너무 똑똑하고 목사가 너무 똑똑하면 "그렇게 잘났으면 니들이나 천국가라" 하면서 외면합니다. 오히려 좀 모자라 보일 때 '저 사람은 적어도 나를 해치지 않는다' 고 생각하면서 쉽게 접근할 수 있는 것이지요.

오늘 말씀이 이야기하는 것이 무엇입니까? 우리에게 가장 힘든 시간은 하나님을 기다리는 시간입니다. 그 때 화를 내고 침체에 빠지면 누구도 도와 줄 수가 없습니다. 하나님도, 사람도 도와 주지 못해요.

구원을 얻는 일에서는 우리가 할 일이 없습니다. 구원에 관한 일은 하나님이 직접 다 하십니다. 그러나 실제로 사는 삶의 측면에서는 저절로 되는 일이 하나도 없습니다. 구원은 공짜지만 예수 믿는 것은 절대로 공짜가 아닙니다. 이력서 안 내고 버티고 있으면 취직이 안 됩니다. 어디에서 사람을 구하는지 내가 알아 보아야 하고 내가 이력서 써서 집어 넣어야 합니다. 고난의 시간이 길어질 것 같은데 금식하는 사람은 일찌감치 굶어 죽습니다. 성령님께서 고난이 길어지리라는 사인을 주셨으면 밥도 열심히 먹고 줄넘기도 하면서 장기전에 대비를 해야지요.

야곱은 하나님과의 관계가 회복되고 영적인 위치가 회복되는 것이 공짜가 아니라는 것을 알았습니다. 그래서 야곱이 제일 크게 포기한 것이 무엇입니까? 자존심입니다. 쌍둥이 사이에도 자존심이 있습니다. 그런데 쌍둥이 형한테 "주여"라고 부르는 것을 보면 자존심을 죽여도 많이 죽인 것입니다. 이렇게 야곱이 자존심을 포기했을 때 교회의 모습이 제대로 회복되었습니다. 또한 그는 수많은 재산을 포기했습니다. 형과의 관계를 회복하고 아버지 집에 돌아가기 위해 기꺼이 비용을 지불했습니다.

믿지 않는 사람들의 말을 너무 고깝게 듣지 마십시오. 잘 모르고 하는 말입니다. 한순간 충동에 따라 잘못 말한 것을 영원히 보복하려고 하면 아무와도 친해질 수가 없습니다. 허물이 있다면 덮어 주십시오.

용서할 것이 있다면 용서해 주십시오. 그들과 잘 지내기 위해서 물질을 써야 한다면 쓰십시오. 그것이 프로의 모습입니다.

12 야곱의 씨름

야곱은 홀로 남았더니 어떤 사람이 날이 새도록
야곱과 씨름하다가 그 사람이 자기가 야곱을
이기지 못함을 보고 야곱의 환도뼈를 치매 야곱의
환도뼈가 그 사람과 씨름할 때에 위골되었더라.
그 사람이 가로되 "날이 새려 하니 나로 가게
하라." 야곱이 가로되 "당신이 내게 축복하지
아니하면 가게 하지 아니하겠나이다."
그 사람이 그에게 이르되 "네 이름이 무엇이냐?"
그가 가로되 "야곱이니이다."
그 사람이 가로되 "네 이름을 다시는 야곱이라
부를 것이 아니요 '이스라엘' 이라 부를 것이니
이는 네가 하나님과 사람으로 더불어 겨루어
이기었음이니라."
야곱이 청하여 가로되 "당신의 이름을 고하소서."
그 사람이 가로되 "어찌 내 이름을 묻느냐?"
하고 거기서 야곱에게 축복한지라.
그러므로 야곱이 그 곳 이름을 '브니엘' 이라
하였으니 그가 이르기를 "내가 하나님과 대면하여
보았으나 내 생명이 보전되었다" 함이더라.
그가 브니엘을 지날 때에 해가 돋았고
그 환도뼈로 인하여 절었더라.
그 사람이 야곱의 환도뼈 큰 힘줄을 친 고로

이스라엘 사람들이 지금까지 환도뼈 큰 힘줄을
먹지 아니하더라.

창 32:24-32

세계적인 운동 선수가 되려면 역시 세계적인 운동 선수와 대결을 많이 해 보아야 합니다. 운동이라는 것은 아무리 이론에 통달했다 하더라도 실제 경험이 없으면 소용이 없는 분야이기 때문입니다. 국내에서는 훌륭한 선수인데도 기량을 겨룰 만한 상대가 없어서 세계적인 선수로 성장하지 못하는 경우도 많고, 세계적인 무대에서 정상급 선수들과 겨루고 난 후에 기량이 급성장해서 웬만한 선수들은 손쉽게 이기는 경우도 많습니다.

오늘 본문은 성경 가운데 가장 해석하기 어려운 말씀 중 하나입니다. 하나님과 사람이 씨름해서 사람이 이겼다는 것은 다른 어떤 성경에서도 찾아볼 수 없는 내용입니다.

에서가 자기를 만나러 온다는 소식을 들은 야곱은 한시라도 빨리 가족들을 얍복 강 너머로 건네 보내는 것이 현명하다고 생각했던 것 같습니다. 만일 그들이 강을 건너는 도중에 에서 쪽 사람들을 만난다면 제대로 도망치지도 못하고 몰살당할 것이기 때문입니다. 그래서 야곱은 밤에 가족과 가축들을 전부 건네 보내고 자신은 혼자 강 이편에 남았습니다.

야곱이 이렇게 홀로 남은 것은 아마도 자신의 감정이 너무나도 복잡해서 이런 상태로는 에서를 만날 자신이 없었기 때문인 것 같습니다. 그는 자신의 불안한 감정도 추스리고 하나님께 좀더 매달리는 기도를 할 생각도 있었을 것입니다. 그런데 갑자기 한 사람이 나타나서 덤벼드는 바람에 생각지도 못한 싸움을 벌이게 되었습니다. 성경은 씨름을 했다고 말하고 있는데, 이것은 우리가 생각하는 신사적인 씨름 경기가 아니라 뼈가 부러질 정도로 심한 몸싸움을 의미합니다.

중요한 것은 야곱에게 덤벼든 그 사람이 과연 누구냐 하는 점입니다. 처음에 야곱은 그를 에서나 라반이 보낸 사람으로 생각했을지도 모르겠습니다. 그러나 그 사람은 나중에 하나님으로 밝혀지고, 야곱도 그 사실을 알게 됩니다.

그렇다면 왜 하나님께서 사람의 몸을 입고 와서 야곱과 씨름하신 것일까요? 그리고 왜 야곱에게 지심으로써 '승리자'라는 이름을 주신 것일까요?

1. 야곱과 씨름한 사람

아직도 두렵다!

야곱은 에서와 만나는 것이 심히 두려웠습니다. 그래서 여러 가지 방법을 생각했습니다. 그는 먼저 가축을 두 떼로 나누었고, 하나님께 살려 달라고 매달리면서 기도했습니다. 또 그것도 부족해서 에서의 마음을 달랠 수 있는 선물도 아주 많이 준비했습니다. 그럼에도 불구하고 그의 마음은 편치가 않았습니다. 에서에게서 목숨을 구하기 위해 할 수 있는 일이 있다면 무엇이든지 기꺼이 더 하고 싶은 심정이었습니다. 그 때 갑자기 예기치 않은 한 사람이 덤벼드는 바람에 야곱은 그 사람과 심한 몸싸움을 하게 됩니다. 32장 24절과 25절을 보십시오.

> 야곱은 홀로 남았더니 어떤 사람이 날이 새도록
> 야곱과 씨름하다가 그 사람이 자기가 야곱을 이기지
> 못함을 보고 야곱의 환도뼈를 치매 야곱의 환도뼈가
> 그 사람과 씨름할 때에 위골되었더라.

예기치 않은 씨름

우리는 그 당시의 씨름에 대해 아는 바가 없습니다. 그러나 '야곱'이라는 이름 자체가 씨름과 관련이 있다는 것은 알고 있습니다. 그 당시 씨름에는 넘어지는 척하면서 상대방의 발꿈치를 잡고 쓰러뜨리는 기술이 있었습니다. '속임수', '사기꾼'이라는 의미의 '야곱'이라는 이름은 바로 거기에서 나온 것입니다. 아마 그 당시 목자들은 들판에서 양을 치는 무료함을 달래기 위해서 씨름을 많이 했던 것 같습니다. 그런데 누구인지도 모르는 사람이 갑자기 나타나서 덤벼드는 바람에 야곱은 밤새 그 사람과 싸우게 되었습니다.

우리는 여기에서 두 가지를 생각할 수 있습니다. 하나는 이 사람이 야곱을 죽이려고 하지 않았다는 것입니다. 단지 그가 하려고 한 것은 야곱을 땅에 때려눕히는 것이었습니다. 야곱은 그 사람이 자기를 땅에 때려눕힌 후에 에서에게 끌고 가려 한다고 생각했을지도 모르겠습니다. 그러나 그는 야곱을 때려눕히지 못했습니다. 야곱이 사생결단하고 그 사람에게 매달리며 힘을 썼기 때문입니다.

다른 한 가지는 이 씨름이 보통 격렬한 싸움이 아니었다는 것입니다. 성인의 엉치뼈가 어긋날 정도라면 굉장히 심하게 싸운 것입니다. 그 사람은 아무리 야곱을 땅에 쓰러뜨리려고 해도 잘 되지 않으니까 야곱의 엉치뼈를 손으로 쳐서 위골시켰습니다. 그런데도 야곱은 쓰러지지 않고 끝까지 버텼습니다.

야곱과 싸운 이 사람은 누구입니까? 성경은 그가 하나님이었다고 말씀하고 있습니다. 그가 천사였다고 말하는 사람들도 있지만, 성경 저자는 이 분이 육신을 입고 오신 하나님이라고 설명하고 있으며 야곱도 나중에 그 사실을 알고서 이 장소에 '브니엘' 이라는 이름을 붙였습니다. '브니엘' 은 '하나님의 얼굴' 이라는 뜻입니다. 즉 '내가 하나님의 얼굴을 보았지만 죽지 않았으니 얼마나 큰 은혜인가?' 하는 뜻으로 이 곳을 '브니엘' 이라고 부른 것입니다. 사실 하나님의 얼굴만 본 것이 아니라 엎치락뒷치락하는 몸싸움을 수없이 하고도 살아남았다는 것은 정말 큰 은혜였습니다.

야곱이 끝까지 버틴 이유

그런데 야곱은 왜 이 사람에게 끝까지 항복하지 않고 버틴 걸까요? 야곱이 끝까지 쓰러지지 않은 이유는 분명합니다. 그 당시에는 씨름이나 격투 끝에 굴복한 사람은 이긴 사람의 종이 되어야만 했던 것으로 보입니다. 야곱은 이 어두운 밤에 자기를 습격한 이 사람이 에서가 보낸 자이든 라반이 보낸 자이든 간에 어쨌든 자신을 다시 종으로 잡아가기 위해서 쳐들어온 사람이라고 생각했습니다. 그가 밤새도록 싸우면서도 무릎을 꿇지 않은 것은, 심지어 엉치뼈를 다치고 다리를 절게 되었음에도 불구하고 끝까지 대항한 것은, 이제 다시는 어느 누구의 종도 되지 않겠다는 결심이 있었기 때문입니다.

지금 야곱의 마음은 자유에 대한 열망으로 불타오르고 있습니다. 그는 지금까지 무려 20년씩이나 종살이하다가 이제 막 자유인이 되었습니다. 그런데 자유인이 된 지 불과 몇 시간도 되지 않았는데 누구인지도 모를 사람이 자기를 억지로 때려눕혀서 종으로 끌고 가려 하는 것입니다. 야곱은 '죽으면 죽었지 다시는 종이 되지는 않겠다. 때릴 테면 때려라. 절대 종은 될 수 없다'는 생각으로 결사적으로 저항하고 덤벼들었습니다. 결국 그 사람은 아침이 될 때까지 야곱을 쓰러뜨리지 못했습니다.

다시는 종이 되지 않겠다

그렇다면 하나님께서는 왜 굳이 사람의 몸을 입고 오셔서 야곱과 씨름을 해야 하셨을까요? 바로 이것이 오늘 우리가 생각해야 할 문제입니다.

2. 사람의 몸으로 오신 하나님

우리 인간에게 가장 큰 하나님의 축복은 하나님 자신이 친히 사람의 몸을 입고 오셔서 우리들과 상대하시는 것입니다. 우리는 하나님께서 사람의 몸을 입고 아브라함을 불시에 방문하신 일을 알고 있습니다. 하나님은 몸을 입고 오셔서 그와 음식을 나누시고 얼굴과 얼굴을 마주 대고 교제하면서 말씀을 나누셨습니다. 그런데 이번에는 단순히 몸을 입고 방문하시는 데 그친 것이 아니라 아예 몸을 부딪쳐 가며 싸우신 것입니다.

"너는 강하다!"

우선 하나님께서 사람의 몸을 입고 오셔서 야곱과 싸우신 것은 하나님이 직접 그의 대전 상대가 되어 주심으로써 야곱 스스로 자신이 얼마나 강한 사람인지 깨닫게 하시기 위해서였습니다. '하나님과 겨루어 이긴 사람은 앞으로 어떤 사람을 만나 상대한다고 하더라도, 앞으로 어떤 어려움을 만난다고 하더라도 능히 이길 수 있다. 너는 그렇게 엄살을 부려서는 안 된다'는 사실을 확신시켜 주시는 것이 일차적인 목적이었어요. 이 점은 26절부터 28절에 명백히 나타나고 있습니다.

그 사람이 가로되 "날이 새려 하니 나로 가게 하라."
야곱이 가로되 "당신이 내게 축복하지 아니하면
가게 하지 아니하겠나이다."
그 사람이 그에게 이르되 "네 이름이 무엇이냐?"
그가 가로되 "야곱이니이다."
그 사람이 가로되 "네 이름을 다시는 야곱이라
부를 것이 아니요 '이스라엘'이라 부를 것이니
이는 네가 하나님과 사람으로 더불어 겨루어
이기었음이니라."

하나님은 야곱을 쓰러뜨리지 못했지만 야곱도 하나님을 쓰러뜨리지 못했습니다. 그렇다면 무승부 아닙니까? 그런데 왜 야곱을 승리자라고 부르십니까? 제가 보기에 이것은 하나님의 기권패입니다. 날이 새려고 하자 하나님의 사람은 더 이상 씨름을 하려 하지 않고 이제 가야겠다고 하면서 싸움을 포기합니다. 그러니까 자연스럽게 야곱의 기권

승이 된 것이지요.

날이 새려고 할 때 하나님의 사람이 떠나려고 한 데 대해 추측이 무성합니다. 어떤 사람들은 믿지 않는 자들의 미신을 근거로 "천사나 귀신은 밤에만 움직이지 낮에는 힘을 잃고 꼼짝하지 못한다. 그래서 이 사람도 날이 새려고 하니까 떠나려고 한 것이다"고 말합니다. 우리 전설을 보면 귀신들이 닭 울음소리를 가장 무서워하지 않습니까? 그러나 만약 하나님의 사람이나 천사가 밤에만 움직인다고 생각한다면 성경을 전부 다시 써야 합니다. 성경을 보면 하나님이 낮에 나타나신 적이 아주 많습니다. 특히 아브라함을 찾아오신 시간은 정오쯤이었습니다.

왜 날이 샐 때 떠나려 하셨나?

그래서 어떤 사람은 하나님의 사람이 날이 샐 때 떠나려고 한 것은 자기 얼굴을 야곱에게 보이지 않게 하기 위해서라고 말하기도 합니다. 그러나 야곱은 분명히 하나님의 얼굴을 보았고, 그 곳 이름을 '브니엘'이라고 지었습니다. 또 어떤 사람은 하나님께서 야곱에게 얼굴을 보인 것까지는 어쩔 수 없지만 다른 사람들에게까지 이 씨름 장면을 보여 주지 않으려고 떠나려 했을 것이라고 말하기도 하지만, 이것 역시 하나의 상상에 불과합니다.

제가 생각하기에 하나님의 사람이 떠나려고 한 것은 자신이 하시고자 하는 뜻을 다 이루었기 때문입니다. 이제 야곱은 새로운 경험을 해야 합니다. 날이 샜고 야곱은 에서를 만나야 합니다. 언제까지나 하나님의 사람을 붙들고 늘어질 수는 없습니다.

여하튼 하나님의 사람은 야곱을 땅에 때려눕히지 못했고 또 스스로 싸움을 포기했기 때문에 게임은 야곱의 승리로 끝났습니다. 그래서 야곱은 '이스라엘'이라는 이름을 얻습니다. 이것은 '하나님을 이겼다'는 뜻입니다. 하나님과 겨루어 이겼으니 이제는 어떤 상대도 이길 수 있다는 뜻입니다.

야곱은 정말 이긴 것일까?

그런데 한편으로는 이 싸움을 반드시 야곱의 승리로 볼 수 없는 부분이 있습니다. 왜냐하면 야곱이 하나님께 축복을 구했기 때문입니다. 어떤 싸움에서도 승리자가 패배자에게 축복을 구하는 경우는 없습니다. 축복은 승리자가 패배자에게 주는 것입니다. 야곱은 하나님께서 "네가 이겼다"고 말씀하심에도 불구하고 자신을 축복해 주시지 않으면 절대로 보낼 수 없노라고 붙들고 늘어지고 있습니다. 호세아서는 야곱이 그냥 축복을 구한 것이 아니라 울면서 구했다고 기록하고 있습니다.

> 천사와 힘을 겨루어 이기고 울며 그에게 간구하였으며
> 하나님은 벧엘에서 저를 만나셨고
> 거기서 우리에게 말씀하셨나니(호 12:4)

이겼는데 울 이유가 어디 있습니까? 물론 승리한 감격 때문에 울 수도 있겠지요. 그러나 여기서 야곱의 울음은 승리의 감격에서 나온 것이 아니라 마음 속에 맺힌 한에서 터져나온 것이었습니다. 사람이 평생에 한 번 우는 울음이 있다면 바로 이런 울음일 것입니다. 이것은 자기가 지지 않았다는 감격에서 나온 울음도 아니고, 힘들게 밤새 싸우다가 동이 트는 걸 보니 어머니 생각이 나서 나온 울음도 아니었습니다. 이것은 어느 누구에게도 내보인 적이 없는, 가슴 속 깊은 곳에 간

직되어 있던 연약한 부분을 인정하고 고백하지 않을 수 없게 되었을 때, 그것을 내놓고 은혜를 구하면서 터져나온 눈물이었습니다.

사실 야곱의 눈물은 상대방이 누구인지 알았기 때문에 터져나온 것이었습니다. 오늘 성경 본문에는 야곱이 어떻게 상대방의 정체를 알았는지가 분명히 나와 있지 않습니다. 아마 하나님의 사람이 자기를 떠나려고 했을 때, 한순간 어두웠던 눈이 밝아져 자기와 씨름한 분이 벧엘의 그 하나님이라는 것을 알게 되었을 것입니다.

하나님이 야곱과 싸우신 더 깊은 이유

그런데 왜 그 하나님께서 야곱을 찾아와 밤새도록 목숨을 건 사투를 벌이신 것입니까? 단지 '너는 하나님과 싸워서 이겼으니 이제는 누구와 싸워도 이길 수 있다'는 확신을 주시려는 것이 전부입니까? 사실 이런 확신은 다른 방법으로도 얼마든지 주실 수 있습니다.

하나님께서 사람의 몸을 입고 찾아오셔서 야곱과 씨름하신 것은 정말 야곱과 싸우고 싶었기 때문입니다. 그러나 하나님과 사람은 싸움이 되질 않습니다. 우리는 유다 왕 히스기야 때 하나님의 천사 한 명이 앗수르 군대 185,000명을 하루 저녁에 몰살시킨 일을 알고 있습니다. 또 성경에는 야곱을 "지렁이 같은 너 야곱아"(사 41:14상)라고 부르는 부분도 있습니다. 야곱은 하나님 앞에서 지렁이에 불과합니다. 한 번 밟으면 터져 버리는 존재입니다.

그럼에도 불구하고 하나님께서 사람의 몸을 입고 오셔서 야곱과 싸우신 이유가 무엇입니까? 지금까지 그의 신앙은 하나님과의 싸움이었기 때문입니다. 하나님께서 야곱을 붙들려고 하실 때마다, 하나님께서 야곱을 주장하려고 하실 때마다 야곱은 용하게 도망쳤습니다. 하나님께서 그에게 결단을 요구하실 때마다 그는 언제나 인간적인 방법으로 빠져나갔습니다.

야곱은 단순히 형 에서를 속이는 데서만 이름값을 한 것이 아닙니다. 그는 하나님과의 관계에서도 속임수를 써 가며 오늘까지 정말 잘도 피해 다녔습니다. 하나님께서 야곱을 구석에 몰아넣고 "너 이번에 믿음으로 제대로 살래, 네 멋대로 살래?" 하실 때마다 "이번만큼은 꼭 믿음으로 살겠습니다" 하고 다짐해 놓고, 막상 하나님의 도움으로 어려움에서 빠져나오고 나면 또 자기 방법대로 사는 것입니다. 어려움을 겪고 나서도 변한 것이 하나도 없었어요. 이것이 야곱의 속임수였습니다. 말씀을 듣는 것처럼 해 놓고 그 문제가 해결되면 결국 자기 모습으로 돌아가 버리는 것입니다.

야곱 같은 우리!

우리는 하나님께서 어려움을 주실 때 어떻게 합니까? 하나님 앞에서 손이 발이 되도록 빕니다. "하나님, 이번 어려움만 면하게 해 주시면 어떤 일이 있어도 믿음으로 살겠습니다. 이것은 하나님께 드리는 마지막 부탁입니다. 앞으로 다시는 이런 기도를 드리는 일이 없을 것입니다." 이렇게 해 놓고 그 어려움만 해결되면 언제 그런 기도를 드렸느냐는 듯이 모든 것을 잊어버린 채 원래 자신의 모습으로 돌아가 버리는 것입니다. 이것은 사기이고 속임수입니다.

지금까지 하나님은 야곱에게 수없이 속으셨습니다. 그래도 참고 또 참고, 기다리고 또 기다리셨습니다. 그러나 이제는 더 이상 기다리실 수가 없습니다. 왜 그렇습니까? 야곱이 가나안 땅으로 돌아오고 있기 때문입니다. 하나님께서 야곱에게 원하시는 것은 몸만 가나안으로 돌아오는 것이 아니라 마음으로 돌아오는 것이고, 정말 믿음으로 이 땅에서 사는 것입니다.

야곱은 지금까지 20년이라는 기간을 허비했습니다. 벧엘에서 그 영광된 하나님을 경험하고 난 후 무려 20년 동안 변한 것이 하나도 없었어요. 하나님께서는 야곱의 몸만 가나안 땅에 돌아오고 삶의 방식은 라반에게 했던 방식 그대로 계속해서 사기치고 거짓말하면서 사는 것이 아니라, 이제는 오직 하나님께 모든 것을 맡기고 믿음으로 살기를 원하셨습니다. 그래서 야곱을 찾아와 '내가 지금까지는 참았지만 오늘 밤에는 정말 너를 죽여 버리겠다' 고 하시면서 엄청난 몸싸움을 한 것입니다.

아마도 야곱은 이 사람을 이기기 위해 밤새도록 자기가 즐겨 쓰던 기술, 즉 넘어지는 척하면서 상대방의 발꿈치를 잡는 기술을 사용해 보았을 것입니다. 그러나 그는 발꿈치를 잡히는 분이 아니었습니다. 에서와는 완전히 수준이 다른 분이었습니다.

하나님은
내 기질과
씨름하신다

야곱은 어디까지나 자기는 자유인이라는 뜻에서 끝까지 쓰러지지 않으려고 버텼습니다. 그러나 하나님께서는 거짓되고 진실하지 못하며 한번 마음 먹은 것은 무슨 일이 있어도 해 내야 직성이 풀리는 야곱의 그 못된 기질, 어느 누구에게도 굴복하지 않으며 목적을 위해서라면 수단 방법을 가리지 않는 그 기질을 꺾으려고 하셨습니다. 그래서 야곱은 야곱대로, 하나님은 하나님대로 밤새 싸웠습니다. 야곱은 자기가 가지고 있는 생각과 잔꾀를 버리면 이 세상에서 실패하는 줄 알고 있습니다. 그러나 하나님께서는 야곱이 가지고 있는 그 자존심과 인간적인 술수, 얄팍한 계산과 고집을 꺾지 않는 이상, 이 세상에서 믿음으로 승리할 수 없다는 것을 보여 주고자 하십니다.

이것은 마치 목숨을 건 격투와 같습니다. 우리는 무슨 일이 있어도 내 생각이나 내 방법, 또는 내가 자랑하고 의지하고 있는 것들을 포기하려고 하지 않습니다. 나 잘난 맛에 세상에서 살고 있는데, 그것들을 다 버리면 어떻게 살겠습니까? 그러나 하나님께서는 바로 그 '잘난 맛'을 깨뜨리기 위해 우리 평생에 우리와 씨름하십니다.

신앙과 기질

예수를 믿는 데에는 기질이 중요하지 않습니다. 그러나 일단 예수를 믿고 난 후 신앙생활을 할 때에는 기질이 결정적으로 중요합니다. 강한 기질을 가진 사람은 자기에게 납득되지 않는 것은 절대로 인정하지 않습니다. 하나님께서 어떤 일을 하시든지 간에 나한테 이해가 되어야 하고 납득이 되어야 합니다. 하나님도 새로운 일을 하시려면 나한테 결재를 받으라는 거예요. 내가 생각하지 않은 방식으로 일하시면 하나님을 불신하고 심한 영적 침체에 빠져서 아무것도 하려 들지 않습니다. 이 못된 기질 때문에 믿는다고 하면서도 시간 낭비만 하고 믿음으로 하는 일은 하나도 없는 것입니다.

하나님께서는 야곱 속에 있는 강한 자아를 깨뜨리기 위해 '이 세상 일이 네 생각대로 되지 않는다'는 것을 계속 경험하게 하셨습니다. 야곱은 자기가 똑똑한 줄 알았지만 결국 20년 동안 종살이한 것 말고는 남은 것이 없었습니다. 가축을 모았다고는 하지만 그게 어디 야곱이 모은 것입니까? 하나님이 주신 것이지요.

우리 속에 있는 강한 자아가 깨뜨려지지 않는다면 그 신앙은 실패한 신앙입니다. 그 강한 자아는 하나님께서 개구리 패대기치듯이 바닥에 내동댕이치시기 전까지는 절대 깨지지 않습니다. 이런 사람들이 견디지 못하는 것은 단순히 가난하다는 사실 그 자체가 아니에요. 자기 눈에 별것 아니게 보이는 사람들보다 자기가 더 못한 자리에 떨어져 있다는 사실을 못 견디는 것입니다. 그런 사람은 배가 고파서 죽는 것이 아니라 자존심이 상해서 죽습니다.

하나님은 오래 오래 우리와 싸우시면서 "너의 그 말도 안 되는 자존심과 고집을 버리지 않는다면 너는 인생을 낭비하고 있는 것이다"라고 말씀하십니다. 우리는 하나님을 믿기는 하지만 내 방식과 내 생각, 내 논리를 절대로 포기하지 않습니다. 그런데 언제 그것을 꺾고 하나님 앞에 무릎을 꿇습니까? 도저히 도망칠 수 없을 정도로 구석에 몰렸을 때, 다리까지 부러져서 이제는 도망칠 재주도 없게 되었을 때, 하나님의 도움 없이는 도저히 살 수 없게 되었을 때, 그 때 울고 애원하면서 하나님께 나아가게 됩니다.

야곱은 언제 자기의 고집과 방법을 버리고 하나님께 굴복했습니까? 날이 새면 에서와 만나야 하는데 다리까지 다쳐서 도저히 도망칠 수 없게 되었을 때입니다. 그 때 야곱은 처음으로 자기의 연약한 부분을 내어놓고 하나님의 도움을 간구하며 눈물과 통곡으로 기도했습니다. 그 순간, 사기꾼 야곱은 승리자 이스라엘로 바뀝니다.

3. 승리자 이스라엘

야곱이 하나님의 사람과 씨름하면서 느낀 것이 무엇입니까? 이 사람은 자기를 죽이려고 하지 않는다는 것입니다. 죽일 마음이 있었다면 칼이나 무기를 사용하든지 아니면 그 강한 힘만으로도 얼마든지 죽일 수 있었을 것입니다. 뿐만 아니라 그는 자기를 잡아가려고 싸우는 것도 아니었습니다. 힘으로만 보면 얼마든지 자기를 때려 눕힐 수도 있는데 결코 그렇게 하지 않았습니다. 그렇다면 이 사람은 왜 이렇게 밤새 자기와 싸운 것입니까?

야곱은 이것이 자신을 깨닫게 하기 위해서라는 것을 나중에 알게 되었습니다. 적이 아니라 같은 편으로서 무언가를 가르쳐 주고 깨닫게 하기 위하여 밤새 애쓴 것이라는 사실을 알게 된 것입니다. 자기와 같은 편으로서 이렇게 씨름을 잘 하는 힘센 분이 누구입니까? 벧엘의 하나님밖에 없습니다. 그분이 아니라면 자신에게 무언가를 가르쳐 주기 위해 여기까지 쫓아와서 이렇게 심한 대전 상대가 되어 줄 분이 없습니다.

이제는 울 수 있다

야곱은 절대로 울지 않는 사람입니다. 그는 자존심 하나로 지금까지 버텨 왔습니다. 그러나 이 마지막 순간에는 눈물과 통곡을 터뜨리지 않을 수 없었습니다. 지금까지 야곱은 자기 인생은 자기가 책임져야 한다고 생각했습니다. 그래서 어떤 경우에도 빈틈을 보이려고 하지 않았습니다. 그는 실수를 용납하지 않았으며, 다른 사람 앞에서 언제나 완벽하고 당당하게 행동했습니다. 그러나 그의 마음 속에도 약한 부분과 외로움과 책임질 수 없는 두려움이 있었습니다. 특히 이번 에서의 문제는 자기 자존심으로도 도저히 감당할 수가 없었습니다. 그런데 바로 그 때 하나님께서 육신을 입고 자기를 돕기 위하여 찾아오신 것입니다. 야곱은 사람의 몸을 입고 오신 하나님, 자기의 모든 것을 아시며 자기보다 더 강하신 그분 앞에서 어린아이같이 울면서 매달렸습니다.

사람들은 속마음은 어린아이 같으면서도 사람들 앞에서는 실수하지 않고 완벽하게 보이려는 마음 때문에 자꾸 위선적이 되고 정직해지지 못합니다. 혹시 자기의 약한 부분을 내보이면 상대방에게 이용당할까 봐 두려워서 자꾸 위선과 거짓으로 겹겹이 자신을 에워싸다 보면, 나중에는 아무리 껍질을 벗겨도 그 속을 알 수 없는 양파 같은 사람이 됩니다.

그가 자신의 모습을 있는 그대로 내어놓는 때는 언제입니까? 혼자 힘으로는 도저히 감당할 수 없는 어려움 앞에서 하나님이 찾아오실 때입니다. 그 때는 위선적인 사람의 눈에서도 눈물이 흐르게 되어 있습니다. 하나님 앞에서 자신이 연약한 인간에 불과하다는 것을 인정하며 있는 모습 그대로 내어놓고 통곡하게 되어 있습니다. 그 때 그 사람은 하나님을 이긴 승리자로 나타나는 것입니다.

승리자의 이름을 주시다

하나님께서는 야곱의 이름을 바꾸게 하셨습니다. 지금까지 그는 이겨 보긴 했지만 정상적인 방법으로 이긴 적은 한 번도 없었습니다. 늘 쓰러지는 척하면서 다른 사람의 발꿈치를 걸어서 이기는 야비한 승리자였습니다. 그러나 이제는 하나님께서 친히 승리자라는 이름을 주십니다. 어떤 승리자입니까? 하나님과 겨루어 이긴 승리자입니다. 그렇기 때문에 이제는 어떤 상대를 만나더라도 이길 수 있습니다.

아주 강한 상대와 한번 싸워서 이겨 보면 기량이 엄청나게 자라기 때문에 그 뒤에는 웬만한 상대를 만나도 호락호락하게 지지 않습니다. 그래서 사람은 큰물에서 노는 것이 중요합니다. 도토리 키 재기처럼 비슷비슷한 사람들끼리 모여 있으면 자기 실력이 어느 정도인지 알 수 없기 때문에 실력이 자라지 않습니다. 그러나 엄청난 상대와 붙어서 사력을 다해 싸워서 이기거나 비기고 나면, 그 때부터는 자신감이 생겨서 웬만한 상대는 다 이길 수 있어요.

야곱이 승리자가 된 이유는 어디에 있습니까? 하나님 앞에서 자기의 약한 부분, 도무지 변하지 않는 자기 기질, 자기 방법, 자기 자존심을 내놓고 통곡한 데 있습니다. 하나님 앞에서 자신의 부족함을 깨달았을 때 하나님께서 야곱을 온전히 주장하심으로써 누구를 만나더라도 이길 수 있는 승리자로 만들어 주셨습니다. 놀랍게도 야곱은 환도뼈가 위골되었을 때 오히려 다른 모든 사람을 이길 수 있는 힘을 얻게 되었습니다. 이제는 더 이상 자기 힘이나 머리나 방법을 의지하지 않고, 세상의 방법과 하나님의 방법을 뒤섞지 않으며, 온전히 하나님만 의지하게 되었기 때문입니다. 예수도 믿고 사람들의 말에도 솔깃해하면서 자기 하고 싶은 것을 다 해야 직성이 풀리는 기질로 살지 않고 "살든지 죽든지 하나님이 알아서 하십시오" 하고 모든 것을 다 맡길 때, 우리는 승리자로 변하게 되어 있습니다.

가장 어려운 씨름

우리의 삶에서 가장 큰 싸움이 무엇입니까? 경제적인 어려움이 아닙니다. 빚쟁이가 아닙니다. 대학입시나 사법고시 같은 시험이 아닙니다. 내 속에 있는 저 잘난 맛, 강한 자아, 자랑, 허황된 욕심을 하나님 앞에 굴복시키는 싸움이 가장 큰 싸움입니다. '그래도 나는 똑똑하고 재주가 있어. 하나님을 믿기는 하겠지만 완전히 맡길 수는 없어' 하는 알량한 자아가 가장 큰 원수예요. 이런 사람은 자기 머리로 미래를 자꾸 예측하면서 하나님이 100퍼센트 길을 열어 주시기 전까지는 꼼짝도 하지 않습니다. 그러니까 아무것도 안 되는 것입니다.

하나님께서 원하시는 것은 이 세상에서 성공하는 것이 아닙니다. 돈 더 벌고 좋은 집에 살면서 사람들이 부러워하는 상태에서 사는 게 아니에요. 하나님이 원하시는 것은 아무것도 없는 상태에서 하나님을 의지하는 믿음 하나 붙들고 남들이 하지 못하는 일을 해내는 것입니다. 그렇게 하기 위해서는 나의 삶에 하나님이 오셔야 합니다. 사람의 몸을 입고 오시는 것이 아니라 내 몸을 입고 일하셔야 합니다.

자신이 하나님 앞에 아무것도 아님을 고백하는 것은 정말 힘든 일입니다. 내 자존심, 내 생각, 내 고집, 내 기질을 하나님 앞에서 꺾는 것은 가장 어려운 일이에요. 그러나 만약 그것이 된다면 그 사람은 이 세상의 어떤 것도 다 이겨낼 수 있습니다. 그것은 하나님이 나를 이기시는 것이며 또 내가 하나님을 이기는 것입니다. 그 때부터 나는 '이스라엘' 이 됩니다.

"저는 아무것도 아닙니다!"

나 자신을 하나님께 내어드린다는 것은 무슨 뜻입니까? 내가 반드시 성공하고 잘되어야 한다는 생각을 버리는 것입니다. 내가 뭔데 다른 사람들보다 잘살아야 합니까? 내가 뭔데 나만 좋은 차 타고 좋은 집에서 살아야 합니까? 다 똑같은 아이들인데 왜 내 아이만 좋은 학교에 다녀야 하고 다른 아이들보다 잘나야 합니까? 다 똑같은 사람들인데 왜 나만 인정을 받아야 합니까? '나만' 이라는 그 생각을 버리기 전까지는 야곱이요 사기꾼이요 하나님이 사용하실 수 없는 패배자가 될 수밖에 없습니다. 그런 생각이 꺾이고 다른 사람들이 소중하고 귀하게 보일 때, 비로소 우리는 이스라엘로 바뀔 수 있습니다. 내 인생만 중요한 것이 아니라 이 세상에 태어난 한 사람 한 사람의 인생이 다 중요하고 귀하다는 것이 깨달아질 때, 그는 하나님의 능력으로 큰 일을 할 수 있는 사람이 됩니다.

4. 그 후에 이루어진 일

오늘 중요한 것은 야곱과 씨름한 사람이 자신을 "하나님과 사람"으로 소개했다는 사실입니다. 28절 하반절을 보십시오.

"이는 네가 하나님과 사람으로 더불어 겨루어
이기었음이니라."

그는 예수 그리스도

야곱이 싸운 대상은 하나님인 동시에 사람이었습니다. 구약 시대 성도들에게 이보다 더 이해되지 않는 말은 없었을 것입니다. 어떻게 하나님인 동시에 사람일 수가 있습니까? 하나님이면서 사람일 수 있는 분은 오직 예수 그리스도밖에 없습니다. 인간에게 가장 귀한 것은 하나님이시면서 사람이신 이 분이 우리에게 오신 것입니다. 그가 오셔서 우리가 몸으로 어떻게 살아야 할 것인지 실천해 보이시고 또 그렇게 살 수 있도록 우리에게 성령을 주신 것이야말로 가장 귀중한 축복입니다.

야곱은 그분의 이름을 묻습니다. 그분이 누구인지 몰라서가 아닙니다. 자기가 알고 있는 것을 더 분명히 확인하기 위해서입니다. 그러나 하나님께서는 그에게 자신의 이름을 말씀해 주시지 않았습니다.

야곱이 청하여 가로되 "당신의 이름을 고하소서."
그 사람이 가로되 "어찌 내 이름을 묻느냐?" 하고
거기서 야곱에게 축복한지라(32:29).

하나님께서 야곱에게 자신의 이름을 밝히시지 않은 것은 아직 때가 되지 않았기 때문일 것입니다. 하나님께서는 모세에게 자신을 '여호와'로 소개하실 때 "내가 아브라함과 이삭과 야곱에게 전능의 하나님으로 나타났으나 나의 이름을 여호와로는 그들에게 알리지 아니하였고"(출 6:3)라고 말씀하셨습니다. 이것은 야곱에게 자신의 이름을 명확하게 밝히지 않으셨다는 것을 의미합니다. 다시 말해서 야곱이 단지 '여호와'라는 이름을 몰랐다는 것이 아니라, 그에게 이 이름의 의미가 얼마나 놀라운지를 설명하지 않으셨다는 뜻입니다. 이분은 나중에 노아에게 나타나서 자신의 이름을 '기묘'라고 소개했습니다. 그 이름이 온전하게 나타난 것은 예수께서 몸을 입고 이 세상에 오셨을 때입니다.

30절을 보십시오.

그러므로 야곱이 그 곳 이름을 '브니엘'이라 하였으니
그가 이르기를 "내가 하나님과 대면하여 보았으나
내 생명이 보전되었다" 함이더라.

야곱은 자기에게 나타난 분이 하나님이신 줄 알았습니다. 그리고 자기가 하나님의 얼굴을 뵙고도 죽지 않은 것을 통해, 하나님께서 자기를 얼마나 사랑하시는지 깨닫게 되었습니다.

브니엘의 은혜

부모님이 우리에게 다정한 모습을 보이면 얼마나 좋습니까? 만약 아버지나 어머니를 불렀는데 화난 모습으로 돌아보면 얼마나 마음이 아프겠습니까? 오늘날 우리는 말씀을 통해 하나님의 얼굴을 뵙습니다. 하나님의 말씀을 듣는 이 곳이 바로 우리들의 브니엘입니다.

하나님께서 나와 똑같은 평범한 형제의 입을 통해 우리에게 말씀해 주시는 것은 하나님이 우리를 얼마나 사랑하시며 귀하게 생각하시는지를 나타내 주는 증거입니다. 목사를 통해 말씀을 듣기 싫으면 시내산으로 가서 천둥과 벼락과 지진과 화산 가운데서 하나님을 만나 이야기하십시오. 하나님께서 오늘 나와 다를 바 없는 평범한 사람을 세워서 우리가 알아들을 수 있는 언어로 이야기하시는 것은 우리를 축복하시며 우리를 사랑하시며 우리를 바른 길로 가게 하기 위해서입니다. 마치 몸을 입고 와서 야곱과 씨름하신 것처럼 사람이 알아들을 수 있는 언어로 우리를 설득하시는 것입니다.

성경은 이후로 이스라엘 자손들이 환도뼈의 힘줄을 먹지 않았다고 기록하고 있습니다.

> 그 사람이 야곱의 환도뼈 큰 힘줄을 친 고로
> 이스라엘 사람들이 지금까지 환도뼈 큰 힘줄을 먹지
> 아니하더라(32:32).

내 능력이
약한 데서
온전하여짐이라

이스라엘 백성들은 모세가 출애굽기를 기록할 당시까지 환도뼈의 큰 힘줄을 먹지 않았습니다. 자기 조상의 약한 부분, 부러진 부분, 손상된 부분이야말로 에서의 손에서, 원수의 손에서, 이 세상에 있는 모든 적들의 세력에서 자신들을 건져 주었다고 믿었기 때문입니다. 그래서 그들은 짐승을 먹을 때도 그 힘줄은 먹지 않고 남겨 놓음으로써 조상의 약한 부분이 더 큰 능력의 방편이 된 것을 기념했습니다.

오늘 우리에게 꺾인 부분은 무엇입니까? 학위를 따지 못한 것입니까? 자격증을 따지 못한 것입니까? 다른 사람에게 내놓을 수 없는 나의 부모님이나 자녀들의 결정적인 연약함입니까? 사랑하는 여러분, 바로 그 부분이 온 세상을 이기는 통로입니다. 우리는 그 꺾인 부분 때문에 하나님 앞에 울고 몸부림칩니다. 처음에는 하나님께 대들기도 하지만, 나중에는 이것이야말로 나를 너무나 사랑하시기 때문에 주신 축복임을 알게 되고, 내가 겉으로는 남을 해치지 않는 순한 사람 같지만 사실은 하나님 앞에서 얼마나 자존심이 강하며 내 생각을 포기하지 않는 야곱 같은 사람인지 깨닫게 됩니다.

야곱이 하나님을 만난 후에 절었던 것처럼, 하나님은 그 사랑하시는 자들을 이 세상에서 절게 하십니다. 결코 그에게 모든 것을 주시지 않습니다. 모든 것을 다 누리면서 멀쩡한 다리로 뛰어가는 사람, 그것도 모자라서 벤츠 타고 달리는 사람은 위험한 사람입니다. 무언가 모자라고 무언가 부족한 사람, 다리를 절어서 도망도 못 가는 사람, 그래서 결국 하나님 앞에 나아올 수밖에 없는 그 사람이 복된 사람입니다.

여러분, 다리를 절면 눈이 좋아집니다. 무언가 부족할 때 하나님이 더 잘 보이고 인생의 의미가 눈에 들어옵니다. 튼튼한 다리로 눈 감고 마구 내달리기보다는, 차라리 다리를 약간 절더라도 눈 똑바로 뜨고 가는 것이 더 낫습니다. 사회적인 불구자는 어떤 사람을 만나더라도 그를 만나는 진정한 의미를 알며, 공부를 하거나 직장생활을 할 때에도 절대로 후회하지 않는 삶을 살 수 있습니다.

우리에게 가장 어려운 씨름이 무엇입니까? 나를 힘들게 하는 시집

식구들과의 씨름이 아닙니다. 나를 어렵게 하는 돈과의 씨름이 아닙니다. '내가 그래도 저 사람들보다는 낫지' 하는 저 잘난 맛을 끊는 것이 제일 어려운 씨름입니다. 왜 '나' 만 중요하게 생각합니까? 왜 '내 애' 만 물고 빱니까? '나만 중요한 것이 아니구나. 다른 사람들도 다 중요하고 존귀하구나' 하는 것을 깨닫는 것이 제일 어려운 일입니다.

자기 기질을 하나님 앞에서 꺾을 수 있는 사람은 이 세상에서 못할 것이 없습니다. 그는 다른 사람이 듣지 못하는 하나님의 세밀한 음성을 듣습니다. 겉으로 나타나지 않는 사탄의 미묘한 계교를 알아챕니다. 이 세상이 어떻게 그런 사람을 이길 수 있겠습니까? 절대로 못 이깁니다. 이 세상은 하나님과 겨루어 이긴 사람을 절대로 이기지 못합니다.

하나님께서 사람으로 오신 이유가 무엇입니까? 어려운 히브리어나 헬라어가 아니라 알아들을 수 있는 우리말로 설교 말씀을 들려 주시는 이유가 무엇입니까? 우리를 사랑하시기 때문입니다. 그것이 싫으면 시내 산으로 올라가십시오. 화산 가운데서, 땅이 갈라지는 굉음 가운데서 하나님과 한번 이야기해 보십시오. 하나님께서 연약한 몸을 입고 오셔서 밤새도록 씨름해 주신 것이 야곱에게 얼마나 큰 은혜였는지 알아야 합니다. 지금 우리가 상대하고 있는 분은 사람이 아니라는 것을 기억하십시오. 그는 하나님이십니다.

나에게 저는 부분이 있습니까? 그 부족한 부분을 인하여 기뻐하고 감사하십시오. 그것으로 우리는 세상을 이길 것입니다.

믿음의 글들

NO.	제 목	저 자	NO.	제 목	저 자
1	낮은 데로 임하소서	이청준	47	기도해 보시지 않을래요?	미우라 아야꼬/김갑수
2	재를 남길 수 없습니다	김 훈	48	십자가의 증인들	임영천
3	사랑의 벗을 찾습니다	최창성	49	이들을 보소서	이재철
4	그분이 홀로서 가듯	구 상	50	새롭게 하소서 ② (전2권)	고은아 엮음
5	당신의 날개로 날으리라	D.C. 윌슨/정철하	51	거지들의 잔치	도날드 비쉘리/송용필
6	새벽을 깨우리로다	김진홍	52	내 경우의 삼청교육	임석근
7	사랑이여 빛일레라	구상 · 김동리 외	53	목사님, 대답해 주세요	박종순
8	나 여기에 있나이다 주여	박두진	54	위대한 신앙의 사람들	제임스 로슨/김동순
9	침 묵	엔도 슈사꾸/공문혜	55	두번째의 사형선고	김 훈
10	새롭게 하소서 ①	기독교 방송국	56	구약의 길잡이	쟈끄 뮈쎄/심재율
11	생명의 전화(절판)	생명의 전화 편	57	신약의 길잡이	쟈끄 뮈쎄/심재율
12	울어라 사랑하는 조국이여	앨런 페이튼/최승자	58	이상구 박사의 복음과 건강	이상구
13	제2의 엑소더스	신시아 프리만/이종관	59	이 민족을 주소서	한국기독여성문인회
14	기탄잘리(절판)	R. 타고르/박희진	60	믿음의 육아일기	나연숙
15	성녀 줄리아	모리 노리꼬/김갑수	61	전도, 하면 된다	박종순
16	마음의 마음	김남조	62	영혼의 기도	이재철
17	이제와 우리 죽을 때에	김남조	63	주 예수 나의 당신이여	이인숙
18	위대한 몰락	엔도 슈사꾸/김갑수	64	뒷골목의 전도사	김성일
19	예수의 생애	엔도 슈사꾸/김광림	65	내 집을 채우라	김인득
20	그리스도의 탄생	엔도 슈사꾸/김광림	66	보니파시오의 회심 ①	권오석
21	너희에게 이르노니(절판)	B.S.라즈니쉬/김석환	67	보니파시오의 회심 ② (전2권)	권오석
22	땅끝에서 오다	김성일	68	빛을 위한 콘체르토 ①	신상언
23	당신은 원숭이 자손인가	김석길	69	빛을 위한 콘체르토 ② (전2권)	신상언
24	세계를 변화시킨 13인	H.S. 비제베노/백도기	70	사랑은 죽음같이 강하고	김성일
25	어디까지니이까?(절판)	김 훈	71	너 하나님의 사람아 ①	서대운
26	주여 알게 하소서(절판)	테니슨/이세순	72	너 하나님의 사람아 ② (전2권)	서대운
27	고통의 하나님	필립 얀시/안정혜	73	속, 빛을 마셔라	김유정
28	각설이 예수	이천우	74	구원에 이르는 신음	신혜원
29	라브리	에디드 셰퍼/박정관	75	엄마, 난 하나님의 선물이에요	이건숙
30	땅끝으로 가다	김성일	76	홍수 以後 ①	김성일
31	광야의 식탁 ①	오성춘	77	홍수 以後 ②	김성일
32	광야의 식탁 ② (전2권)	오성춘	78	홍수 以後 ③	김성일
33	어머니는 바보야	윤 기 · 윤문지	79	홍수 以後 ④ (전4권)	김성일
34	벌거벗은 임금님(절판)	백도기	80	히말라야의 눈꽃—썬다 싱의 생애	이기반
35	여자의 일생	엔도 슈사꾸/공문혜	81	여섯째 날 오후	정연희
36	이 땅에 묻히리라	전택부	82	주부편지 ①	한국기독여성문인회
37	말씀의 징검다리	정장복 · 김수중	83	하나님을 사랑한다는 것은	찰스 콜슨/안정혜
38	해령(海嶺) 上	미우라 아야꼬/김혜강	84	거듭나기 ①	찰스 콜슨/이진성
39	해령(海嶺) 下 (전2권)	미우라 아야꼬/김혜강	85	거듭나기 ② (전2권)	찰스 콜슨/이진성
40	나는 어떻게 크리스찬이 되었는가?	우찌무라 간조/김갑수	86	이 때를 위함이 아닌지	임영수
41	지금은 사랑할 때	엔도 슈사꾸/김자림	87	가정, 그 선한 싸움의 현장	이근호
42	두려움을 떨치고	애블린 해넌/박정관	88	땅끝의 시계탑 ①	김성일
43	빛을 마셔라	김유정	89	땅끝의 시계탑 ② (전2권)	김성일
44	제국과 천국 上	김성일	90	하나님 하나님, 사랑의 하나님	이상구
45	제국과 천국 下 (전2권)	김성일	91	손바닥만한 신앙수필	김호식
46	천사의 앨범	하마다 사끼/김갑수	92	부부의 십계명	전택부 · 윤경남

NO.	제 목	저 자	NO.	제 목	저 자
93	저녁이 되며 아침이 되니	정연희	139	미팅 지저스(절판)	마커스 보그/구자명
94	임영수 목사의 나누고 싶은 이야기	임영수	140	내 인생, 내 마음대로 할 수 있나요	김석태
95	사해(死海)의 언저리	엔도 슈사꾸/김자림	141	마음의 야상곡	엔도 슈사꾸/정기현
96	다가오는 소리	김성일	142	예수의 道	이기반
97	질그릇 속의 보화	낸시 죠지/ 김애진	143	청정한 빛	서중석
98	그 그을음 없는 화촉의 밤에	이혜자	144	사랑은 스스로 지치지 않는다	샤를르 롱삭/정미애
99	주부편지 ②	한국기독여성문인회	145	빛으로 땅끝까지 ①	김성일
100	「믿음의 글들」, 나의 고백	이재철	146	빛으로 땅끝까지 ② (전2권)	김성일
101	양화진	정연희	147	평양에서 서울까지 47년	김선혁
102	무엇을 믿으며 어떻게 살 것인가	임영수	148	예수에 관한 12가지 질문	마이클 그린/유선명
103	실존적 확신을 위하여	구 상	149	내 잔이 넘치나이다	정연희
104	맹집사 이야기	맹천수	150	천사 이야기	빌리 그레이엄/편집부
105	무거운 새	김광주	151	도사님, 목사님	김해경
106	성탄절 아이	멜빈 브랙/손은경	152	이것이 교회다	찰스 콜슨/ 김애진 외
107	삶, 그리고 성령	임영수	153	현대인에게도 하나님이 필요한가	해롤드 쿠시너/유선명
108	왜, 일하지 않는가	찰스 콜슨 · 잭 액커드/김애진	154	배신자	스탠 텔친/김은경
109	겸손의 송가	문홍수	155	잊혀진 사람들의 마을(절판)	김요석
110	김수진 목사의 일본 개신교회사	김수진	156	사이비종교	위고 슈탐/송순섭
111	산 것이 없어진다	이재왕	157	하나님이 고치지 못할 사람은 없다	박효진
112	기독교 성지순례와 역사	박용우	158	열린 예배 실습보고서	에드 답슨/박혜영 · 김호영
113	주여, 사탄의 왕관을 벗었나이다	김해경	159	죽음, 가장 큰 선물	헨리 나웬/홍석현
114	꼴찌의 간증	이건숙	160	우리는 낯선 땅을 밟는다	김호열
115	노년학을 배웁시다	윤경남	161	나의 세계관 뒤집기	성인경
116	일터에 사랑	토니 캄폴로/이승희	162	행동하는 사랑, 헤비타트	밀라드 풀러/김선형
117	시인의 고향	박두진	163	아브라함 ①	김성일
118	사도일기	나연숙	164	아브라함 ② (전2권)	김성일
119	믿는 까닭이 무엇이냐	임영수	165	회복의 목회	이재철
120	내게 오직 하나 사랑이 있다면	전근호	166	아가(雅歌)–부부의 성에 관한 솔로몬의 지혜	조셉 딜로우/김선형 · 김응교
121	땅끝의 십자가 ①	김성일	167	대천덕 자서전–개척자의 길	대천덕/양혜원
122	땅끝의 십자가 ② (전2권)	김성일	168	예수원 이야기–광야에 마련된 식탁	현재인/양혜원
123	가정의 뜻, 금혼잔치 베풂의 뜻	전택부	169	희망의 문	장 바니에/김은경
124	너의 남자를 진정으로 사랑하려면	린다 딜로우/양은순	170	친구에게–우정으로 양육하는 편지	유진 피터슨/양혜원
125	사랑은 언제나 오래 참고	김성일 신앙간증집 ❷	171	회복의 신앙	이재철
126	썬글라스를 끼고 나타난 여자	조연경 꽁트집	172	사랑으로 조국은 하나다	박세록
127	회개하소서, 십자가의 원수된 교회여	허 성	173	열흘 동안 배우는 주기도문 학교	임영수
128	남자의 성(性), 그 감추어진 이야기	아취볼드 디 하트/유선명	174	성령의 능력으로 사역하라	잭 브래드포드 롱 · 더글러스 맥머리
129	새신자반	이재철	175	시편으로 드리는 매일 기도	유진 피터슨/이철민
130	아바 ①	정문영 전작장편소설	176	스크루테이프의 편지	C. S. 루이스/김선형
131	아바 ② (전2권)	정문영 전작장편소설	177	청년아, 울더라도 뿌려야 한다	이재철
132	즐거운 아프리카 양철교회	파벨칙/추태화	178	책읽기를 통한 치유	이영애
133	공중의 학은 알고 있다 ①	김성일 전작장편소설	179	아름다운 빈손 한경직	김수진
134	공중의 학은 알고 있다 ② (전2권)	김성일 전작장편소설	180		
135	이 또한 나의 생긴 대로	김유심	181		
136	들의 꽃 공중의 새	이기반	182		
137	아이에게 배우는 목사 아빠	이재철	183		
138	공짜는 없다	정구영	184		

(다음 면에 계속)

설교집/어린이를 위한 책/기타

NO.	제 목	저 자	NO.	제 목	저 자
	설 교 집			**시 집**	
	하나님의 형상, 사람의 모습 (창1-3장)	김서택		실낙원의 연인들	최일도 · 김연수
	대홍수, 그리고 무지개 언약 (창4-11장)	김서택		기탄잘리	R. 타고르/박희진
	약속의 땅에도 기근은 오는가 (창12-17장)	김서택		박두진 유고 시집-당신의 사랑 앞에	박두진
	불의한 시대를 사는 의인들 (창18-21장)	김서택			
	죽음의 한계를 넘어선 신앙(창22-25장)	김서택			
	팥죽 한 그릇의 거래 (창25-28장)	김서택		**역 사 서**	
	천사와 씨름한 사람 (창29-32장)	김서택		독일사	앙드레 모로아/전영애
				소련사	제프리 호스킹/김영석
	하나님의 불붙는 사랑 (호세아/전2권)	김서택		중국사	구쯔마/윤혜영
	가시 같은 이웃 (오바댜)	김서택		중국 개신교회사	김수진
	건축술로서의 강해설교	김서택			
	요한과 더불어-일곱 번째 산책 (요16-17장)	이재철			
	요한과 더불어-여덟 번째 산책 (요18-19장)	이재철		**기 타**	
	요한과 더불어-아홉 번째 산책 (요 20장)	이재철		예수꾼의 놀이꺼리-겨울편	전국재
	요한과 더불어-열 번째 산책 (요 21장)	이재철		묵상의 숲 속에서	이기반
				스위트필그림의 기적	클레이튼 설리번
	2000 예배와 설교 핸드북	정장복		실베스트르, 나의 어린 왕자	프랑스와즈 르페브르
				그 어느 날, 한 마리 개는	모니끄 마르땡 그림
	어 린 이			세상에서 가장 멋진 프로포즈	조연경 · 조소희
	꼬마성경 구약 (전8권)	프랜 쌔춰 그림		여호와는 나의 목자시니	곽정명 그림
	노아			얏호! 군대 간다	문현덕 글 · 그림
	요셉			대학생활 길잡이	학원복음화협의회 편
	모세			인생의 사계절	임영수
	여호수아			청년 사역자 핸드북	학원복음화협의회 편
	룻			동방(전5권)	김성일
	다윗				
	다니엘				
	요나				
	꼬마성경 신약 (전8권)	프랜 쌔춰 그림			
	첫 번 크리스마스				
	예수님은 특별한 아이였어요				
	예수님은 가르쳐 주셨어요				
	예수님은 놀라운 일을 하셨어요				
	예수님은 고쳐 주셨어요				
	예수님은 이야기해 주셨어요				
	예수님은 재판을 받으셨어요				
	첫 번 부활절				
	쌔미와 숨바꼭질 (전4권)	다니엘 제이 혹스타터 그림			
	걱정많은 참새 투덜이	메릴 드니			
	음치 종달새 딱구	캐롤라인 나이스트롬			
	보물나무	트렌트 · 스몰리/주디 러브			
	만화 성서대전(전4권)	리비 위드 · 짐 파게트			
	성경전과 – 구약	셀리나 헤이스팅즈 · 에릭토마스			
	성경전과 – 신약	셀리나 헤이스팅즈 · 에릭토마			